목회자와 그 가정

목회자와 그 가정
초판 1쇄 인쇄 2016년 9월 26일
초판 1쇄 발행 2016년 9월 30일

지 은 이 홍인종
발 행 인 김명용
발 행 처 장로회신학대학교출판부
신 고 제1979-2호
주 소 04965 서울특별시 광진구 광장로 5길 25-1(광장동 353)
전 화 02)450-0795
팩 스 02)450-0797
E-MAIL ptpress@puts.ac.kr
디 자 인 자연DPS

가격 17,000원
ISBN 978-89-7369-398-6 93230

Pastors and their families by Hong, In Jong
Published by Myung- Yong Kim
Presbyterian University and Theological Seminary Press
25-1, Gwangjang-Ro(ST) 5-Gil(RD), Gwangjin-Gu, Seoul, 04965,
The Republic of Korea
Tel. 82-2-450-0795 Fax. 82-2-450-0797 email: ptpress@puts.ac.kr
http://www.puts.ac.kr

이 도서의 국립중앙도서관 출판예정도서목록(CIP)은 서지정보유통지원시스템 홈페이지(http://seoji.nl.go.kr)와 국가자료공동목록시스템(http://www.nl.go.kr/kolisnet)에서 이용하실 수 있습니다. (CIP제어번호 : CIP2016022337)

목회자와 그 가정

홍인종 지음

| 머리말 |

왜 목사와 목회자 가정에 관심이 있었을까? 목회자의 자녀는 아니었지만 어렸을 적 교장이셨던 아버지 덕에 학교 안에 있는 사택에서 자라났고, 자녀가 없는 이모부 목사님의 아들처럼 부담을 가지고 자랐기에 목사 가정에 대한 관심이 있었는지도 모르겠다. 그리고 목회자의 아내로, 목회자의 자녀로 살아가는 가족들 때문이었는지도 모르겠다.

돌이켜 보니 목회자와 그 가정에 대한 관심은 오래 전 박사학위 논문을 준비할 때부터였다. 그 후 여러 글들을 발표해왔고 나름대로 목회자 가정에 대한 많은 자료들이 있었다. 처음에는 쉬운 일로 생각하고 시작하였으나 목회자와 목회자 가정에 관해 쓴 글들을 모아서 정리하는데 수년이 흘렀다. 왜냐하면 하나의 책으로 엮는 것은 또 다른 글쓰기요 새로운 작업이었기 때문이다. 새로운 문헌들과 사건들, 최근의 통계 자료들을 참고하다보니 교정과 수정을 반복해야 했다. 어떤 내용들은 시대와 맞지 않는 부분도 있고, 반면에 이전의 통계 자료나 문헌을 수정할 수 없어서 그대로 인용해야하는 부분들도 있었다. 그래서 아쉬움이 많다.

이 책은 목회자와 목회자 가정에 대한 필자의 여러 연구 논문들 ('장신논단,' '목회와 신학,' '신학춘추,' '교회와 신학,' '월간 강해설교', '기독공보' 등에 투고한 원고들)을 모아서 수정 보완하여 정리하고, 새로운 글들을 첨가한 것이다. 본 내용을 정리할 수 있도록 연구학기를 허락해 주신 장신대와 그동안 연구에 도움을 주었던 많은 목회자들과 사모들, 그리고 목회자 자녀들에게 감사한다. 또한 "목회와 상담" 수업을 통해 큰 도전을 준 신대원 학생들에게도 감사한다. 무엇보다도 목회자의 아내로, 사모로, 목회자의 아들, 딸로 함께 견뎌온 가족들에게 감사한다. 바라기는 이 연구물이 목회자와 사모, 그 자녀들이 건강한 가정을 세워가는 데 도움이 되는 작은 안내서가 되었으면 하는 것이다. 여성 목회자가 계속 증가하는 추세이지만 본 연구물에서는 주로 남성 목회자와 사모, 그 가정을 중심으로 다루었음을 미리 말해둔다.

장신대 신대원에 진학한다 했을 때 돌아서서 남몰래 눈물을 흘리셨고, 신대원 공부를 포기하려 했을 때 복학하도록 독려해 주셨고, 목회 인생의 고비 때 마다 조언을 마다하지 않으셨으며, 장신대 교수가 되었을 때 병중에서도 가장 기뻐하셨던 이모부 고(故) 임 옥 목사님께 이 책을 바친다.

2016년 녹음이 우거진 아차산을 바라보며

:: 목차

1부
목회와 목회자

작년 가을(2015)에는 목회자 간의 칼부림 사건으로 큰 충격이 있었다. 그런데 그 충격이 가시기도 전에 2016년 1월말에는 한 목회자 재혼가정에서 자녀를 학대하여 사망에 이르게 한 엽기적인 일이 있었다. 그 목회자는 13살 된 딸의 시신을 거의 1년을 방치하였고, 마치 딸이 가출한 것처럼 위장하고 평소처럼 일상생활을 했다고 한다. 그는 독일 유학을 하여 박사학위를 받았고, 신학교에서 겸임으로 가르치는 교수이며, 한 개척 교회의 담임 목회자였다. 그는 학교에서도 평상시 개그맨처럼 유머러스하며 예의도 바르고 대인관계도 좋았다고 한다. 끊이지 않고 일어나는 목회자의 일탈 행위와 충격적인 일들을 그냥 성격이상자나 인격 장애자로만 치부하기에는 너무도 그 폐해가 크고 교회와 성도들에게 주는 아픔과 슬픔이 너무도 치명적이다. 따라서 목회 뿐 아니라 일상의 삶에서 목회자의 정신건강과 인간관계의 건강성은 매우 중요하다.

목회자는 누구인가? 그 소명과 부르심에 대해서, 그리고 목회자의 정신건강과 인간관계에 대해서 살펴보고자 한다.

| 1장 |

목회와 소명

프란시스 쉐이퍼 연구소[1])에서 윌로우크릭 부총재에게 "반드시 바뀌어져야만 하는 통계"라는 제목으로 보낸 편지에는 이런 충격적 통계가 있다: 미국에서 매달 1,500명, 매년 18,000명의 목사가 도덕적 실수, 논쟁문제, 재정문제, 영적 탈진으로 교회를 떠난다. 신학교 졸업 후 첫 목회 5년 이내로 80%가 목회를 떠나고, 80%의 목회자는 자신이 목회 부적격자라 생각한다. 50%의 목회자가 이혼으로 사역을 마치고, 70%가 우울증과 더불어 싸우고, 40%가 혼외 관계를 맺은 적이 있고, 70%가 설교 준비 외에는 성경을 보지 않고, 90% 이상의 목회자가 소명을 가지고 최선을 다해 목회를 시작했는데 그 열정과 소명이 살면서 다 사라져 갔다고 기록하고 있다.

한목협의 한국기독교 분석리포트[2])에 보면 담임 목회자 500명에게 소명에 대해 후회해 본 경험이 있는지 여부를 질문한 결과 34.4%가 후회하는 편이라 답하였다. 놀라운 것은 나이가 어릴수록 후회한 적이 있다는 비율이 높게 나타난다는 것이다 (49세 이하는 40.6%, 60세 이상은

16.0%). 어쩌면 70-80년대 교회성장과 함께 목회해 왔던 이전 세대와 이제 교회성장이 정체되는 상황에서 목회하는 다음세대 간에 목회자로서의 부르심에 대한 차이가 있다고 볼 수 있다.

목회자의 소명(부르심과 동의어로 사용)은 무엇인가? 그 소명에는 어떤 종류가 있는가? 소명은 한번으로 족한 것인가? 아니면 변하는 것인가? 어떻게 그 소명을 알 수 있는가? 소명과 연관된 많은 질문들이 있다. 본 회퍼는 목회자로서 자신의 정체성 문제를 이렇게 표현하고 있다.

"나는 누구인가?"[3)]

나는 누구인가 ?
성에서 나오는 성주처럼
침착하고 명랑하며 흔들림없이
감방에서 나올거라고
그들은 종종
나에게 말한다.

나는 누구인가 ?
마치 내가 상전인 듯
자유롭고 친절하며 명료하게
감시원들에게 이야기한다고
그들은 종종 나에게 말한다.

나는 누구인가 ?

승리에 익숙한 사람처럼
태연하게 웃으면서 당당하게
불행의 날들을 짊어진다고
그들은 종종 나에게 말한다.
나는 정말 다른 사람이 나에게 관해 말하는 그 사람인가?
아니면 내가 내 자신에 관해 알고 있는 사람에 불과한가?

새장에 갇힌 새처럼 불안해하고 그리워하다 병이 나고
누군가 목을 죄는 듯 숨을 몰아쉬며
색깔, 꽃, 새 소리에 굶주린 채
호의적인 말, 인간적인 친밀감에 목말라하며
횡포와 하찮은 모욕에도 분노하고 전율하며
큰 일을 바라다가 절망하고
멀리 떨어져 있는 친구들을 걱정하다가 지쳐서
기도하고 생각하며 활동하기에는 피곤하고 마음이 허전해진 채
기진맥진하여 모든 것과 작별을 고하려고 하는 내 자신?

나는 누구인가?
그 사람 아니면 저 사람?
오늘은 이 사람이고 내일은 다른 사람인가?
동시에 둘 다인가?
사람들 앞에서는 위선자요,
내 자신 앞에서는 혐오스러울 정도로 비통해 하는 약자인가?
아니면, 아직도 내 안의 모습이

이미 거둔 승리를 포기하는 혼돈 속에 패잔병 같은가?

나는 누구인가?

외로운 물음이 나를 조롱한다.

오 하느님?

제가 누구인지 당신은 알고 계십니다.

저는 당신 것입니다.

I. 성경적인 부르심

하나님의 구원에 대한 부르심은 차별이 없는 초청이다. 예수님께서는 "수고하고 무거운 짐 진 자들아 다 내게로 오라 내가 너희를 쉬게 하리라"(마 11:28)고 부르신다. 누구나 다 오라 하신다. 성도를 일컬어 "너희도 그들 중에서 예수 그리스도의 것으로 부르심을 받은 자"(롬 1:6)라고 말씀한다.

반면에 구원에 대한 부르심뿐만 아니라 성화(sanctification)에 대한 부르심이 있다. 빌립보 교인들을 향하여 바울 사도는 "푯대를 향하여 그리스도 예수 안에서 하나님이 위에서 부르신 부름의 상을 위하여 달려가노라"(빌 3:14)고 고백한다. 하나님의 부르심에 어떻게 응답하느냐에 따라 부름의 상이 있다. 이것은 거룩함과 성결에 대한 부르심이다. 또한 성경은 "너희를 불러 그의 아들 예수 그리스도 우리 주와 더불어 교제하게 하시는 하나님은 미쁘시도다"(고전 1:9)고 말씀한다. 예수님은 함께 교제하기를 원하셔서 우리를 부르시며, 하나님이 위에서 부르신 부름의 상을 위한 거룩한 삶으로 초청하시는 분이다.

또한 하나님께서는 어떤 사람들을 전임 사역자로서 부르신다. 히브리서 5장 4절에 "이 존귀는 아무도 스스로 취하지 못하고 오직 아론과 같이 하나님의 부르심을 받은 자"라고 말씀한다. 하나님의 백성들을 위하여 제사를 드리는, 누구나가 아닌 선택된 사람들을 사역자로 세우신다. 아론처럼 직업인(occupation)으로서가 아니라 소명자(vocational calling)로서 부르신다. 부활하신 예수님께서 다메섹 도상에서 사울(바울이 되기 전)을 만나주실 때 특별한 사역을 위해 그를 부르셨다고 말씀한다. 예수님은 "이 사람(사울)은 내 이름을 이방인과 임금들과 이스라엘 자손들에게 전하기 위하여 택한 나의 그릇"(행 9:15)이라 하셨다. 모든 직업이 신성하고 귀천이 없지만, 하나님께서는 하나님의 특별한 일을 위해 지정하여 사람을 부르신다. 하나님께서 이사야를 찾아오셨을 때, 이사야는 입술이 부정한 사람이 만군의 여호와를 뵈어 화를 입었다며 두려워한다. 그 때 하나님은 "내가 누구를 보내며 누가 우리를 위하여 갈꼬"라고 물으시고, 이사야는 "내가 여기 있나이다 나를 보내소서"(사 6:1-8) 라고 응답한다. 이 상황은 이사야가 자원함으로 하나님의 질문에 응답하였다기보다는 아무도 없는 상황 가운데 하나님의 음성을 듣고 두렵고 떨림으로 "제가 가야 합니까?" 라고 되묻는 상황으로 해석할 수 있다. 하나님께서는 예레미야를 선별하여 선지자로 세웠다고 말씀하실 때, 예레미야는 "나는 아이라 말할 줄을 알지 못하나이다"라며 두려워한다. 하나님께서는 너는 아이라 하지 말고 두려워하지도 말고, 내가 너를 누구에게 보내든지 가서 전하라는 사명을 주신다(렘 1:5-8). 예수님께서도 갈릴리 호수에서 고기 잡던 베드로와 안드레 형제에게 "나를 따라 오라 내가 너희를 사람을 낚는 어부가 되게 하리라"(막 1:17) 말씀하시며 제자로 부르셨다. 이어서 야고보와 요한 형제도 부르셨고(막 1:20) 그들이 곧 예수님을 따랐다.

때로는 특정한 사람을 선지자로, 제자로 부르셔서 하나님의 도구로 사용하신다. 하나님께서 부르셔서 사용하시는 사람들이 해야 할 일은 "성도를 온전하게 하여 봉사의 일을 하게하며 그리스도의 몸" (엡 4:12)을 세우는 것이다.

A. 준비를 위한 부르심(the call to prepare)

바울 사도에게는 구원으로의 부르심과 사역으로의 부르심이 동시적이었지만 항상 그런 것은 아니다. 예수님의 제자들은 부르심을 받았지만 예수님의 부활을 체험하고 성령께서 임하신 후에야 사도로서 보내어진다. 바울 사도의 다메섹의 경험처럼 급진적인 부르심도 있지만 때로는 인생의 주기와 전환기를 지나가며 부르심에 응답하는 점진적인 경우도 종종 있다. 즉 일정 기간 동안 내적인 소명의식에 대한 고심과 확인의 과정을 거쳐서 하나님의 부름에 응답하는 것이다.

신학생의 경우 목회자로서의 부르심을 받아 신학교에 오지만 목회자로 세워지려면 선발기준과 부르심을 위한 준비의 기간을 보내야 한다. 목회자가 되기 위해서는 외적 소명의 기준인 교단이나 신학교의 요구를 충족시켜야 할 뿐 아니라 자신의 내적인 소명의식이 분명해야한다.[4] 리차드 니버(Richard Niebuhr, The purpose of the church & its ministry)는 네 가지 부르심을 말한다. 첫째는 그리스도인으로의 부르심(the call to be a Christian), 즉 구원으로의 부르심이며, 둘째는 개인적인 내적 증거에 근거한 비밀스런 부르심(the secret call), 셋째는 사역을 위해 준비케 하시고, 필요한 재능을 주시는 섭리적인 부르심(the providential call), 그리고 마지막으로 공동체와 회중으로부터 부름 받는 교회적 부르심(the ecclesiastical call)이 있다.

예수님의 제자들이 3년 동안 예수님의 공생애에 참여하며 배웠듯이, 약간의 논란이 있지만 사울이 바울이 되어 선교 사역을 시작하기 전에 아라비아로 갔다가 3년 만에 예루살렘에 왔던 것처럼(갈 1:18-19), 목회자들에게는 사역을 위한 준비기간이 필요하다. 왜냐하면 "소명이란 하나님이 우리를 그분께로 부르셨기에, 우리의 존재 전체, 우리의 행위 전체, 우리의 소유 전체가 특별한 헌신과 역동성으로 그분의 소환에 응답하여 그 분을 섬기는 데 투자된다는 진리"[5] 에 기초하기 때문이다. 따라서 이러한 응답과 헌신은 훈련을 요구한다. 솔제니친의 글을 인용하면서 오스기니스는 소명에 대해 이렇게 설명한다.[6] "많은 인생이 신비로운 의미를 갖고 있지만 모든 사람이 그것을 바로 읽어내는 것은 아니다. 대개 그것은 은밀한 형태로 우리에게 주어지는데, 우리는 그것을 해독하지 못할 때 인생이 무의미하게 느껴져 절망에 빠져 버린다. 위대한 인생의 비밀은 대개 자신에게 주어진 신비로운 상징들을 해독하고 이해하며, 그래서 참된 길로 걷는 법을 배우는데 성공하는 것이다."

B. 목회자로의 부르심에 대한 질문

소명은 분명한 의미를 포함한다. 구약에서의 부르심은 하나님께서 이름을 붙인다는 의미로 어떤 것을 만들거나 존재하게 한다는 뜻이다. 예를 들면 이사야 43장 1절에 "야곱아 너를 창조하신 여호와께서 지금 말씀하시느니라 이스라엘아 너를 지으신 이가 말씀하시느니라 너는 두려워하지 말라 내가 너를 구속하였고 내가 너를 지명하여 불렀나니 너는 내 것이라"고 기록되었고, 또한 "내 이름으로 불려지는 모든 자 곧 내가 내 영광을 위하여 창조한 자를 오게 하라 그를 내가 지었고 그를 내가 만들었느니라"(사 43:7)고 선언하신다, 하나님의 이름으로 '야곱'(개인의 이름, 민족의 이름)이라 이름을 붙이시고 지명하여 불렀고, 하나님의 이름으로 불리운 모든 사람들이 하나님의 영광을 위하여 창조되었다고 선포하신다. 반면에 신약에서의 부르심은 구원과 거의 동의어로 사용되며, 교회가 "부르심을 받은 사람 또는 사람들의 모임" (에클레시아)이라는 뜻에 잘 표현되고 있다. 신학자들 중에는 구원받은 자와 제자로서의 부르심을 구별하기도 하는데 모든 사람, 모든 곳, 모든 것에서 그리스도의 주되심을 인정하며 살도록 부름 받는 사람들이 그리스도인이며 동시에 제자이다. 왜냐하면 그리스도인은 "무슨 일을 하든지 마음을 다하여 주께 하듯 하고 사람에게 하듯 하지 말라" (골 3:23)는 말씀에 순종해야하는 사람들이기 때문이다.

그렇다면 목회자로서, 또는 특별한 사명자로서의 부르심은 어떻게 알 수 있을까? 목회자로 부르는 것은 구원초청이 아니라 교회에서 지도자로 섬기도록 하시는 구별된 부르심이기에 분명한 소명 의식을 확인해야 한다. 필자가 공부했던 리버티 신학교의 학장 엘머 타운즈(Elmer Towns) 교수는 소명의 점검을 위해 스스로 세 가지 질문에 답을 해 보라고 가르친다.[7] 그 중 첫째는 '잃어버린 영혼을 향한 영적 부담감(Burden) (말 1:1; 합 1:1)이 있는가?' 둘째는 '목회자가 되려는 진정한 원함(Desire) (렘 20:9, 딤전 3:1)이 있는가?' 그리고 마지막으로 '삶을 통해 구원의 열매(Fruit) (요 15:16)를 맺고 있는가?'이다. 필자는 여기에 한 가지 질문을 더하고 싶은데 '목회를 하는데 기쁨(Joy)이 있는가?'이다. 목회로의 부르심에 불타는 사명감과 영혼 구원에 대한 열망, 사역에 열매가 풍성하더라도 목회자로서 만족과 기쁨이 없다면 슬픈 일이다. 바울 사도는 빌립보 교인들을 보며 "나의 사랑하고 사모하는 형제들, 나의 기쁨이요 면류관인 사랑하는 자들아" (빌 4:1)라고 부른다. 바울 사도는 빌립보 교회와 교우들을 생각하면 기쁨이 넘쳤다. 그는 로마 감옥에서 이 편지글을 쓰면서 "어떠한 형편에든지 나는 자족하기를 배웠다" (빌 4:11)고 말한다. 그는 배고픔과 비천과 궁핍을 겪으면서도 만족과 기쁨을 누렸다.

그렇다면 부르심을 확인하기 위해서는 무엇이 필요한가? 필립스 브룩스는 "사역자가 어떤 사람인가 하는 것이 그가 어떤 일을 할 능력이 있는가 하는 것 보다 훨씬 더 중요하다. 그의 인품이 그가 행하는 일에 힘을 주기 때문이다. 긴 안목으로 볼 때 사역이란 우리가 무슨 일을 하는가 만큼 우리가 어떤 사람인가에 달려있다"[8]고 하였다. 이 말은 목회자로서의 자질(인격, 어떤 사람)과 목회자로서의 사역능력(은사, 어떤 일)이 균형과 조화가 있어야 하지만 능력보다는 인간됨이 훨씬 중요하다는 뜻이다. 따라서 부르심을 점검하기 위해서는 다음과 같은 기본적인 질문들에 대해 먼저 대답을 하여야 한다. 신앙인(목회자)으로서의 인격에 관해 스스로 물어야 할 질문은 '구원으로의 부르심(진정한 회심)이 있는가? 그리스도인으로서 예수님을 닮는 삶과 성장(성화)이 있는가? 목회 부르심에 대한 동기는 무엇인가? 교회와 사람들을 사랑하는가?' 등이다. 목회자로서의 사역 능력에 관해 물어야 할 질문들은 '섬김을 위한 기본적인 (지적, 감정적, 의지적) 능력을 소유하고 있는가? 하나님의 말씀을 연구하고 가르치는 것을 효과적으로 해 왔는가? 사역의 열매는 어떤 것들이 있는가? 목회자가 되기 위해서 신학교 훈련과정을 자발적으로 참여하여 공부하고 있는가?' 등이다.

II. 목회자 부르심의 성경적 응답 모델 (Biblical Model)

성경에는 장로, 감독, 목사의 자격에 관한 여러 성경구절들이 있다. 교회의 지도자로, 목회자로 세워지는 일꾼들에게 요구하는 최소한의 기준이다. 이 기준들은 목회자 자신의 영역, 목회자 가정과 연관된 영역, 그리고 교회와 성도와의 관계 영역으로 나누어 볼 수 있다.

A. 목회자의 자격: 개인, 가족, 공동체(교회) (엡 4:11, 딤전 3:1-7. 디도서 1:5-9)

우선 에베소서에서는 하나님께서 필요에 따라 각각의 직분자를 부르시고 세우신다. 즉 하나님의 부르심이 있어야 한다(엡 4:11). 디모데전서 (3:1-7)에서는 감독의 자격을 언급하면서 이렇게 말씀한다.

> 1. 미쁘다 이 말이여, 곧 사람이 감독의 직분을 얻으려 함은 선한 일을 사모하는 것이라 함이로다 2. 그러므로 감독은 책망할 것이 없으며 한 아내의 남편이 되며 절제하며 신중하며 단정하며 나그네를 대접하며 가르치기를 잘하며 3. 술을 즐기지 아니하며 구타하지 아니하며 오직 관용하며 다투지 아니하며 돈을 사랑하지 아니하며 4. 자기 집을 잘 다스려 자녀들로 모든 공손함으로 복종하게 하는 자라야 할지며 5. (사람이 자기 집을 다스릴 줄 알지 못하면 어찌 하나님의 교회를 돌보리요) 6. 새로 입교한 자도 말지니 교만하여져서 마귀를 정죄하는 그 정죄에 빠질까 함이요 7. 또한 외인에게서도 선한 증거를 얻은 자라야 할지니 비방과 마귀의 올무에 빠질까 염려하라

여기서 감독과 목회자의 자격을 같은 것으로 볼 때 목회자의 개인적인 자격 조건은 다음과 같다. 선한 일을 사모함, 책망할 것이 없음, 절제, 신중, 단정, 술을 즐기지 않음, 구타하지 않음, 관용, 다투지 않음 등이고, 가족과의 관계에서는 한 아내의 남편, 자기 집을 다스릴 줄 알아야 함, 자녀들로 모든 공손함으로 복종하게 하는 사람, 그리고 교회와 성도와의 관계에서는 나그네를 대접하며 가르치기를 잘함, 새로 입교한 자는 안 됨, 외인에게 선한 증거를 얻는 사람 등이다.

디도서(1:5-9)에 기록된 장로와 감독을 세우는 자격에서도 비슷한 기준이 제시된다.

> 6. 책망할 것이 없고 한 아내의 남편이며 방탕하다는 비난을 받거나 불순종하는 일이 없는 믿는 자녀를 둔 자라야 할지라 7. 감독은 하나님의 청지기로서 책망할 것이 없고 제 고집대로 하지 아니하며 급히 분내지 아니하며 술을 즐기지 아니하며 구타하지 아니하며 더러운 이득을 탐하지 아니하며 8. 오직 나그네를 대접하며 선행을 좋아하며 신중하며 의로우며 거룩하며 절제하며 9. 미쁜 말씀의 가르침을 그대로 지켜야 하리니 이는 능히 바른 교훈으로 권면하고 거슬러 말하는 자들을 책망하게 하려 함이라

장로의 기준으로 개인적으로는 책망할 것이 없는 사람, 가정적으로는 한 아내의 남편, 방탕하다는 비난을 받거나 불순종하는 일이 없는 믿음의 자녀를 둔 사람으로 규정한다. 감독의 자격에서는 가정적인 내용은 빠져 있고, 개인적인 삶에서 고집대로 하지 않음, 급히 분내지 않음,

구타하지 않음, 더러운 이익을 탐하지 않음, 신중하며 의로우며 거룩하며 절제 등이 있어야 하고, 교회적으로는 하나님의 청지기로 책망 받을 것이 없어야 함, 나그네를 대접하며 선행을 좋아함, 미쁜 말씀의 가르침을 그대로 지킴, 바른 교훈으로 권면, 거슬러 말하는 자들을 책망할 수 있는 사람 등을 포함하고 있다.

요약하면 목회자로서의 개인적인 부르심은 가족적인 부르심이나 교회적인 부르심과 분리되어지지 않는다. 목회자의 부르심은 개인적 차원의 부르심을 넘어 목회자 가족과 그가 속한 교회 공동체 그리고 지역사회를 포함하는 매우 포괄적인 부르심이다. 목회자로서의 부르심은 3차원의 부르심으로 아래와 같은 그림으로 정리할 수 있다.

목회자로서의 개별적이고 특별한 부르심이 있겠지만 때로는 가족적이고 교회 공동체적인 부르심과 구별해야할 필요가 있다. 따라서 개

인의 신비적이고 특별한 부르심 뿐 아니라 가족과 성도, 지역사회 등을 통한 부르심의 확증의 과정을 간과하지 말아야 한다. 또한 인격적으로 성장해 가야하는 그리스도의 제자로서의 평범한 부르심이 있는가 하면 특별한 은사를 통해 특수한 섬김의 자리로 이끄시는 부르심이 있다. 다양한 기준들이 목회자의 부르심에 제시되는 이유는 부르심의 본질에 집중하여 쓰임 받도록 하기 위함이다.

나가는 말

오스왈드 챔버스는 "예수 그리스도에 대한 충성과 경쟁 관계에 있는 것이면 그 무엇이든 경계하라. 그 분에 대한 헌신의 최대의 경쟁자는 그분을 섬기는 활동이다... 하나님이 우리를 부르신 유일한 목적은 하나님을 만족시키는 것이지 그분을 위해 어떤 일을 하라는 것이 아니다"[9] 라고 말한다. 부름받은 목회자는 목회의 행위보다 하나님을 기쁘시게 하는 목회의 본질을 추구해야함을 강조하는 말이다.

하나님은 부르시고 우리는 응답한다. 기독교인으로서의 구원도, 성화도 하나님의 부르심이 먼저이다. 마찬가지로 그 중에서 특별히 목회자로 부르시는 종들이 있다. 하나님께서 부르시고 개인이 응답하여야 한다. 목회자로서의 부르심은 하나님에 의한 부르심이다. 따라서 그 부르심에 합당한 삶, 부르신 하나님을 기쁘시게 하는 삶을 살아야 한다. 왜냐하면 이 부르심은 온전히 하나님을 위한 부르심이기 때문이다. 그러므로 그 부르심에 준비하는 과정은 일상생활에서 그리스도와 동행하는 삶과 그리스도에 대한 헌신, 그리고 신앙생활에서 구별된 예배와 공동체의 섬김을 요구한다. 하나님의 부르심에 따라 하나님을 기쁘시게 하는 삶은 "하나님께 나아가는 자는 반드시 그가 계신 것과 또한 그가 자기를 찾는 자들에게 상 주시는 이심을 믿어야" (히 11:6) 한다. 그리고 그 부르심에는 반드시 상급이 있다.

헨리 블랙커비는 '목회자는 어떤 사람인가?'라는 질문에 이렇게 답한다.[10]

"아무도 스스로 목회를 선택할 수 없다. 목회자는 선택될 뿐이다. 하나님의 목적을 위해, 하나님에 의해, 하나님의 시간에, 하나님의 장소에서, 하나님의 방법으로 하나님을 섬기기 위해 선택된 것이다. 하나님께서는 사람들과 세상을 변화시키기 위해 목회자를 부르셨다. 그들은 이 부르심에 응하고 지속적으로 순종했다."

| 2장 |

목회자(신학생)의 정신건강

정신보건법에 따라 매 5년마다 실시하는 보건복지부의 실태조사[11]에 의하면 18세 이상 성인 중 최근 1년간 한 번 이상 정신질환을 경험한 사람은 전체 인구의 16.0%인 577만 명으로 추정된다. 알코올과 니코틴 사용 장애를 제외하면 10명 중 1명 (전체 인구의 10.2%)이 최근 1년간 정신질환에 걸린 적이 있다. 1년 유병률은 2006년 8.3%에서 2011년 10.2%로 약 22.9%가 증가하였고, 평생유병률(평생 한 번 이상 정신질환 경험한 사람)은 전체 인구의 27.6%로 성인 10명 중 3명이나 된다. 게다가 성인의 15.6%는 평생 한 번 이상 심각하게 자살사고(思考)를 경험하였으며, 3.3%가 자살계획을 세우고, 3.2%가 자살을 시도한 것으로 나타났으며, 지난 1년간 자살시도자는 약 10만 8천여 명으로 추산된다. 이러한 통계 수치들은 국민들의 정신건강 상태가 상당히 위험 수위에 이르고 있음을 보여준다.

그렇다면 목회자들의 정신 건강은 어떠할까? 일반 국민의 정신건강에 비하면 더 건강할 것이라고 생각되는 반면에 목회자이기 때문에 받는 스트레스와 압박 또한 크기 때문에 어려움을 겪는 사람들도 상당수 있을 것으로 보인다. 최근 들어 목회자들과 신학생들의 성범죄 연루나 폭행 사건, 각종 중독 증세로 도움을 호소하는 내용 등이 심심치 않게 들려온다. 기숙사 동료와의 불화로 어려움을 겪는 학생들도 있고, 학교 적응 및 가족들과 떨어져 생활하는 데 적응장애를 겪는 신학생들도 있다. 교회 사역 가운데 당회원들, 담임 목회자, 다른 교역자나 교사들과의 갈등으로 심한 심리적 압박을 받는 목회자들도 많이 있다. 또한 신대원 학생의 경우 신혼과 학업, 그리고 경제적 어려움 등으로 부부 갈등을 겪으며 상담을 요청하기도 한다. 그런가 하면 늦어지는 결혼과 독신생활로 외로움을 느끼며 성적 유혹으로 힘들어하는 젊은 목회자들도 있다. 과거의 죄 때문에 죄책감에 시달리면서 죄에 대한 모든 책임이 자신에게 있다고 생각하고 자신의 내면을 향한 적개심으로 절망하는 목회자들도 있다.

정신건강을 간단히 정의한다면 어떤 일을 얼마나 잘 해낼 수 있느냐는 것과, 다른 사람과 얼마나 잘 지낼 수 있느냐는 것에 대해 마음에 편안함을 느끼는 정도라고 할 수 있다. 낮은 자존감, 해결되지 않은 분노, 친밀감에 대한 두려움, 잘못된 성적 행위 등은 부적절한 대인관계로 진행되는 경우가 허다할 뿐 아니라 모든 것을 자기가 해야만 한다고 생각하는 메시야 콤플렉스 (Messiah complex)도 목회자의 정신건강에 악영향을 미치게 된다.

따라서 목회자들은, 유혹이 많은 이 시대에 진정한 자기를 발견해 가는 노력을 계속해야만 정신건강을 유지할 수 있다. 특별히 신학생은 신학교에 머무는 동안 자신이 무엇을 할 수 있는지를 알아가는 배움의 과정과 친밀한 관계를 만들어가는 교제의 과정을 위해 열심히 투자해야 한다. 왜냐하면 목회 준비생으로서 오늘 어떻게 정신건강을 유지하느냐의 여부가 미래 목회에 영적 전투의 승부를 결정하기 때문이다.

A. 투사와 우울

헨리 나우웬은 신학생의 영성을 이야기하면서 일반 학생들과 비교할 때 우울한 신학생이 상당히 많으며 신학교 전체적인 분위기 역시 생동감이 없다고 지적을 한다.12) 그는 신학교 내에 교수나 신학생 모두에게 정체감 문제로서의 우울증이 있다면서 능력(이것이 있어야 사회의 요구에 대처), 통제력(이것이 있어야 고삐풀린 충동을 다스림) 그리고 소명(모호하게 끌리던 사역에 진정 부름받았다는 확신), 이 세 가지가 우울하게 만드는 원인이라고 주장한다. 신학교에 다니고 졸업한다 해도 분명한 목회적 자격이나 능력을 보장하는 것도 아니고, 신학생이 되고 신학교에 다닌다고 해서 헛된 욕망이나 습관 등을 다스릴 수 있는 힘을 얻지도 못하고, 또한 자기의 관심이나 능력과는 무관하게 하나님의 부르심을 확인해야하는 불명확성이 신학생들과 교수들을 정체성의 혼돈에 빠지게 한다는 것이다.

이것은 목회현장에서도 계속 나타난다고 볼 수 있다. 목회자가 되었으나 학교에서 배우지 못한, 목회현장에서 요구받는 과중된 역할들로 인해 자신의 능력없음을 절감하며 좌절에 빠진다. 에드워드 브래처는 이것을 "초능력 목회자 신드롬"13) (물 위를 걸으라, the walk on water syndrome)이라 부른다. 목회자는 교인들로부터 끊임없이 물 위를 걸어보라는 기대(명설교가, 탁월한 행정가, 따뜻한 상담자, 완벽한 인간)를 받지만 실상 목회자는 기적을 만들 수 없고 단지 수영하는 법을 배울 수 있을 뿐이다. 한 개인이 건강하기 위해서는 자신이 하는 일에 성취감이나 성공을 경험해야하는데 목회자로서 물 위를 걷는다는 것은 결코 성공할 수 없는 역할이기 때문에 이러한 요구는 자신을 실패자라고 생각하며 낙심할 수 밖에 없게 만든다.

또한 목회자가 되어도 통제되지 않는 욕구들과 성적 욕망들로 인하여 이상적 행동이나 성적 일탈의 유혹이 여전히 남아 있다. 일반적으로 하나님께 헌신한 목회자가 되었으면 불순한 욕망이나 욕구들이 한 번에 사라지기를 기대한다. 그러나 목회자로서 요구받는 삶의 탁월성(높은 기대와 규범들)에 대한 압박감은 날마다 경건훈련과 영적 싸움을 하지 않으면 이성 교인과 잘못된 관계에 빠져들거나 통제력을 느끼기 위해 힘을 남용하는 착취적 관계로 발전할 가능성이 높다. 마크 애터베리는 강함을 추구하며 경계선을 무시하거나 정욕과 씨름하는 남성을 "삼손 신드롬"(Samson syndrome)[14)]이라 명명하는데 리더들 중에, 특별히 목회자들이 이런 위험성에 자주 노출된다.

신학생들이 하나님의 부름을 받아 원하는 신학교에 왔다고 하면서 신학생활에서는 기쁨을 찾지 못하는 것은 무엇 때문일까? 그 이유 중에 하나는 자신에 대한 엄격한 기준과 그에 못 미치는 자신의 실재 사이에서 고민하기 때문이다. 또한 이상적인 자기 (ideal self)와 현실적인 자기(real self) 사이의 괴리, 신앙적으로 꿈꾸는 영적인 자기와 실제 삶에서 미성숙한 자기 사이에서 고통을 받으며 강박적으로 완전함을 추구하는 신학생들이 있다. 따라서 지나친 완전주의와 지나친 관대함은 자기에 대한 양가적인 감정의 표현으로 볼 수 있다. 그 예 중에 하나가 신학교 내에서의 비판 풍조이다. 의견에 대한 비판 보다는 종종 인신공격으로 진행되거나 아니면 무조건적인 감싸기로 '모두 다 죄인인데 은혜로 넘어가자'는 식이다. 이 두 가지는 방어기제로 보면 투사(projection)의 한 형태로 볼 수 있다. 오래전 이야기지만 미국에서 TV 복음전도자이며 복음방송을 운영했던 짐 베이커 목사가 스캔들과 공금 횡령으로 고발되었을 때에 가장 앞장서서 비판하던 사람 중에 하나는 지미 스웨거트 목사였다. 그의 전도 집회는 은혜의 도가니였고, 필자도 유학시절 종종 그의 TV 방송집회를 보면서 눈물을 흘리곤 했었다. 그러나 충격적이게도 약 일 년 후 그 역시 스캔들로 많은 신앙인들에게 아픔을 주었다. 그는 어렸을 때부터 포르노에 노출되었고, 그는 부흥집회를 하면서 동시에 매춘부를 찾았고, 음란물에 중독되었던 것으로 알려졌다. 그는 성문란에 대해 강력하게 경고하는 설교를 했는데 그것은 다른 사람들을 향한 것이라기보다는 그들을 통해 투사된, 해결하지 못한 자신의 문제와 자기 자신을 향한 몸부림으로 보인다.

다윗은 부하 우리야의 아내 밧세바와 동침하고 우리야를 죽게 한 후 그녀와 결혼하여 아이까지 낳았다. 그 때 나단이 찾아가 악한 부자의 비유를 들어 설명할 때 다윗은 "이 일을 행한 사람은 마땅히 죽을 자라" (삼하 12:6)며 크게 노했다. 다윗이 분노한 것은 그가 그 비유의 뜻을 몰랐다기보다는 그 비유 속에 악한 부자를 보며 '죽어 마땅한' 자기 자신 속에 있는 추함과 죄악을 보았기 때문이다. 신학생의 완전주의에 대한 열망은 때때로 남과 자신을 향해 지나친 엄격주의와 지나친 관용주의로 표출된다. 다윗이 은밀히 행한 것에 대해 죄책감을 느끼며 그것을 숨기려 하기보다는 '여호와 앞에 죄를 범하였노라' 고백하고 사하심을 받았던 것처럼 (삼하 12:12-13) 목회자들도 하나님 앞에서 은밀한 자신의 죄를 고백하고 약점에 대해서는 인정해야 한다. 목회자의 정신건강은 완전함에서 유지되는 것이 아니라 하나님 앞에서, 말씀 앞에서 자신의 정체성을 명확하게 이해할 때 가능해진다.

B. 자기애적 성격

미소년(美少年) 나르시스가 우물에 비친 자신의 모습에 반해 우물에 빠져 죽었다는 그리스 로마 신화가 있다. 이러한 신화로부터 '자기 자신에게 반한 사람', 또는 '자기 밖에 모르고, 자신만이 최고라고 생각하는 사람'을 일컬어 나르시시스트(Narcissist) (본래 무감각하다는 의미)라고 부른다. 여기서 자기애적(自己愛的) 성격 또는 인격 장애라는 말이 유래되었다. 자기애적 인격장애가 있는 사람은 자기는 남들과 다르고 언제나 타인의 관심과 존경을 끌려고 노력하며, 오로지 자기만을 생각하기 때문에 타인의 기분이나 생각에는 관심이 없고 대인관계에서 착취적이다.

사실 자기애는 사람의 보편적 특징 중에 하나이며 누구에게나 어느 정도 발견되는 현상이다. 그러나 지나치면 결국 병이 되며 인격 장애가 된다. 자기애적 경향성은 목회자들에게도 종종 발견되는데, 그 특징은 '자기가 주요인물이며, 자신이 독특한 존재이기 때문에 특별한 대우를 받아야 한다는 과장된 생각과 느낌'을 갖는 것이다. 또한 자기능력을 과장하거나 과신하며, 현실에서 불가능한 위대한 성취를 이루는 공상에 잘 빠져든다. 이러한 경우 대인관계에서 주로 문제가 표출된다.

자기애적 인격장애는 다른 사람들로부터 좋은 평가를 기대하는데 부정적 평가를 받을 경우 분노와 수치를 느끼며 부인하려고 한다. '나의 설교는 너무나 은혜롭기 때문에 다른 목사나 동역자들이 질투한다'고 생각한다. 또 자신이 설교하면 '모든 성도들이 다 은혜를 받아야 한다'고 확신한다. 결국 '나는 언제나 내가 원하는 대로 해야 한다'는 자기 중심성에 머물러 있어서 대인관계가 힘들어진다. 이성교제에서도 자신이 특별한 존재라고 생각하기 때문에 환상적 사랑을 꿈꾸고, 남성의 경우에는 상대방의 반응과 상관없이 미모의 여성에게 집착을 하는 경향이 있다. 이들은 다른 사람에게 말을 하지만 대화를 나누지 않고 혼자 말한다. 그러므로 공감능력과 배려의 결핍으로 인해 친밀한 관계로 발전할 수도 없고 다른 사람을 진정으로 사랑할 수도 없다. 물론 자기애적 인격장애의 경우에도 정치, 예술, 사업 등 전문직에서 커다란 업적을 남기며 성공하기도 한다. 그러나 중요한 것은 자기애적 인격장애자는 단순히 사람들에게 인정받고 찬양받는 것이 마땅하다 생각하고 관심을 끌기 위한 욕망에 이끌린다는 점이다.

물론 건강한 자존감에 기초한 자기애적 경향을 가진 사람들도 있다. 반면에 어떤 사람에게 나타나는 자기애적 인격장애는 그가 하는 다른 행동을 주의 깊게 관찰하면 병적이라는 것을 어렵지 않게 발견할 수 있다. 자기애성 인격장애자는 과도하게 자신을 중요하게 생각하기 때문에 작은 일에도 쉽게 실패감이나 분노 또는 우울감에 빠지는 경향이 높다. 목회자나 신학생처럼 남 앞에 자주 서야 하는 전문인들은 자기 능력에 대해 늘 비현실적으로 평가받고 비교되기 때문에 이러한 장애에 더 쉽게 빠져든다. 또한 깊은 인간관계를 맺지 못하기 때문에 주위에 친밀한 사람이 별로 없고, 새로운 사람과의 이상적인 관계를 늘 갈구하지만 실망하고 깨어지는 관계의 실패를 반복한다.

C. 강박적 성격

필자는 대학 입학 후 첫 수업시간에 졸다가 교수님께 지적받은 적이 있다. 핑계를 대자면 워낙 장거리를 통학한데다가 졸음이 밀려오면 참지 못하는 체질이었다. 그런데 장신대 신대원을 입학한 첫 학기에 점심 식사 후 수업이 있었다. 은퇴를 하신 교수님께서 조용히 앉아서 강의하셨기 때문에 대부분의 학생들이 졸았던 것으로 기억된다. 그러나 필자는 워낙 잠이 많음에도 불구하고 그 수업에 한 번도 졸지 않았다. 이렇게 기적과 같은 일이 어떻게 가능했는가? 신학교에 들어와서 이제는 새로운 사람이 되어야 한다는 강렬한 소망이 있었기 때문이다. 그래서 제일 앞자리에 앉았고 열심히 필기를 하며 집중을 하였다. 물론 한 학기 밖에 지속되지 않았다.

그런데 매사에 '어떤 일이 있더라도 실수를 해서는 안 된다'는 생각에 집착해서 완벽해지려고 노력하는 목회자가 있다. 그는 모든 것을 통제하려는 시도를 하다가 낙심하고 큰 죄책감에 빠지곤 한다. 이러한 특징이 지속적으로 나타나면 강박적 성격장애(Obsessive compulsive personality disorder)라 부른다. 국민건강보험공단[15)]의 최근 5년간 건강보험 진료비 지급 자료 분석에 의하면 '강박장애' 진료인원은 2010년 20,490명에서 2014년 23,174명으로 13.1% 증가하였다. 그리고 강박장애를 겪는 사람 가운데는 20대가 가장 많았다.

강박장애는 불안장애의 하나이다. 특별히 청년들의 강박장애는 미래에 대한 불안과 상관이 높다. 불안을 경감시키기 위해서 강박적인 사고나 행동에 빠져든다. 물론 자신이 과도하게 어떤 행동이나 사고에 집착한다는 것을 인식하면서도 일상생활이나 직장생활에서 불필요한 행동이나 사고를 반복을 한다. 조그마한 실수에도 자기비판을 격렬하게 하며 너무 사소한 것에 집중하다가 전체의 핵심을 잃어버리는 경우가 종종 있다. 그래서 규칙과 책임감, 질서에 집착하여 모든 일을 통제하려 시도하고 "시간을 낭비하지 말라"고 외치면서 거의 일벌레처럼 활동한다. 완벽하게 일을 완료하지 못하면 과제물도 내지 않고, 시험도 포기한다. 한번

빼먹은 QT, 새벽기도 때문에 목회자로서 자격이 없다고 자신에게 엄한 벌을 내린다. 너무 완벽함을 추구하고 엄격한 기준을 자신에게 적용하여 결국은 일을 완료하지 못한다. 문제는 삶의 즐거움이 없고, 감정을 위험한 것으로 보기 때문에 열정이 결여되어 있다는 점이다.

성장을 향한 노력과 완벽함을 추구하는 것은 목회자에게 꼭 필요한 것이다. 그러나 완벽함만을 추구하다가 일에 빠져 사람들에게 상처를 주며 자기 자신을 느끼지도 못하고 다른 사람과 감정 교류도 할 수 없지는 않은지 스스로를 살펴보아야 한다. 예수님께서는 "그러므로 하늘에 계신 너희 아버지의 온전하심과 같이 너희도 온전하라" (마 5:48)고 말씀하신다. 이 말씀은 스스로 열심히 노력하면 완전한 수준에 도달할 수 있다는 의미가 아니다. 때때로 삶의 여정 가운데 좌절과 실패에 직면할 수 있다. 그 때도 과도한 자기 비난이나 죄책감에 빠지지 않고 예수 그리스도 안에서 자유와 안전감, 그리고 웃음과 여유를 가지고 다른 사람과의 관계에서 적절한 감정 표현과 감정을 나눌 수 있어야 건강한 사람이다.

D. 대인불안

학생들 중에 '교수님은 사람들 앞에서 참 자연스럽고 여유가 있어 보입니다. 저는 남들 앞에 서는 것과 말하는 것이 너무 힘듭니다.'라고 말하는 학생이 있다. 그럴 때면 필자는 오리를 떠올린다. 남들이 보기에는 오리가 멋있는 자태로 물위에 떠 있어 보이지만 물 밑 속에서는 빠지지 않기 위해 수없이 발길질하고 있는 것처럼, 나 자신의 모습이 그러하기 때문이다. 이런 목회자들은 대체로 혼자 있을 때는 별 문제가 없는데 남들 앞에 서거나 특별히 무엇을 발표하거나 말하려면 너무나 불안하고 두려움을 느낀다. 그리고 이것이 심해지면 남들 앞에 설 때 말을 더듬고, 얼굴이 붉어져서 제대로 다른 사람 얼굴도 쳐다보지 못한다. 그리고 스스로 '사람 앞에 서는 것이 이렇게 두려운데 어떻게 하나님의 일을 한단 말인가' 하면서 낙심한다. 누구나 어느 정도의 대인 공포나 불안은 가지고 있다. 문제는 그것이 자라나서 일상생활이나 자존감에 부정적 열매를 맺지 못하도록 해야 한다는 것이다.

이처럼 사람 대하길 두려워하는 증상을 "대인공포증"이라 부른다. 공포가 너무 거창하다면 "대인불안증"이라고 해도 괜찮을 것 같다. 대인불안은 다른 사람이 나를 어떻게 볼 것이며 생각할 것인가에 대한 걱정이요 공포이다. 부드러운 눈빛으로 보려 할수록 점점 눈에 힘이 가해져서 노려보며 화가 난 듯한 표정이 되고, 얼굴이 붉어져서는 안 된다고 의식할수록 더욱 행동은 부자연스러워진다. 그 특징은 혼자 있을 때는 괜찮은데 다른 사람과 같이 있을 때 발생한다는 것이다. 대인불안증의 특성은 자기는 중대한(신체적) 결점을 갖고 있고, 그 증거는 상대의 동작이나 행동을 보면 직감적으로 알 수 있다고 확신한다. 나아가 그 결점은 상대에게 불쾌감을 주기 때문에 어떻게 해서든지 교정, 또는 제거해야 한다고 생각한다.

그렇다면 왜 이런 일들이 일어날까? 목회자들 가운데는 완벽성과 높은 이상, 자기 억제와 타자 배려를 추구하면서 자신의 행동을 연기, 위장 또는 허세를 하는 경향이 많고, 이런 것들이 더욱 다른 사람과의 관계에서 불안함을 느끼게 해서 행동의 어색함을 가져오게 한다.16) 대인불안은 없애려 하면 더 불안해 진다. 따라서 대인불안에서 벗어나는 길은 오히려 숨기지 말고 광고를 하고 알리는 편을 택해야 한다는 것이다. 남에게 좋은 인상을 심어주고, 그것을 상대방의 반응에서 찾으려하면 할수록 더 낙심하게 되고 불안과 공포가 생긴다. 사람들을 의식하기 전에 먼저 하나님 앞에서 자기 자신을 솔직히 인정하는 훈련이 필요하다. 바울은 "이제 내가 사람들에게 좋게 하랴 하나님께 좋게 하랴 사람들에게 기쁨을 구하랴 내가 지금까지 사람의 기쁨을 구하는 것이었다면 그리스도의 종이 아니니라"(갈 1:10)고 고백한다. 하나님 앞에서 자신을 바라보고 사람들에게 솔직할 때 대인불안을 극복할 수 있다.

E. 연극성 (히스테리성) 성격

전도사 K는 활기차고 열정적인 사람이다. 게다가 그는 농담을 잘해서 자신에게 관심을 유도하고, 상대방을 쉽게 매료시킨다. 찬양하다가 극적으로 눈물을 흘리는 감동적인 모습을 보일 때도 있다. 그는 교회에서 인기 있는 사역자로, 교사로, 주위 동료들에게는 분위기 메이커로 부러움을 사기도 한다. 반면에 그는 외모로 다른 사람들의 관심을 끌기 위해 시간, 정력, 돈을 쓴다. 그는 오래된 친구가 별로 없고, 남자 친구들과도 관계가 원만하지 못하다. 그는 때로 성적으로 유혹적(본인은 의식 못할 수도 있지만)이며 주위에 여자 청년들이나 교사들이 있지만 오래 지속되는 이성관계로 발전하기가 힘들다. 왜냐하면 그가 특별한 자극과 흥분을 갈망하고 인간관계에서 쉽게 싫증을 느끼기 때문이다. 또한 지나치게 감정을 과장하고 상대방에 대해 실제보다 더 친밀하다고 생각함으로 쉽게 좌절하기 때문이다. 그는 자신이 관심을 끌지 못하면 자주 우울해지거나 화를 내며, 처음에는 매우 열정적으로 일이나 계획, 관계 등을 시작하지만 곧 흥미를 잃어버리고, 흥분을 얻기 위해 새로운 인간관계를 찾는다. 그는 상대방의 감정을 조정하려는 동시에 강한 의존성을 갖고 있기 때문에 관심을 끌기 위해 겁주기 식 발언이나 행동(예/자살 시도)을 하기도 한다. 그는 낭만적이고 파티 같은 인생을 꿈꾸지만 그 속에는 우울과 분노가 있다.

이러한 성격 장애를 히스테리성 인격 장애라 한다. 보통 감정 기복이 심해서 갑작스럽게 폭발하는 사람을 소위 히스테리가 있다고 한다. 히스테리성 인격 장애는 지나친 감정 표현 및 관심 끌기 행동양상을 보이는 것이 특징이다. 정신장애의 진단 및 통계편람 (DSM-V)[17]에 의하면 다음의 5개 (또는 그 이상) 항목을 충족시킬 때 히스테리성 인격 장애로 진단한다: (1) 자신이 관심의 초점이 되지 못하는 상황에서 불편해 한다; (2) 다른 사람과의 행동에서 흔히 상황에 어울리지 않게 성적으로 유혹적이거나 도발적인 행동이 특징적이다; (3) 빠른 감정의 변화 및 감정표현의 천박성(감정표현이 얕음)을 보인다; (4) 자신에게 관심을 끌기 위해서 항상 육체적 외모를 사용한다; (5) 지나치게 인상적으로 말하면서도 내용은 없는 대화양식을 갖고 있다; (6) 자기 연극화, 연극조, 과장된 감정표현을 한다; (7) 피암시성이 높다 (예: 타인 또는 환경에 의해 쉽게 영향을 받음); (8) 대인 관계를 실제보다 더 친밀한 것으로 생각한다.

목회자들은 교회 사역의 동기가 개인의 인기와 관심을 끌기 위한 것은 아닌지 스스로 물어야 한다. 정신 건강은 자기 인식부터 시작된다. 사람들로부터의 평가가 자신의 존재 가치를 결정하는 유일한 잣대가 되어서는 안 된다. 무엇보다도 하나님 앞에서 자신의 존재를 볼 수 있어야 한다. 자기 자신이 아니라 예수 그리스도가 관심의 초점이 되어야 한다. 세례요한은 "그는 흥하여야하겠고, 나는 쇠하여야 하리라" (요 3:30)고 고백한다. 목회자와 신학생은 목회 무대의 주인공은 예수님임을 잊지 말아야 한다.

| 3장 |

목회자의 인간관계

목사 안수를 받고 공부하며 부목회자로 사역을 하던 초보 목회자 시절이었다. 이민 목회의 어려움을 견디고 건실하게 교회를 세우고, 그 대형 교회를 조기 은퇴하여 후임자에게 맡기신 존경받는 노목사님의 말씀을 들을 기회가 있었다. 참 주옥같은 목회의 비결을 들려주셨는데 마지막 한 가지가 필자의 마음을 너무도 슬프게 하였다. "내 목회의 마지막 결론은 이 한가지입니다. '개는 믿어도 사람은 믿지 마라.'"

아마도 이 말씀은 사람을 의지하는 목회를 하지 말고, "오직 하나님 중심 목회", 즉 하나님만을 믿고 신뢰하라는 권면이셨을 것이다. 그럼에도 불구하고 마음속에 그 목사님은 누구도 신뢰할 수 없었던, 외로운 목회를 하신 것 같아 마음이 아팠다. 동시에 정말 목회자의 길은 가족도 없고, 친구도 없고, 홀로 외로운 길을 가야만 하는 것인가 두려움마저 들었다.

예수님은 지혜와 키가 자라가며 "하나님과 사람 앞에 더 사랑스러워 가시더라"(눅 2:52)고 성경은 기록한다. 예수님은 하나님과의 관계뿐 아니라 사람과의 관계에 있어서도 사랑이 넘치는 성숙한 관계로 발전해 갔다. 공생애를 시작하는 예수님은 "식사할 겨를도 없이"(막 3:20; 6:31) 분주한 사역자의 삶을 사셨지만 그 삶 가운데서 어떻게 인간관계를 유지하셨는지 그의 삶을 통해서 배울 수 있다.

I. 예수님의 인간관계

모든 인간관계의 질이 같을 수는 없다. 예수님을 따랐던 사람들, 예수님과 관계를 맺었던 사람들을 보면 열두 제자가 가장 가까이 있었다. 그러나 변화산에 오르실 때 예수님은 따로 베드로와 야고보, 요한을 데리고 가셔서 해같이 빛나는 영광을 보게 하셨다(마 17:1). 또 십자가를 앞두고 겟세마네 동산에 기도하러 가셨을 때 예수님은 열두 제자와 함께 가셨고, 거기서 베드로와 세베대의 두 아들, 야고보와 요한을 더 가까이 데리고 가셔서 그 고민과 슬픔을 이야기 하시고 함께 기도하기를 요청하셨다(마 26:37). 그 외에도 따로 70명을 세워 친히 가시려는 지역과 동네에 둘씩 앞서 보내시고 예수님의 이름으로 귀신들이 항복하는 체험을 하게 하셨다(눅 17:1, 17). 그리고 마지막 승천하실 때는 오백여 형제(고전 15:6)에게 일시에 보이셨다. 부활과 승천의 목격자들이 수백 명이었지만 소위 마가의 다락방에 모여 약속하신 성령을 기다리던 증인들은 그 중 약 120명(행 1:15)이었다.

당시 시대적 관습에 따라 예수님을 따르던 수많은 여성 후원자들이 있었다. 누가복음에 보면 열두 제자 외에 "또한 악귀를 쫓아내심과 병고침을 받은 어떤 여자들 곧 일곱 귀신이 나간 자 막달라인이라 하는 마리아와 헤롯의 청지기 구사의 아내 요안나와 수산나와 다른 여러 여자가 함께 하여 자기들의 소유로 그들을 섬기더라"(눅 8:2-3)고 기록한다. 게다가 예수님께서 골고다 언덕을 오르시고 십자가에 달리실 때, 그 마지막 순간에 함께했던 남자 제자는 12명 중에 요한 한 사람이었다. "예수의 십자가 곁에는 그 어머니와 이모와 글로바의 아내 마리아와 막달라 마리아"(요 19:25)가 끝까지 지키고 있었고, 예수님께서는 "자기의 어머니와 사랑하시는 제자(요한)가 곁에 서 있는 것을 보시고 자기 어머니께 말씀하되 여자여 보소서 아들이니이다 하시고 또 그 제자에게 이르시되 보라 네 어머니라 하신대 그 때부터 그 제자가 자기 집에 모시니라"(요 19:25-26)고 성경은 기록하고 있다. 제자이자 친구인 요한에게 "어머니를 부탁한다"고 말씀하셨다. 함석헌 선생의 "만리 길 나서는 날 처자를 내 맡기며 맘 놓고 갈만한 사람, 그 사람을 그대는 가졌는가"라는 글귀를 떠오르게 하는 대목이다. 여기서 몇 가지 인간관계의 원리를 정리한다면 다음과 같다.

A. 원리 1: 동심원(아날로그)의 인간관계

연못에 돌을 던지면 그 낙하 지점을 중심으로 동심원을 그려간다. 물론 큰 돌을 던지면 그 동심원의 크기와 파급 효과가 더 클 것이다. 인간관계는 동심원과 같다. 가장 큰 영향을 주고받는 관계가 가족관계이다. 가족치료자들은 그래서 가족을 모빌과 같다고 표현한다. 그것은 서로 연결되어 한 쪽을 잡아당기면 서로 춤을 추며 결국은 평형을 찾아가는 모빌의 원리와 같다는 것이다. 나로부터 시작해서 가족, 우리 동네,

우리 교회, 동창, 지역, 우리 나라 이렇게 점점 동심원이 커져가는 인간관계이다. 동시에 그 영향력과 파급효과는 점점 약화된다. 이것을 니체는 우리와 다른 것, 우리와 다르게 행동하는 것들에 대한 배제와 타자화는 진정 증오를 낳게 했다고 그 위험성을 지적하기도 한다. 그러나 인간관계의 기초는 관계의 원근(가족, 친척, 친족 등)과 지역적 장소를 중심으로 얼굴과 얼굴을 통하여 만남을 갖는(면대면) 동심원적 관계이다. 그러므로 예수님께서는 3명, 12명, 70명, 120명, 500명... 한 사람을 소홀히 하지 않으셨지만 그 관계의 질과 시간의 양, 영향력의 파급 효과는 차이가 있었음을 알 수 있다. 동심원, 즉 아날로그 인간관계, 혈연, 지연과 학연, 지리적 제한 등으로 연결된 단선적인 관계이다.

예수님의 인간관계를 꼭 하나님 나라의 복음 전파와 연관 짓지 않더라도 인간관계의 폭과 질이 각각 다름을 알 수 있다. 따라서 목회자는 사역과 연관된 만남 뿐 아니라 한 인간으로서의 만남과 관계에 다양성을 필요로 한다. 동시에 모든 교우들을 모두 다 똑 같이 사랑할 수 없는 유한한 존재임을 인정하는 것부터 인간관계를 쌓아갈 수 있다. 예수님께서 더 깊은 감정을 베드로와 요한과 야고보와 나누셨던 것처럼 더 친밀함을, 더 마음의 교감을 나눌 수 있는 관계가 있다. 즉 모두를 똑같이 사랑할 수는 없다. 배우자 보다 다른 이성을 더 사랑할 수는 없다. 그것은 불륜이다. 자기 부모에 대한 공경과 돌봄은 포기하거나, 자기 자녀들을 버리고 유기한 채, 사명으로 독거노인과 고아를 돌보는 사역자가 있을 수 있다. 그럼에도 불구하고 "누구든지 자기 친족 특히 자기 가족을 돌보지 아니하면 믿음을 배반한 자요 불신자보다 더 악한 자"(딤전 5:8)이다. 자기 친족을 돌아볼 책임이 있고, 가까운 이웃의 필요부터 바라보는 것은 당연한 것이다. 모두를 공평하고 똑같이 사랑해야만 한다는 것은 이상적이긴 하지만 실제적이지는 않다.

결국 동심원 인간관계는 관계에 우선순위가 있고 친밀감의 깊이와 시간사용의 우선순위가 다를 수 있음을 가르쳐 준다.

B. 원리 2: 편재성(유비쿼터스)의 인간관계

두 번째는 편재성(遍在性) 인간관계이다. 지역적 교회가 있듯이 보편적 교회가 있다. 지역과 시공간을 뛰어넘어 세계 속에 흩어져 있는 예수님에 대한 믿음을 고백하는 무형의 교회, 성도가 있다. 마찬가지로 컴퓨터, 인터넷, 모바일, 페이스북, 트위터, 스마트폰, 소셜 네트워크, 유비쿼터스 등 온갖 생소한 단어들이 등장하였으며 세계의 사람들과 장소와 거리와 상관없이 실시간으로 소통할 수 있는 길이 열렸다. 어떤 사람은 유목민을 뜻하는 노마드라는 단어에 사이버 노마드라 하여 특정 지역이나 공간의 한계에 제한받지 않고 상호 정보와 관심을 찾아 창조적으로 변화하는 인간관계를 설명하고, 그것을 유비쿼터스 또는 디지털 인간관계라고 부른다.

예수님의 인간관계는 혈연을 뛰어넘었다. 어머니와 동생들이 찾아왔을 때 예수님께서는 제자들에게 "누가 내 어머니이며 내 동생들이냐 하시고 손을 내밀어 제자들을 가리켜 이르시되 나의 어머니와 나의 동생들을 보라 누구든지 하늘에 계신 내 아버지의 뜻대로 하는 자가 내 형제요 자매요 어머니이니라"(마 12:48-50; 막 3:31-35)고 가히 혁명적인 가족관을 설파하신다. 하나님 아버지의 뜻은 "아들(예수님)을 보고 믿는 자마다 영생을 얻는 이것이니 마지막 날에 내가 이를 다시 살리리라"(요 6:40)고 말씀하신다. 예수님은 시공간에 제한을 받은 역사적 존재였지만 그의 만남은 부자와 가난한 자, 어른이나 아이, 여성이나 남성, 종교 지도자들, 지식인들이나 평범한 사람들, 세리와 죄인, 간음현장에서 잡힌 자, 귀신들린 자, 각종 병든 자, 군인, 이방인... 예수님은 나이, 성별, 학력, 취미, 지역, 민족적 차이를 초월해서 다양한 사람들과 대화를 하고 영향력을 미치는 삶을 살았다는 사실을 성경에서 발견할 수 있다.

유비쿼터스 인간관계는 무엇인가? 개인적인 가치와 선호, 취미와 자기 고백에만 머물러있지 않고 예수님의 생명을 나눌 수 있는 다양한 인간 관계망의 변화를 추구하는 것이다. 그래서 선교지로, 개척지로, 이민으로, 입양으로 새로운 만남과 교제로 나아갈 수 있다. 근친상간이나 동종교배의 위험성은 지적하면서도 교회와 교인, 즉 같은 신앙고백을 하는 사람과의 관계만으로 스스로를 제한하는 성도나 교회 공동체는 결국 소멸되고 말 것이다.

편재성(유비쿼터스) 인간관계는 관계망을 제한하지 않는 다양성과 변화를 시도하고, 필요와 욕구를 충족시키기 위한 선택의 자유를 추구한다. 물론 편재성 인간관계의 위험성은 자유롭지만 단편적이며 자기 관심 위주로 유목민처럼 정착하지 못하는 피상적이며 일방적인 관계로 전개되기가 쉽고 따라서 인간관계 선택에 치명적인 책임성이 따른다.

그렇다면 이러한 두 가지 원리를 목회자는 교회 밖의 인간관계를 맺는데에 어떻게 적용할 수 있을까?

II. 목회자의 교회 밖 인간관계

목회자는 어떻게 교회 밖에서 인간관계를 만들어 갈 수 있을까? 인간관계를 의도적으로 만들어가기 전에 자연적인 관계가 있다. 가족이나 성도들을 제외하고도 다양한 만남이 있다. 초, 중, 고 동창이 있고, 인터넷에서 자전거나 통기타 동아리에 가입해서 만난 사람도 있을 수 있다. 어학원에서 만난 사람, 산악회 회원 등 우리는 사람들을 만날 수 있는 다양한 기회가 있다. 문제는 목회자로서 어떤 만남에 우선순위를 두어야 할 것이며, 어떤 만남을 가져야할 것인가 등이 중요 질문일 것이다. 왜냐하면 목회자는 시간적인 압박과 자원적인 제한을 갖고 있기 때문이다.

A. 목회와 연관된 교회 밖 인간관계: 사역자 또는 멘토 그룹

목회와 연관된 사역자들과의 인간관계는 주로 신학교 동기들이나 함께 사역을 했던 사람들이 주가 될 것이다. 중요한 것은 목회 사역에 조언이나 통찰력을 줄 수 있는 사람이어야 한다. 물론 함께 취미생활이나 놀이를 즐길 수 있다면 좋을 것이고, 무엇보다도 부부가 함께 할 수 있다면 함께함의 축복을 누릴 수 있을 것이다. 그러나 주된 방향은 목회 사역에 대한 새로운 정보, 배움, 그리고 지지와 때로는 충고도 해 줄 수 있는 관계여야 한다. 그렇기 때문에 목적 지향적인 관계가 우선임을 인식하고 멘토링을 해 줄 수 있는 멘토 관계를 세워가야 한다. 가능하다면 한 달에 한두번 정기적이고 규칙적인 만남을 갖는 것이 좋다. 신학교 교수나 특정 분야의 전문가에 이메일 등으로 질문하고 그에 대해 적절하게 감사를 표명하면서도 관계를 맺을 수 있다. 전문가들은 자신의 가치를 인정받으면 실질적인 만남은 할 수 없을지라도 작은 시간을 할애하여 중요한 정보나 필요한 자료를 제공할 것이다.

B. 목회와 직접적 관계가 없는 교회 밖 성도들과의 관계: 교회 동기, 학교 신앙 동아리

목회자들 중에는 "성도들과는 깊은 마음을 나누지 마라"고 충고하는 사람이 있기도 하다. 또한 현재 섬기는 교회가 아닌 이전 교회의 성도들과의 만남이나 접촉도 바람직하지 않다는 말을 듣는다. 그러나 필요에 따라 목양적 차원에서, 그리고 한 신앙인으로서 교제할 수 있다. 유년 시절의 주일학교 친구나 학창 시절 신앙생활을 같이 했던 옛 친구(성도)들과 만남을 가질 수 있다. 새롭게 알아가는 위험성이 적을 뿐 아니라 목회자 친구에 대한 기도 후원이나 또는 신앙적, 교회적 조언이나 도움 등을 편안하게 나눌 수 있기 때문이다.

목회자가 특정 교인들과 친밀한 관계를 갖다 보면 다른 교인들이 질투하거나 오해할 수 있기 때문에 위험성이 없는 것은 아니다. 그러다 보면 늘 목회자들끼리 모이게 되고 교인들의 생각이나 필요한 조언을 듣지 못할 수 있다. 따라서 목회자와 성도의 관계가 형성되기 전에 함께 신앙생활을 했던 어렸을 적 신앙 친구들의 친목 모임이나 동기 모임 등에 참여하는 것이 좋다. 빈도는 분기별 또는 일 년에 두 번 정도가 적절하다.

C. 교회 밖 친분 있는 사람들과의 관계: 취미활동이나 동호회

목회자는 기독교인 모임 외의 다양한 만남을 활용할 수도 있다. 동창회나 동문들 모임이 있다. 동네 친구들, 축구 동호회, 헬스클럽, 독서모임, 자전거 동호회, 산악회 등 다양한 모임이 있다. 여기에서 어려운 것은 어떻게 목회자임을 드러내면서도 자연스러운 관계를 맺을 수 있느냐는 것이다. 이러한 인간관계는 가능하면 취미나 운동, 관심사를 나눌 수 있는 관계로 제한해야 한다. 목회활동 가운데 스스로 시간을 조절할 수 있고 자유롭게 활동할 수 있는 선택의 폭이 있어야 한다. 문제는 너무 많은 시간을 취미생활이나 운동에 할애한다면 본질적인 목회 사역을 저해할 수 있다는 점이다. 그래서 인터넷 동호회를 활용할 수도 있지만 인터넷은 비활동적이면서 많은 시간을 빼앗을 수 있다는 점을 고려해야 한다.

D. 교회 밖 친분을 쌓아가는 사람들과의 관계: 자원봉사나 일상생활에서의 만남

그 외에 중요하면서도 다양한 사람들과 관계를 쌓을 수 있는 방법은 자원봉사에 참여하는 것이다. 사실 목회자는 늘 섬기고 봉사한다고 생각하기 때문에 지역사회나 봉사단체, 시민 활동 등에 대해 부담감은 있지만 참여하지 못하는 경우가 많다. 필자는 상담을 공부하면서 개인적인 목적을 위해서 상담소에서 자원봉사를 시작했던 것이 계기가 되어 월급을 받는 전문 상담인이 되었고, 센터 소장을 맡기까지 수많은 실질적인 도움과 배움, 그리고 임상적 경험과 사회적 인정까지 받을 수 있었

다. 그래서 필자는 처음 자원봉사를 시작했던 그 날(1990년 6월 15일)을 인생의 중요한 날 중에 하나로 감사하며 스스로 기념하고 있다. 자원봉사는 비신앙인들을 만날 수 있는 좋은 접촉점이 된다. 또한 그들의 교회나 신앙에 대한 생각들을 들을 수도 있다. 자원봉사를 통해 만나는 사람들이 잠재적 전도 대상자인 것도 있지만, 그것보다 더욱 중요한 것은 실질적 도움을 제공해 주는 기쁨이 있고, 그들에게 영적인 갈급함이 생길 때 기억하고 대화를 청할 수 있는 목회자 친구가 될 수 있다는 것이다.

또한 늘 가는 동네 가게, 마켓, 자주 가는 이발소나 미용실, 세탁소... 일상생활에서 만나는 사람들이 많이 있다. 서비스를 하는 사람들은 일반적으로 이름표를 부착한다. 친절하게 이름을 불러주거나 간단한 대화 속에서 격려나 웃음을 나눌 수 있다면 그러한 교제가 더 친밀하고 깊은 교제로 발전할 수 있는 삶의 윤활유가 된다.

교회 안팎의 사람들과의 좋은 인간관계를 만들어가기 위해서 필자가 만든 지침과 태도는 "조금 손해를 보라," "적절한 거리감을 유지하라" 그리고 "자신의 작은 실패들을 나누라"등 이다. 작은 것에 손해를 보고, 너무 가까워지려고 급하게 다가가지 말고, 삶에서 실패나 어려운 것을 조금씩 나누다보면, 더 친밀하고 더 깊은 관계로 발전할 사람들을 발견하게 되고 친밀한 인간관계를 세워갈 수가 있다.

나가는 말

인간은 누구나 친밀한 삶을 꿈꾼다. 지나치면 피상적인 관계 중독자가 되거나 아니면 인간관계에 매력이나 기대가 없는, 만남의 접촉점이 없는 밋밋한 삶을 살게 된다. 그러다 보면 일탈을 하게 된다. 최근 스펙, 네트워킹, 커넥티드, 인맥 등 인간관계의 중요성을 강조하는 단어들이 유행이다. 이것은 단지 인생의 성공을 위한 인적 자원의 확보라는 차원을 넘어서 인간은 홀로 존재할 수 없으며 함께 해야 살아갈 수 있는 존재임을 보여주는 것이다. 목회자도 예외일 수는 없다. 다윗과 요나단은 나이와 지위, 가문 갈등을 넘어서는 진정한 우정과 사랑의 관계를 세워갔다. 사랑을 홀로 배울 수 없듯이 인간관계를 혼자서 쌓을 수는 없다.

테일러 대학 총장이었던 제이 케슬러[18)]는 인생의 목표가 "자신이 죽으면 만사를 제쳐두고 장례식에 참석해 줄 친구를 적어도 여덟 명은 갖는 것"이라고 말한다. 그의 인생에 중요한 목표 중 하나가 자신의 관(棺)의 손잡이를 기꺼이 잡아줄 8 명의 친구를 만나는 것이라는 뜻이다. 목회자도 마찬가지이다. 목회자가 목회의 안팎에서 그의 생애 마지막에 함께할 수 있는 배우자, 가족, 친구, 동역자, 동창, 교인, 선배, 멘토... 이러한 인간관계를 만들 수 있다면 그가 진짜 목회 성공자일 것이다. 성경은 "두 사람이 한 사람보다 나음은 그들이 수고함으로 좋은 상을 얻을 것"이며 "홀로 있어 넘어지고 들어 일으킬 자가 없으면 오히려 화가 된다(전 4:9-12)"고 말씀한다. 진정한 인간관계, 함께함에 상이 있고 복이 있다.

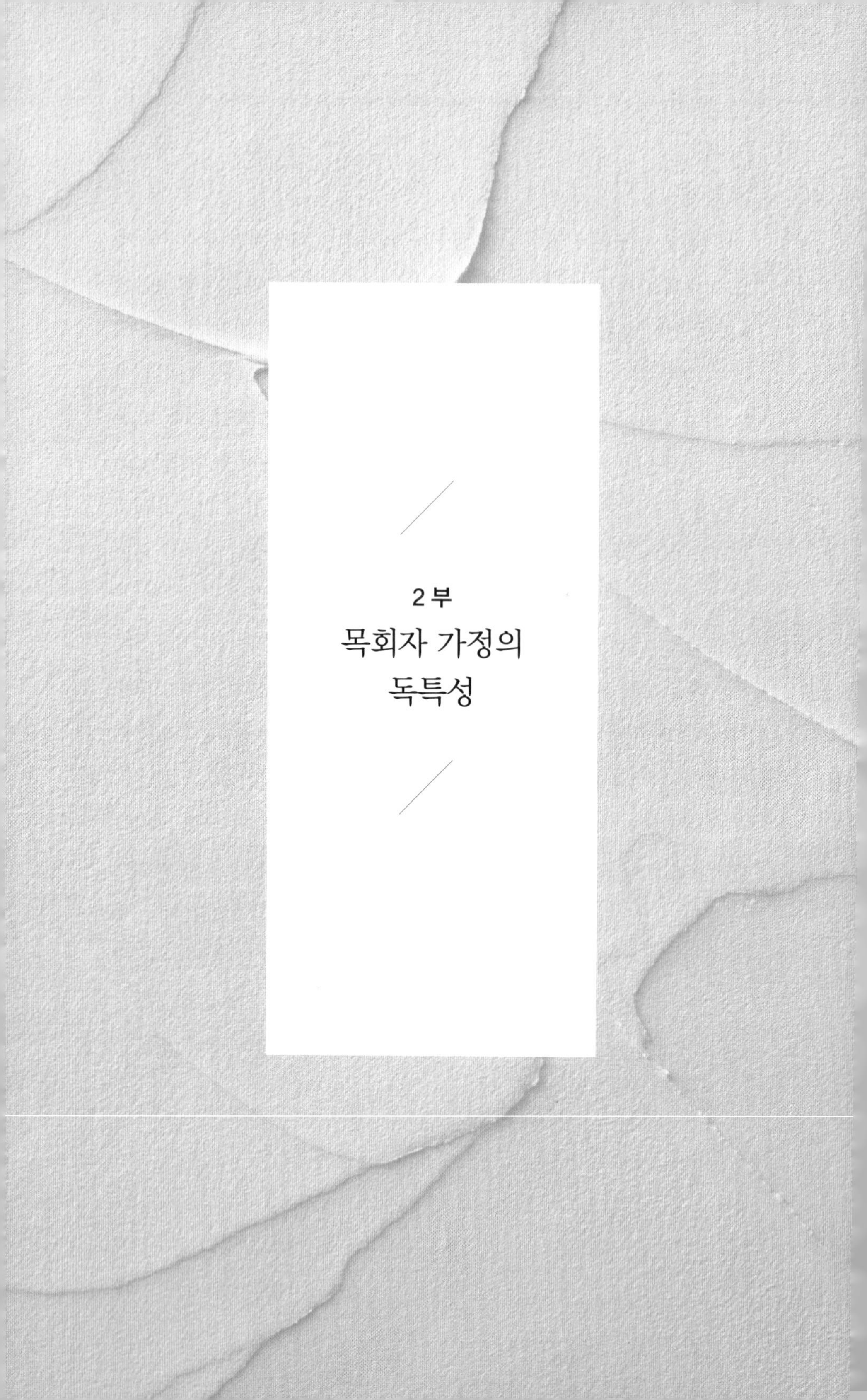

2부

목회자 가정의 독특성

개인이나 가족이나 일정한 성장의 단계와 가족발달의 과정을 통과한다. 이러한 발달이론을 통한 인간이해와 가족이해는 각 단계에 따른 예측되는 긴장과 과제에 대해 준비할 수 있는 안목을 제공해 준다. 반면에 각 개인과 가정은 일반적인 생애 주기 과정에서 통과해야만 하는 과업과 위기 외에 각 개인과 가정만이 경험하게 되는 고유하고 독특한 문제와 사건을 직면하게 된다. 그러한 면에서 목회자와 그 가정은 일반 가정이 겪는 발달 과정 외에 목회자로서, 목회자 가족이기 때문에 그들만이 경험하게 되는 독특한 삶과 생활에 대한 이해를 필요로 한다. 왜냐하면 목회자 가정은 일반가정과 비슷하지만 동시에 목회자 가정만이 갖고 있는 독특성이 있기 때문이다. 또한 목회자 자녀들은 부모가 목회자이기 때문에 누리게 되는 그들만의 특별한 혜택과 유익도 있지만 동시에 그들만이 갖는 특별한 위험과 정체성 위기도 있다.

한국 초대 교회는 1912년 총회를 구성하며 중국 산동성에 박태로 목사를 선교사로 파송하였다. 큰아버지 박태로 목사의 뒤를 이어 목회의 길을 걷다가 순교한 조카 박경구 목사와 그의 아들 박창환 장신대 명예교수, 그리고 손주, 증손주에 이르기 까지 5대가 목회자 가정을 이루었다. 목사, 선교사, 순교자, 신학교 교수 등 다양한 목회 영역에서 사역하는 부, 조부, 증조부, 고조부의 험난한 목회이야기를 보고 들으면서도 그 길을 이어가는 목회자 가정은 그 독특성을 이해하지 않고는 설명하기가 쉽지 않다.

2부에서는 목회자 가정의 독특성과 목회자 자녀의 복과 유익, 목회자 부부의 심리적 문제와 목회자 부부의 가족생활주기에 따른 과업 준비, 그리고 목회자 가정의 치유에 대해서 다루려고 한다.

| 1장 |

목회자 가정의 이해

몇 년 전 대학진학을 앞둔 아들과 이야기를 나눈 적이 있다. 아버지에 대한 글을 쓰는데 필요하다며 다녔던 학교들 그리고 전공에 대해서 물었다. 아들의 질문에 대답을 해 주자 아들은 '오늘 새로운 것을 많이 알았다'고 하였다. 그 때까지 아빠에 대해서 잘 알지 못한 것은 자신이 학교와 학원 다니느라 시간이 없었고, 주말에는 아빠가 설교와 교회일로 바빠서 서로 이야기할 시간이 없었기 때문이라고 말했다. 그러면서 조금 미안했는지 "사실 아빠는 했던 설교 다시 하는 것 싫어해서 토요일에 늘 바쁘잖아..." 라고 하였다. 가정과 상담을 전공한 목회자로서 나름대로 가정을 위해, 자녀들을 위해 노력해 왔건만 늘 부족한 것뿐이다.

목회자로서의 부르심은 가족 전체의 부르심과 무관하지 않다. 왜냐하면 남성이 목회자로 부르심을 받으면 자연히 아내는 사모(pastor's wife)로, 자녀는 목회자의 자녀(pastor's kid)로 불려지고, 이에 따라 걸맞은 역할을 요구받고, 남편/아버지의 목회와 분리되지 않는 모호한 삼각

관계 속에 들어가게 된다. 그러므로 목회자 가정은 일반 가정과는 다른 독특한 역할과 경계가 형성되고 이에 따라 목회자 가족 구성원 모두가 목회에 응답해야하는 부담을 갖게 된다. 이러한 역할의 모호성과 가족 시간의 부족 그리고 목회자 가정을 바라보는 눈들 때문에 가족의 결속력이 약화되기 쉽다. 게다가 목회자가 교인들의 평가에 눈치를 보면서 그들의 기대에 부응하려다 보면 결국 아내나 자녀들에게 소홀해 질 수 밖에 없다. 이러한 일들이 반복되면 목회자 가족구성원들 간에 불평과 불만, 갈등과 탓하기 등이 많아지고 결국은 가정이 깨어지는 일들도 일어날 수 있다.

본 장에서는 목회자 가정의 특징, 목회자 부모와 자녀관계, 부부관계 등을 다룰 것이다. 목회자 가정을 가족 체계적 접근의 개념을 통해서 불명확한 경계선에서 야기되는 목회자 자녀들의 정체성 위기와 역할의 문제를 다루고 목회자 가족 구성원들이 건강한 정체성을 형성해 가는데 도움이 되는 제안들을 할 것이다.

I. 목회자 가정의 특징

A. 유리집에서의 삶

리와 볼스윅[19]은 목회자 가정에 대하여 책을 쓰면서 그 책제목을 '유리집에서의 삶'이라고 표현을 했다. 어떤 사람은 '어항 속에서의 삶'으로 목회자 가정을 그렸다. 그들은 목회자의 가정이 마치 유리 집에서 사는 것처럼, 어항 속에 사는 것처럼 사람들에게 완전히 노출되어 있음을 지적하는 것이다. 노출되어 있다는 것은 그만큼 개인적인 삶의 프라이버시(privacy)가 보장되지 않을 뿐 아니라 목회 사역이 목회자 자신과 가족들이 건강한 자기 자신이 되는데 장애물이 될 수 있음을 시사한다.

B. 목회자 가정에 대한 통념

목회자 가정의 가족들이 힘들어하는 것 중에 하나는 교인들이 목회자 가정을 향해서 "나는 이렇게 해도 되지만 목사는 이래서는 안 된다"는 이중의 기준을 가지고 본다는 것이다. 목회자 가정은 항상 행복해야 하고, 목회자 가정은 아무 문제도 없어야 하고, 문제가 있더라도 쉽게 해결할 것이고, 목회자 자녀들은 언제나 신앙적으로 건전하게 자랄 것이라고 가정(assumption)하는 것이다. 그런 의미에서 목회자 자녀들을 부를 때 영어로 PK(pastor's kids 또는 preacher's kids) 인데 교인들은 "완전한 자녀"(perfect kids)로 기대한다고 말을 하기도 한다. 이러한 기대에서 조금만 벗어나도 목회자 가정은 비난의 대상이 된다. 이것을 하트는 "교인들은 자신들이 행할 때는 받아들이는 행동도 목사의 가족들이 행할 때는 받아들이지를 못한다. 이러한 과다한 행위 기준이 목사의 가족들에게 심한 불평을 촉진시키고 있다. 특히 어린이들에게서 흔히 일어난다"[20]고 말한다. 즉 목회자 가정을 바라보는 이중 잣대는 목회자 자녀에게 더욱 고통이 될 수 있다. 따라서 목회자 가족들은 누구나 완벽한 사람이 되어야 한다는 유형, 무형의 압박을 받는다. 필자에게 상담을 요청했던 한 목회자는 이렇게 말했다.

저는 목회를 하다가 한 때 심한 우울증으로 고생했습니다. 물론 회복을 했지요. 한번은 교인이 우울증으로 입원을 해서 심방을 갔다가 그를 위로하며 저도 우울증으로 고생한 적이 있고, 약물치료도 받은 적이 있다고 말했습니다. 문제는 그 다음이었습니다. 그 교인이 온 교인들에게 그 말을 옮겼을 뿐 아니라 우울증에 걸려서 약물 치료를 받은 목사가 목회하는 교회에는 다닐 수 없다며 여러 교인들을 충동질해서 큰 분란을 겪었습니다.

이 목회자는 자기의 상처를 나눔으로 아픈 교인을 격려하려 하였다. 그러나 그 교인은 목회자가 아프지도 않고, 정신적인 스트레스나 우울증 등에는 면역력이 있는 완전한 사람이기를 기대하였다가 실망하였음을 본다. 물론 자기 노출(self-disclosure) 기법은 상담자에게 있어서도 상당히 주의를 요하는 것이다. 반면에 목회자의 경우는 실제로 노출을 하지 않더라도 드러날 뿐 아니라 조그마한 실수에도 비난을 하며 완전하기를 기대하기 때문에 목회자 가족들은 심리적 압박을 받는다. 이러한 완벽함에 대한 기대가 목회자 가정의 온 가족들에게 영향을 미치며 특별히 목회자 자녀들에게 부정적 영향을 줄 수 있다. 브래처(Bratcher)는 그것을 다음과 같이 설명한다.[21]

완벽함에 대한 기대는 목회자와 그 배우자에게 스트레스를 가져다줄 뿐만 아니라 자녀들에게도 영향을 미친다. 목회자의 자녀들은, 자신들의 아버지의 직업에 책임이 있다고 느끼는 경우가 많다. 이것은 참을 수 없는 스트레스이며, 어린아이들일 경우에 특히 더 심하다. 이럴 경우 목회자 자녀들은 움츠러들게 되며, 자기 가족에 대해서는 무엇이든 말하는 것을 두려워하게 된다. PK, 즉 목회자의 자녀 (Preacher's Kid)는 침묵하고, 아무 것도 반복하지 않으며, 아무 것도 공유하지 않는 법을 배운다. 이것은 그들이 잘못된 것을 공유하거나, 무의식중에 가족을 당황하게 만들거나, 교회의 힘 있는 많은 사람들로부터 문제가 일어나지 않도록 하기 위해서다. 아이들은 아버지, 어머니 그리고 교인들로부터 자신들의 행동을 숨기기 위해 최선을 다한다. 이들은 부모, 즉 목회자에 대한 사랑 때문에 다른 사람들과의 관계에서 속임수를 발전시킨다.

여기에서 발견할 수 있는 것은 목회와 교인들로부터 목회자 가정 구성원 모두 스트레스를 받지만 특별히 그들의 자녀들은 행동이나 의식세계에 있어서 결정적 영향을 받을 수도 있음을 뜻한다. 그렇다면 목회자 가정이 갖고 있는 독특성은 무엇인가를 살펴보자.

II. 목회자 가정의 독특성

A. 목회자 부부의 장점들

리와 볼스윅은 목회자 부부가 누리는 장점들을 다음과 같이 요약한다[22]: 1. 기독교인의 헌신과 영적 자산을 다른 사람을 향한 목회에 일치된 목적으로 나눌 수 있다; 2. 교인의 성장을 돕고 친구가 되며 봉사를 받는다; 3. 전문적 지위와 존경을 받는다; 4. 성장의 기회가 부여되어 계속 연구하고 공부할 수 있다; 5. 현실적 도움을 받는다 (사택을 공급받고 시간 사용에 융통성이 있는 것 등)

이러한 내용은 목회자 부부가 목회에 함께 헌신하고 교인들에게 모범적인 가정의 모습을 보여줄 수 있는 도전이 되기도 한다. 그렇다면 목회자 부부가 어렵다고 지적하는 것은 무엇인지 살펴보자.

B. 목회자 부부의 어려움 (교회, 인간관계, 가정생활...)

목회자가 교회생활과 인간관계, 그리고 가정생활에서 겪는 어려움을 순위별로 정리하면 다음과 같다.[23] (괄호 안의 숫자는 사모들이 뽑은 순위이다): 1. 교회에서 보내는 시간 때문에 가정 시간이 부족 (2); 2. 경제적 어려움 (1); 3. 친한 친구를 만들 수 없음 (3); 4. 비현실적인 높은 기대감 (8); 5. 교인들의 목회자에 대한 비판 (4); 6. 가정 사생활의 부족 (5); 7. 사고 싶은 것을 살 수 있는 자유감 결여 (7); 8. 한 교인과 너무 가까워질 때 다른 교인의 시기 (9); 9. 내 자신이 될 수 있는 자유의 결여 (6); 10. 교인들의 사모에 대한 비판 (10); 11. 교인들의 자녀에 대한 비판 (11). 또한 미키와 애쉬모어[24]는 목회에서 겪는 8가지 어려움을 다음과 같이 말한다: 1. 경제적 어려움; 2. 과중된 사역; 3. 가족에 대한 압박; 4. 목회자 또는 가족의 신체적 건강 악화; 5. 자녀에 대한 소홀함; 6. 교회 성장에 대한 강조; 7. 승진에 대한 전념; 8. 성도들의 반대.

목회자 부부들이 지적하고 있는 어려운 점은 '가정의 시간 배려(과중된 사역) 문제'와 '경제적 어려움', '친한 친구를 만들 수 없음' 등이 1에서 3순위를 차지한다. 이러한 문제로 인해 목회자들은 늘 "성도(교회)인가? 아니면 가정(아내, 자녀)인가?" 사이에서 고민하며 갈등한다. 한 연구[25]에 의하면 미국 목회자의 경우 일주일 목회시간 사용이 46-50 시간이 28.5 %, 51-55 시간 32.0 %, 그리고 56시간 이상이 29.9 % 였다.

이것은 일반인의 일주일 시간 사용(40시간)과 비교해 볼 때 목회자들이 훨씬 과중된 일을 하고 있으며(46시간 이상이 90.4%), 이러한 통계는 한국 목회자도 예외가 아닐 것이다.

반면에 목회자의 사모들도 비슷한 어려움을 겪는다. 물론 경제적 어려움은 미국 목회자 가정이나 한국 목회자 가정이 마찬가지이지만 특별히 사모들은 "누구와 결혼했나?"라는 질문을 던진다. "목회자로서의 남편과 한 아내의 남편으로서의 남성" 사이에서 고통을 받고 있으며, 남편 목회자가 고민하는 것처럼 시간 부족을 부부 관계의 어려움으로 설명한다. 또한 남편 목회자의 목회적 성공에 의해 사모의 정체성이 결정되어지기 때문에 때로는 "목회자의 목회자"가 되려는 유혹을 받곤 한다.[26]

> 사모들 가운데는 남편 목회자의 부족함을 어떻게든지 도와서 초인으로 만들려고 하는 사람들이 있다. 남편의 모든 목회에 직접, 간접으로 간여하고 목회자보다 더 열심히 사역에 동참한다. 교회의 의사 결정 과정에 목회자에게 영향을 주어서 사모 자신의 뜻대로 관철시키고 교인들이 "교회의 어머니," "영적인 지도자," "목사를 목회하는 목회자"로 사모를 여기게 한다. 이러한 사모들 가운데는 남편의 능력에 대한 불신과 따라서 자신이 돌보지 않으면 제대로 목회를 하지 못할 것이라는 불안감이 있다. 문제는 이러한 부부 관계에서는 의존적인 목회자로 만들어서 더욱 목회에 지장을 줄 수 있고, 사모는 계속해서 목회자를 완전한 자로 바꾸려고 애를 쓰다가 낙심하게 된다.

그러나 이러한 사모의 역할도 결국은 스스로의 정체성을 갖지 못하고 남편 목회자를 통해서 정체성을 얻기 때문에 생겨나는 문제이다. 그러나 사모들이 특별한 역할에 순응해야한다는 압박은 사모 자신 뿐 아니라 목회자 그리고 평신도 모두에게서 주어진다. 남편 목회자가 사모인 아내가 부교역자나 또는 가장 적극적으로 교회에서 참여하는 사람이 되기를 기대하거나, 교인들 가운데 특별한 일을 하는 사모의 역할을 기대하는데서 사모는 개인적 정체성의 형성에 상당한 장애를 받게 된다.

C. 목회자 자녀의 어려움

위에서 살펴본 바에 의하면 목회자 부부들이 겪었던 어려움 중에 경제적 어려움(2위)을 제외하고는 목회자 자녀들은 부모와는 다른 면에서 어려움을 경험한다. 첫 번째 순위가 '비현실적인 높은 기대감'이었다. 그 다음은 이와 연관된 '가정 사생활 부족'(3위), '사고 싶은 것을 살 수 있는 자유의 결여'(4위), '내 자신이 될 수 있는 자유의 결여'(5위) 등의 순이었다. 그 순위를 정리하면 다음과 같다.[27] (괄호 안의 숫자는 사모의 순위/아버지 목회자의 순위이다): 1. 비현실적인 높은 기대감 (8/4); 2. 경제적 어려움 (1/2); 3. 가정 사생활의 부족 (5/6); 4. 사고 싶은 것을 살 수 있는 자유감 결여 (7/7); 5. 내 자신이 될 수 있는 자유의 결여 (6/9); 6. 교회에서 보내는 시간 때문에 가정 시간이 부족 (2/1); 7. 교인들의 목회자에 대한 비판 (4/5); 8. 친한 친구를 만들 수 없음 (3/3); 9. 교인들의 자녀에 대한 비판 (11/11); 10. 교인들의 사모에 대한 비판 (10/10); 11. 한 교인과 너무 가까워질 때 다른 교인의 시기 (9/8).

이러한 것들은 목회자의 자녀들로 하여금 "나는 아빠처럼 목사로 부름 받지 않았어요!" 라는 불만을 토로하게 한다. 즉 목회자 자녀는 그들의 역할의 모호성, 즉 목회자가 아니면서도 목회자처럼 행동하기를 기대하는 주위의 압력과 기대 때문에 마치 "반항아냐 아니면 성인이냐? (Rebels? or Saints?)"의 두 가지 모습 밖에 없는 것처럼 비추어진다. 이러한 비현실적인 기대들은 목회자 자녀들의 가족 체계와 연관이 있다.

D. 목회자 자녀에 대한 가족 체계적 접근

가족 체계적 접근은 가족을 하나의 체계로 본다. 체계란 상호 관련된 부분으로 구성된 전체를 말한다. 가족 체계를 이해하기 위해서는 체계 주위의 경계를 명확히 해야 하는데 경계 안에 들어와 있으면 체계의 일부로 간주하고, 경계 밖에 있는 것은 환경의 일부로 본다. 이 가족 체계는 가족 밖으로 나가는 산출과 외부 환경으로부터 가족 내로 들어오는 투입에 대해서 개방적 또는 폐쇄적 경계선을 형성한다. 개방적인 가족 체계에서는 경계가 환경과 산출의 상호작용을 허용하는 투과성(permeability)이 있다.[28] 또한 가족 체계는 구성원 각자의 행동을 규정하는 규칙이 있다. 목회자 가정은 외부 환경에 대해 개방적이긴 하지만 너무 노출되어 있기 때문에 경계의 혼돈을 겪고, 목회자 가족에게 너무 엄격한 규칙과 기대가 요구되기 때문에 어려움에 직면할 수 있다. 결국 목회자 자녀들은 경계의 혼돈과 규칙의 엄격성 때문에 정체성의 위기를 겪을 가능성이 높다.

1. 경계(Boundary)의 모호성

카메론 리(Lee)는 목회자 가정의 체계를 다루면서 경계의 모호함을 6가지로 말한다[29] : 1. 교인들이 목회자 가족의 시간과 정력에 지나치게 많은 기대를 거는 것; 2. 목회자들이 교인들과 명확한 경계선들을 유지하는 일을 간과하는 것; 3. 목회자라는 직업의 역할과 이미지를 요구하는 교인들이 부모-자식 간의 관계를 해치도록 허용하는 것; 4. 목회자 가족을 이상화하는 것; 5. 자녀의 행동에 목회자가 책임을 지고, 부모의 행동에 목회자 자녀가 책임을 지게 하는 것; 6. 목회자 자녀들과는 아무 상관없는 갈등을 빌미로 그들을 '삼각관계'(triangling) 속으로 몰아넣는 것.

이러한 경계선 침범의 예를 고려해 보면 목회자 부모는 엄청난 시간과 에너지를 교인들과 목회에 쏟으므로 목회자 자녀들이 홀로 있는 시간이 늘어나게 되고, 가족에 대한 우상화로 인해 비현실적인 높은 기대감으로 인한 중압감을 느끼게 된다. 목회자는 그들 자녀의 행동에 대해서, 목회자 자녀들은 그들 부모의 행동에 대해 책임을 지게하기 때문에 자아 정체성의 혼돈을 겪게 된다. 결국 목회자, 사모, 자녀들, 그리고 목회와 교인들의 영역이 서로 엉켜지면서 불분명하고 명확하지 못한 경계선을 형성하게 된다. 그리고 이러한 경계선의 모호함은 목회자 자녀들이 자신과 아무 관계도 없는 갈등 속에 '삼각관계'에 빠져들면서 자신이 누구인가를 묻게 한다. 결국 목회자 자녀들은 교회와 교인들로부터 무엇을 해야 하는지, 어떤 역할을 해야 하는지를 요구받게 된다. 일반 가정에서는 부모의 직장(일)과 가정이 자녀들의 역할과 분리되는 것과 비교할 때 목회자 자녀들은 외부로부터 가족 체계의 경계가 쉽게 침범

당한다는 특징이 있다.

2. 목회자 자녀의 정체성 혼돈

목회자의 아내로서 사모가 되는 것은 어느 정도 자신의 선택에 달려 있다. 왜냐하면 남편을 선택하는 것이지만 동시에 목회자인 또는 목회자가 되려는 남편을 선택해서 결혼할 수 있기 때문이다. 사모는 남편의 목회 결정과 신학교에 다니며 목회를 할 때부터 목회자의 아내로서 정체성을 형성하기 시작한다. 반면에 목회자 자녀가 되는 것은 자신의 선택이 아니다. 아버지가 목회자가 되는 순간부터 자녀들은 목회자 자녀(PK)가 되며 목회자 자녀로서 자라게 되며 교인들의 호기심으로부터 보호받지 못한다. 이러한 것들이 목회자 자녀들로 하여금 자기 정체성을 추구하는데 어려움을 준다. 리(Lee)는 목회자 자녀들의 정체성을 "내면적인 동일감과 관계있으며 또한 과거와 현재 사이의 연속성과 관계가 있는 것이다. 그것은 '나는 누구인가?'라는 질문에 대한 하나의 답변이기도 한데, 여기서 '나'는 단지 나의 개인적인 자아를 의미할 뿐만 아니라 이 같은 자아-개념을 지지하거나 혹은 도전하는 타인들과의 관계 속에 있는 '나'를 포함하는 것이다"[30] 라고 정의한다. 즉 정체성은 단지 개인적인 자기 인식 뿐 아니라 타인들과의 관계 속에 자신을 포함시킨다고 볼 때 목회자 자녀들이 교인들로부터 보호받지 못할 때 정체성의 위기를 겪는 것은 당연하다고 보여진다. 브래처(Bratcher)는 목회자 자녀들의 정체성 추구에 대한 문제를 이렇게 설명한다.[31]

PK의 정체성 추구는, 목회자 가정이 주로 아버지 없는 가정이

> 라는 사실 때문에 더욱 어려워진다. 이러한 상황에 대한 이해는 아버지가 다른 직업을 가진 가정들에서도 공감되기는 하지만 약한 부자(부녀) 관계의 문제를 불식시키지는 못한다. 많은 PK가 아버지를 대신할 인물을 주일학교 교사, 학교 선생님, 또는 그들에게 지속적인 영향을 미쳐 온 모든 남성들에게 찾는다.
>
> PK의 이러한 정체성의 문제는 청소년기와 청년기 사이에서 가장 강하게 느껴진다. 한 PK는, 자신은 두 '얼굴'을 발전시켰으며, 이러한 이분법을 쉽게 받아들였다고 말했다- 하나는 교회를 향한 얼굴이고 다른 하나는 또래 집단을 향한 얼굴이었다.

이러한 예는 목회자의 아내가 남편 목회자에 의해 정체성이 세워져 가듯이 자녀들은 아버지 목회자와의 관계와 밀접한 연관이 있음을 보여준다. 그러나 단순히 아버지와의 관계 뿐 아니라 목회자 자녀들은 "스스로 정체성이 형성되기 전부터 주위의 시선을 의식하며 정형화된 틀에 자신을 맞춰 나가야 한다는 그들의 특수한 성장 환경"[32] 때문에라도 여전히 정체성의 혼돈을 겪으며 방황할 수 있다. 리(Lee)는 부모와의 관계에서 정체성 문제를 겪는 목회자 자녀들에 대해 그 과정을 이렇게 설명한다[33]:

> PK들에게 있어 자기 정체성의 문제는 아주 중요한 것이다. 그들의 부모는 전국적이지는 않더라도 지역적인 유명인사이다. 더구나, 그들의 명성에는 그 직종에 부합하는 도덕적인 기대감이 아울러 존재한다. 어린 자녀들은 그들이 부모가 특별하고 실제보다 위대하다고 믿게 될 만큼 반복적으로 감명을 받을 것이다. 대부분

의 아이들 역시 이 같은 느낌들을 갖고 성장하지만 결국 부모에 대한 그들의 인식은 보다 실제적이며 현실적이 된다. 그러나 만약 다른 사람들이 계속해서 그들의 부모를 후광을 띈 모습으로 보게 된다면 어떻게 될까? 그리고 그들의 부모 역시 이 같은 식으로 비추어지는 것이 싫지 않을 때는 어떻게 될까? 만약 아빠와 엄마에 대하여 보다 현실적으로 인식할 기회를 주지 않는다면 그 자녀들은 실제적인 자기 정체성을 세우는데 어려움을 겪게 될 것이다

지금까지 목회자 가정의 독특성과 장, 단점 그리고 목회자 가족을 하나의 체계로 보면서 그 경계의 모호성과 역할에 대한 요구로 인해 목회자 자녀들이 겪는 정체성 위기를 살펴보았다.

Ⅲ. 목회자 자녀의 건강한 정체성을 위한 제언들

목회자 자녀들의 설문지[34]를 분석해 보면 그들이 누리는 많은 복들이 있고 그들은 부모에 대해 감사하고 있다. 반면에 목회자 자녀들만이 겪는 어려움과 정체성의 위기와 함께 부모 목회자에 대한 변화의 요구도 상당히 있다. 따라서 건강한 정체성을 가진 자녀들로 키우기 위해서 목회자인 부모가 변해야 할 것과, 목회자 자녀들이 정체성의 위기를 극복하며 건강한 자아상을 형성해 가기 위해 필요한 것들을 제안하고자 한다.

A. 목회자 부모에게

노용찬[35]은 자녀들이 문제를 일으켜서 어려움을 겪는 목회자 가정에 대해 그의 개인적인 경험을 중심으로 몇 가지 그 이유를 설명한다. 그것은 목회자 부모가 너무 권위적이거나 완고한 분으로 율법적인 신앙관과 생활태도를 가진 경우, 목회자 부모가 너무 교회와 교인들 문제에 빠져 자녀들을 돌볼 겨를이 없는 경우, 목회자 부모가 자기 자녀를 공평하게 대하지 못했을 경우, 너무 특별한 대우를 받으며 성장하는 경우, 목회자 자녀들을 매사에 너무 신앙적인 눈으로만 대하는 경우, 그리고 목회자인 아버지와 어머니에게서 모순을 발견하는 경우 등이다. 이러한 지적은 위의 설문 분석에서 드러난 내용과 맥을 같이한다. 목회자 자녀들이 겪어야 하는 가장 최악의 상태는 목사(부모)에 대한 혐오의 감정을 갖게 되는 것이다.[36] 그러므로 가장 중요한 것은 자녀들이 목회자 부모에 대해서 긍정적 이미지를 가져야 하며, 그것을 위해서는 목회자 부모가 보다 전문적인 부모 역할을 해야 한다.

1. 정상적으로 (특별하지 않게) 대하라: 적절한 경계를 만들라

목회자 자녀들은 사생활이 보호되지 않고, 비현실적인 높은 기대감이 그들로 하여금 성장에 고통을 느끼게 했다고 말한다. 따라서 목회자 부모가 자녀들을 그들 능력 이상의 것을 요구하거나 나이보다 더 성숙함을 요구하지 않도록 조심해야 한다. 한 미국 목회자 자녀의 고백이다[37]:

> 목회자의 자녀들은 여러 사람들에게 여러 모습으로 나타납니다. 그들은 설교의 예화들입니다. 그들은 성가대원이 모자랄 때에는 소프라노 목소리를 가지고 알토를 합니다. 그들은 세상 어느 곳에서나 기도를 인도합니다. 그들은 진정한 사람이 아닙니다. 그리고 무엇보다도 그들은 진정한 아이들이 아닙니다...... 어쨌든 행운이든 불행이든, PK's (목회자 자녀들)는 그들의 꼬리표를 무덤에까지 달고 갑니다.

평범한 아이, 평범한 사람이 되기가 어려운 자들이 목회자 자녀이다. 목회자 자녀는 마치 유명인의 자녀들처럼 평생 목회자 자녀라는 꼬리표를 달고 살아야할 운명의 소유자들이다. 그렇기에 가정에서 조차 정상적으로 대하지 않고 특별한 아이가 되기를 요구한다면 그 악영향은 심각한 결과를 초래할 것이다. 따라서 환경적으로 또는 가정적으로 목회자 자녀라는 특별한 취급을 받지 않도록 목회자 부모는 분명하고도 탄력적인 경계선을 만들어가야 한다. 그러므로 자녀들이 목회자 자녀이기 전에 가정의 일원으로서, 한 사람으로서 느끼며 건강한 자아 정체성을 형성하며 자라날 수 있을 것이다.

2. 부모로서 성장하라

목회자 자녀들이 부모 목회자의 변화를 요구하는 내용 중에는 신학적, 목회적 영역 뿐 아니라 성격적, 대인 관계의 영역이 있다. 따라서 목회자로서 계속 교육을 통해서 신학과 목회 영역에서 성장해 가야할 것이며, 동시에 자신의 성격적으로 취약한 부분들, 특별히 분노의 조절에 각별히 유의해야 할 것이다. 목회자 자녀들 중 여러 명이 부모의 분노 표현에 우려를 표명하며 변화하기를 바랐다. 목회자 상담을 주로 해온 맥버니는 분노를 부정하거나 억압하는 목회자들이 많이 있다고 말한다[38]:

> 마음 속에 강한 분노를 품고 있는 목사들을 적지 않게 만나게 된다. 절망적인 상황에 빠져 분노를 느끼면서도 그것을 표현해서는 안된다는 터부(taboo) 때문에 절망은 더욱 깊어간다. 어떤 때는 주위 환경이 분노의 표현을 제약하는 경우도 있지만, 그보다는 양심의 목소리가 더 큰 요소이다. 그들은 분노를 느낀다는 것은 잘못된 것이며 크리스천답지 않은 것 (다른 사람들에게는 몰라도 적어도 목사에게는)이라고 굳게 믿고 있다. 분노를 금하는 이런 슈퍼 크리스천적인 견해는 차츰 부정적인 감정이라면 어떤 것이든 다 부정하는 태도로 확산된다.

이러한 그의 지적은 목회자가 교인들 앞에서나 교회에서는 분노를 억압하지만 그것이 가정에 와서는 절제되지 않을 가능성이 있음을 시사한다. 존 오트버그는 "목회자의 분노: 교회당 안에서의 살인"이라고까지 표현하면서 자신이 목회자로서 자녀들에게 어떤 식으로 분노를 표출했었는지 이렇게 설명한다.[39]

> 아마 내가 분노에 대처하는 이유와 방법을 가장 정확하게 보여주는 것은 내 자녀들과 관련하여 나의 분노가 표현되는 방식일 것이다. 이는 자녀들에 대한 나의 분노는 아무런 외적 구속 없이 표출되기 때문이다. 아이들은 나에게 맞고함 칠 수 없다. 그들은 화가 났다고 해서 그들의 약속을 철회하고 다른 가정으로 옮겨갈 수도 없다. 그러므로 나는 아무런 방해 없이 그들에게 분노를 터뜨릴 수 있다

따라서 가정에서 아무 제재 없이 분노를 표출하는 목회자들은 그것을 적절하게 다루는 것을 배워야 한다. 예를 들면 자기 성장 집단 상담 프로그램이나 분노-조절 훈련, 또는 부모 교육 등에 참여하여 부모 역할과 자기 조절에 관해 배울 수 있을 것이다.

3. 자녀를 존중하라

사실 대부분의 부모는 권위적이며 특별히 목회자는 더욱 권위적으로 나타난다. 그리고 목회자 자녀들은 권위의 역할을 행사하지 않는 아버지의 모습을 거의 보지 못한다. 따라서 브래처는 "가정에서 목회자가

어떤 위기 상황을 알리는 전화를 받고 있을 때, 그는 권위적인 인물이다. 아이들이 교회에 가서 아버지가 설교하는 모습을 볼 때에도, 그는 권위적인 인물이다. 따라서 아이들은 이러한 계속적인 권위의 압력에 대처하는데 어려움을 겪게 된다"[40]고 말한다. 그러므로 목회자 부모들은 성도들에게 하는 것처럼 자녀들에게 겸손하게 다가가야 한다.

목회자의 자녀가 부모를 따라 목회자가 되는 것이 쉽지 않은데 15세기부터 시작해서 단지 한 세대만을 거르고 16대째 목사인 우드브릿지(트리니티 신학교 교회사 교수)는 그가 어떻게 목회자가 되었는지를 아버지와의 관계에서 의미 있는 설명을 한다. 그는 젊은이들이 목회사역을 고려하는 이유 중에는 가문의 기대와 그 가문의 각 가정에서 기독교 신앙과 복음에 대한 매우 강력한 헌신과 특별히 아버지의 경건한 모습을 보면서 모방하고 싶었을 것이라고 말한다. 자신의 경우도 마찬가지인데 그는 어렸을 때부터 당연히 목회자가 되어야 할 것을 생각했는데 대학 2학년 때 자신이 신앙이 없다는 사실을 발견하고 그 비밀을 숨기고 지냈다고 한다. 대학 졸업식에 아버지가 왔을 때 (이미 신학대학원에 입학 허가를 받았지만) 그는 솔직히 예수를 믿지 못하기 때문에 신학교에 갈 수 없다고 고백했고, 그 때 자신의 실망스러운 말에 아버지가 어떻게 반응했는지를 이렇게 회상했다.[41]

> 난 부친에 대한 큰 존경심과 사랑을 가지고 부친의 응답에 정말로 고마워했습니다. 아버지가 충격을 받은 것 같지는 않았습니다. 아마도 마음 속으로는 당혹감을 느꼈겠지만 화는 내지 않았습니다. 단지 네가 그리스도를 믿지 않는다면, 목회사역에 들어가서는 안 된다고 매우 조용하게 말씀하셨을 뿐입니다. 더구나 부친은

나와의 개인적인 관계를 끊지도 않았습니다. 아마도 내 말이 부친을 대단히 실망시켰겠지만 그럼에도 나를 향해 적대적인 태도를 보이지 않는 것이 매우 존경스러웠습니다...... 적어도 나 자신의 가정생활에서 내가 특별히 감사하게 생각하는 것들 가운데 하나는, 나의 부모님이 내게 일어났던 일에 대해 깊고 크게 실망하셨음에도 불구하고 그리스도의 이름으로 방황하는 아들을 포기하지 않았다는 사실입니다. 아이가 그리스도인이 아님을 발견했는데도 말이죠...

우드브릿지는 아버지가 자신을 존중하고 겸손한 태도로 대해주셨기에 후에 자신이 개인적인 체험을 통해서 기독교로 돌아올 수 있었다고 말한다. 부모는 자녀가 기독교인이 되기를 강요하기 전에 자녀로서 존중해 주고 겸손한 태도로 대해야한다.

4. 투명한 의사소통(대화)에 힘쓰며 함께 시간을 보내라

목회자 자녀들이 건강한 자아 정체성을 형성해 가기 위해서 필수적인 요소는 부모 목회자와 의사소통을 나누는 것이다. 오래전 통계이지만 총신대와 장신대에 재학하는 100명의 응답자를 설문 조사한 백인범[42]은 그의 연구에서 목회자 자녀들의 두 부모 중에 한 분 또는 두 분과 대화를 나누는 사람이 46%인 반면 양친과의 대화를 거부한다는 응답자가 무려 52%나 되었다고 밝힌다. 게다가 탈선과 비행을 저지르고 싶은 충동을 '가끔씩 느낀다'가 41%, '수시로 느낀다'가 5% 였는데 부모와 대화를 거부하는 자녀들의 거의 100%가 탈선과 비행을 저지르고 싶은 충동을 느꼈다고 말한다.[43] 이것은 신학교 재학생임에도 불구하고 자녀들과의 대화의 단절이 얼마나 그들에게 부정적 영향을 미치는지를 알 수 있다.

필자의 설문 조사[44]에서도 목회자 자녀들은 '부모없이 혼자 있었던 일'을 어렸을 적 기억으로 많이 떠올렸다. 부모와 함께 보낼 시간이 없으며, 홀로 집을 지키며 지낸다는 것은 대화가 부족함을 의미한다. 이것은 자녀들과의 관계가 질적으로 의미있는 시간을 보내고 사려깊은 대화를 나누는 것도 중요하지만 함께 얼마나 많은 시간을 보내느냐인 양적인 시간과 대화의 양이 비례한다는 점을 상기시켜준다. 목회자 자녀들은 자기들의 필요가 언제나 목회와 교회 일 보다 낮은 우선순위에 있다는 것을 보면서 마침내는 포기하는 법을 배우게 된다. 그리고 목회자 자녀 중에서 "정말로 관심이 절박하게 필요할 때면 비행을 통해서 표출하는 아이들도 생기게 된다".[45]

백인범[46]은 그의 논문의 결론 부분에서 우려할 만한 내용이 있다고 말한다. "약 20%나 되는 목회자 자녀들이 구원에 대하여, 예수 그리스도의 죽음과 부활에 대하여, 재림에 대하여 부정적인 견해를 보인 것은 충격적인 일이 아닐 수 없다. 또한 목회자 자녀로 성장해서 신학교에 다니는 자녀들 가운데에도 약 5%가 신앙의 확신 없이 계승목회를 하고 있는 것으로 수치가 나타남으로 계승 목회에 문제점이 있음을 보여준다." 즉 목회자 부모들은 교인들의 신앙을 돌아보느라 자신들의 자녀들의 신앙을 위해 투자하지 못하는 경우가 있음을 단적으로 보여주는 것이다. 그렇기에 맥페린 스토우는 은퇴를 앞둔 노목사로서 "내가 다시 목사가 된다면" 이라는 글로 목회자들에게 강한 도전을 준다[47]:

"내가 다시 목사가 된다면, 나는 내 가족을 위하여 시간을 낼 것이다. 나는 어떤 날들을 함께 지낼지, 또 어떤 밤들은 따로 지낼지를 계획할 것이다. 그리고 그런 약속들은 그 어떤 교회의 약속만큼이나 성스럽게 여길 것이다. 나는 가족들과 레크레이션 시간을 낼 것이며 그들의 생활과 관심사들 속으로 들어갈 것이다."

위에서 살펴본 대로 목회자가 부모로서 성장하며, 자녀들을 정상적으로 (특별하지 않게) 대하고 존중하며, 투명한 의사소통과 함께함을 위해 시간과 정력을 투자한다면 목회자 자녀들은 자신의 건강한 정체감을 창조해 갈 수 있을 것이다.

B. 목회자 자녀에게: 건강한 정체성을 위한 제언

1. 부모로부터 분화(differentiation)를 이루라

목회자 자녀는 원 가족 (family of origin), 특별히 아버지 목회자로부터 건강하게 분리되어 독립적인 사고를 하고 감정을 느낄 수 있도록 분화(differentiation)가 되어야 한다. 분화란 자신이 태어난 원 가족으로부터 정신적, 감정적, 사회적으로 독립적 존재가 되는 것을 뜻한다. 그러므로 "분화의 목적은 다른 사람들과 상호작용을 하고 관계를 형성할 때 독립적인 방법으로 할 수 있을 정도의 자기 자신에 대한 분명한 사고를 개발하는 것이다".[48] 이러한 분화의 정도가 목회를 계승하거나 직업을 선택하거나, 심지어는 그들의 결혼에 결정적 영향을 미칠 수 있다.

백인범[49]의 논문에 의하면 목회자 자녀들은 진로(38%), 성격(30%),

성적(12%), 이성(12%) 순으로 그들의 고민을 밝히고 있다. 게다가 그들은 아버지에 대한 존경심에 대해서 62%가 "존경한다"라고 응답한 반면에 36%가 "존경하지 않는다"고 답했다. 또한 아버지가 목회자로서 "존경받고 있다" 가 59%인데 비해서 "보통이다"(21%), "존경받지 못한다"(10%), "잘 모르겠다"(8%) 등의 대답이 39% 였다. 그럼에도 흥미로운 것은 부모 성직에 대한 계승을 응답자의 70%가 원하고 있다. 그들은 목회자 자녀로서 명문 대학에 들어가거나 신학교에 들어가 훌륭한 신앙적 지도자가 되어야한다는 심한 정신적, 육체적 압박감을 받으며, 또한 그런 압박감 가운데 진로를 결정하는데도 고민을 한다. 그러면서도 아버지 뒤를 이어 목회자가 되려고 하는 자녀들이 70% 이상이다. 좋은 의미에서는 자녀들이 분명한 소명의식을 가졌기 때문이라고 볼 수 있지만, 또 한편으로는 최근 세습 문제와 연결해 볼 때 부모로부터 건강하게 분화되지 못했기 때문이라고도 볼 수 있다. 브래처는 목회자의 자녀들이 아버지를 따라 목회자가 되든 그렇지 않든 그들의 선택은 양면성이 있다고 말한다[50]:

> 어떤 PK's는 부모님을 따라 목회자가 되거나 목회자와 결혼합니다. 이러한 PK's는 그들의 첫 직업을 찾는데 있어 기존의 이점들을 가지고 있습니다. 이들은 이미 그 역할들을 알고 있습니다. 이들은 부모의 경험에 기초하여 자신을 세우고 자신의 경험을 자녀들에게 전해줍니다. 진정한 확신에서 이 길을 선택한다면 이러한 PK's는 게임에서 이길 수밖에 없을 것입니다. 그러나 단순히 저항을 가장 덜 받는 쪽으로 이 길을 선택한다면, 이들은 어려움에 빠지게 될 것입니다. 운이 좋은, 나머지 PK's- 알코올이나 마

> 약에 손을 대지 않고, 어려운 시절을 통과했으며, 부모들의 이해와 도움을 받은 PK's- 는 다른 사람들의 고통에 훨씬 더 민감하고, 자신들의 직업에 더 큰 책임감을 느끼며, 세속화된 동료들 보다 세상에 대해 훨씬 더 분석적일 것입니다. 아마도 이러한 장점들은 PK라는 많은 중압감들에 의해서도 형성될 것입니다.

즉 목회자 자녀가 부모를 따라서 목회자가 되느냐 아니면 다른 직업을 택하느냐가 문제가 아니라, 얼마나 자신을 부모로부터 분화해서 결정하느냐가 더욱 중요하다. 생각 없이 부모의 가치나 신념을 그대로 받아들이는 것은 분화된 모습이 아니다. 왜냐하면 "분화된 개인은 가족과 유대감을 느끼는 동시에 사회적으로 심리적으로 충분히 분리되어 있기 때문이다."[51] 목회자 자녀들이 두 가지 유형- 철저한 순종자(목회자가 되려 하거나)가 되거나 아니면 반항아가 되려는- 으로 보여지는 것은 부모에게 지나치게 의존되어 있거나, 아니면 지나치게 이탈되어 적절하게 분화되지 못했기 때문이라고 가정할 수 있다. 그러므로 런던과 와이즈먼은 "목회자 가정이 목회에 함께 참여하는 것이 문제가 될 수도 이지만 또한 좋은 가능성(potential)이 될 수도 있다"면서 "이상적으로 자녀들이 목회에 참여하는 것은 교회의 생존하기 위한 필요를 채워주기 위한 부담 때문이 아니라 자신이 성장 가능성에 의해서 결정되어야 하며, 교회가 요구하는 것 보다 자녀들의 선함이 더 높은 차원을 유지해야한다"[52] 고 강조한다.

그렇다면 어떻게 적절하게 분화를 이루어갈 수 있을까? 목회자 자녀들은 조그마한 것부터 스스로 결정할 기회를 만들어가야 한다. 왜냐하면 부모들은 종종 자녀들이 잘못된 결정을 내릴까 불안해하면서 자녀에 대한 통제권을 포기하지 않으려하기 때문이다. 이것은 부모와 대화를 하지 말고 혼자 결정하라거나 부모의 가치를 무조건 거부하라는 것이 아니라 자신의 정체감을 형성해 가는데 자신의 생활을 어떻게 통제하고 어떤 방향으로 가야할 지를 부모와 함께 의논하는 것부터 시작된다. 그렇지 않으면 불안한 정체감으로 인해 또래 집단에 의해 인정받을 수 있는 일에 더욱 몰두하고 영향을 받게 된다.

한 응답자는 목회자 자녀로서 분화의 과정을 통해 자신의 정체성을 찾아가는데 필요한 부모와의 관계와 자신의 역할을 다음과 같이 설명한다.

> "목회자의 자녀라는 것은 자기를 확립하는 가장 좋은 기회일 수가 있다. 물론 성인아이가 될 가능성도 있지만 그런 부담감을 효과적으로 잘 제어해주는 부모가 있다면 오히려 타인과의 관계성, 기대, 그리고 그것들에 대한 자신의 태도결정들을 위해서 다른 사람들보다는 더 좋은, 그리고 더 좋은 시간을 가질 수 있기 때문에 진지하게 자기에게 대해 고민하고 찾아가면 더욱 확고한 자아관을 가질 수가 있을 듯..."

2. 멘토 (Mentor)를 찾아 도움을 받으라

목회자 자녀 설문조사에서 한 응답자는 "목회자 자녀임에도 불구하고 정말 상식이하의 생각과 행동을 하는 사람들이 많아요. 정말 한심할 때가 있어요. 나도 마찬가지지만... 조금만 변했으면 해요" 라고 변화를 강조하기도 했고, "나의 선택으로 된 것은 아니지만 하나님의 복이라 생각하며 목회자 자녀들이 교회에 열성적이거나 아주 떠나게 되는 등 극단적인 모습으로 나누어지게 되는 경향이 많으므로 목회자 자녀들을 위한 교육 프로그램이나 강연회 등이 교회 차원에서 이루어지는 것이 올바른 계획이 될 것 같다"고 제안한 사람도 있다. 이것은 목회자 자녀들이 계속해서 성장하고 변화해 가야할 필요성을 강조하는 말들이다. 최근에는 목회자 자녀들만을 위한 인터넷 상담 사이트도 개설되어 있어서 목회자 자녀들이 도움을 받을 수 있다.

그러나 목회자 자녀들이 계속해서 성장해 가며 가족과의 관계에서 건강한 자아 정체성을 형성해 가기 위해서는 아버지 외에 적절하게 모범이 될 수 있는 멘토를 찾아 도움을 받는 것이 필요하다. 멘토는 멘토링을 해 줄 수 있는 사람이다. 멘토링에 관한 다양한 정의가 있지만 필자는 "멘토링은 한 사람 또는 그 이상의 사람(부부나 가정)이 한 사람 또는 그 이상의 사람(부부나 가정)에게 서로 합의된 관계에서 섬김을 통해 개인적인 영향력(leadership)을 끼쳐 성장/성숙하도록 돕는 일련의 과정"[53]으로 본다. 이러한 멘토링 관계에서 주요한 영향을 주는 인물을 멘토라 부르는데 이는 신뢰받는 상담자 또는 인도자, 스승, 후견인, 사부, 개인교수(tutor) 또는 코치(coach) 등 다양한 번역이 가능하다. 쉽게 표현하면 멘토란 "다른 사람이 발전하고 성장하도록 돕는 사람"[54]으로 정의할 수 있다. 물론 목회자 자녀들에게 가장 좋은 멘토는 그들의 부모가 그 역할을 하는 것이지만, 그렇지 못할 경우에 목회자 자녀의 멘토가 될 수 있는 사람은 목회자의 자녀로서 목회자 가정에서 자라나 건강한 정체성과 분화를 이루어서 다른 목회자 자녀들이 계속 성숙해 가도록 도와줄 수 있는 사람이면 좋을 것이다.

3. 동반의존성(codependency)의 위험을 인식하고 경계선을 세우라

목회자 자녀들은 부모, 가족, 교인, 교회로부터 목회자 자녀다움을 요구받고, 때로는 상처를 받으면서도 한편으로는 그러한 관계에 머무르며 그 기대를 충족시켜주기 위해 병적인 관계로 발전해갈 가능성이 있다. 동반의존성을 리치필드 부부는 이렇게 정의한다.[55)]

> 동반의존성(또는 사람의존성)은 내면의 깊은 공허감을 채우려는 시도로 사람들에게 집착하는 것을 말한다. 그것은 상실된 정체성이다. 자기와의 관계가 없는 상태며 역기능 가정의 산물이다. 다시 말해서 동반의존성은 정체감 혼란과 위기의 상태다. 그것은 정체성의 문제이기에 인간 존재의 중심부에까지 영향을 미치는 영적 질병이 된다. 그것은 영적 빈곤으로 불리기도 한다..... 동반의존적인 사람은 다른 사람의 조종과 통제를 받고, 존중받지 못하는 사람인 동시에, 거꾸로 자신 역시 다른 사람을 존중하지 않으며, 통제하고 조종하려 애쓰는 사람이다. 필요를 충족시키려는 노력의 일환으로 통제와 조종을 사용하다가, 필요가 채워지지 않을 때에는 비존중(경멸)이나 애증의 관계로 이어진다...... 두려움, 분노, 죄책감, 수치심, 적개심, 자기중심주의, 염려는 사람의존성에 공통적으로 나타나는 현상이다.

목회자 자녀들이 모두 동반의존성의 증상을 갖는 것은 아니다. 그러나 정체감의 위기와 연결되면 내면의 공허감이 커져가고 그것은 점점 사람에게 의존하게 만들거나 강박 충동과 중독 증세로 발전할 가능성이 증가한다. 그들은 목회자 자녀로서 많은 스트레스를 받으면서도 동시에 82% (35%가 "대체로 그렇다"와 47%가 "아주 그렇다")가 목회자가 되거나 교회와 연관된 일을 하겠다고 한다. 과반수가 감시받는 느낌을 받고, 사생활의 존중을 못 받았는데도 여전히 목회의 길 또는 교회와 연관된 일을 하려는 것은 두 가지 해석이 가능하다. 하나는 건강하게 극복한 것일 수도 있고, 아니면 부모, 교회, 교인들로부터 건강하게 독립을 이루지 못했다는 반증일 수도 있다. 따라서 목회자 자녀들은 건강한 경계선(boundary)을 세워가는 작업이 필요하다. 가족치료자들이 말하는 경계(boundary)의 의미는 "외부환경으로부터 개인, 하위체계 또는 체계를 분리시키는 보이지 않는 경계선"[56]이다. 모호한 경계선을 갖고 있는 가정은 가족구성원 간에 서로에게 과도하게 상관하고 관여하여 결국은 가족으로부터의 건강한 분화 시도조차 배신의 행동이 될 수 있다.[57] 이렇듯 속박된 가족체계의 영향을 골든버그(Goldenberg)는 이렇게 설명한다:

> 속박은 가족들의 하위체계 경계들은 잘 분화되어 있지 않으며, 약하고 쉽게 침범된다. 자녀들은 부모처럼 행동하고 부모통제는 비효과적일 수 있다. 과도한 일체감과 공유는 분리의 결여로 이끈다; 가족구성원들은 걱정의 조짐들에 대해 지나치게 민감하고 반응적인데, 서로의 생각과 감정을 침범한다. 속박된 가족들의 구성원들은 자주성을 포기하는 정도로까지 가족의 응집성에 너무 높은 가치를 두며 가족의 안전함을 벗어나서 문제들을 탐험해보고 숙달하려는 경향을 거의 가지지 않는다.

아버지 목회자의 뒤를 이어 목회자가 되려는 자녀들은 어떤 의미에서는 지나친 가족 응집성으로 해석될 수 있다. 그러므로 목회자 자녀들은 경계선 만들기를 분명히 해야 한다. 그 경계선은 결혼, 가정, 대인관계, 직업/목회, 공부/전공에서 설정되어져야 한다. 명확한 경계선을 스스로 세우지 못하면 다른 사람들에게 필요한 존재, 또는 자신의 완벽함이나 옳음을 증명하기 위해 분주하다가 결국은 동반의존이나 다양한 중독 증세에 빠질 가능성이 높다. 리치필드 부부는 그 위험성을 이렇게 지적한다[58]:

> 많은 기독교 지도자들이 심각한 동반의존자들이며 어떤 사람들은 이미 중독 단계에 이르렀다는 것은 잘 알려진 사실이다. 사실, 다른 사람들을 돕는 직종을 선택하는 사람들과 마찬가지로, 사역자들 중에는 충족되지 못한 정서적 필요를 채우기 위해 사역에 뛰어든 사람들이 많다.
>
> 목사들과 기독교 상담자가 내담자들과 성적인 관계에 빠졌다는 보고는 아주 빈번해지고 있다. 그 큰 이유는 필요가 충족되지 않은 동반의존자가 필요가 충족되지 않은 또 다른 동반의존자를 상담하기 위해 만나기 때문이다.

이러한 위험성을 보면서 목회자 자녀들은 건강한 정체성과 가족으로부터의 분화를 이루어야 할 것이다. 분화라는 개념은 가족치료자 보웬(Bowen)의 정신내적인 개념인 동시에 대인 관계적 개념이다. 개인내적으로는 감정으로부터 사고를 분리시킬 수 있는 능력을 뜻한다. 반면에 대인 관계적 의미에서의 분화는 주위 사람들의 감정에 지배를 받아

맹종이나 분노를 느끼는 정도로 볼 수 있다. 부모로부터 분화가 되지 않은 관계를 이렇게 설명되기도 한다.[59]

> 사고와 감정 사이의 분화가 결여되면 자신과 타인 사이에서도 분화가 결여되기 쉽다. 분화가 이루어지지 못한 사람은 분명하게 사고할 수 없기 때문에, 가족이나 권위적 인물들의 지시에 대해-긍정적이든 부정적이든-감정적으로 반응한다. 이러한 사람은 자주적인 정체감이 없다. 대신 타인들과 쉽게 융합을 이루며, 자신과 타인을 분리시키기가 어렵다.

결국 목회자 자녀가 건강한 정체성을 찾으려면 개인내적으로는 자신의 사고와 감정의 건강한 분화를 이루어 가고, 가족체계 내에서는 부모로부터의 건강한 분화를 유지해야 한다. 또한 이것을 위해서는 목회자 자녀들이 자신의 역할을 규명하고 스스로 선택해갈 수 있는 독립성을 키워가도록 명확한 경계선을 만들어가야 한다.[60]

목회자가 된다는 것은 그의 가족이나 소명과 밀접한 관계가 있다. 목회자로서의 소명과 가족관계에 대해서 프리드만 (Friedman)은 분화 개념을 활용하여 설명한다. 그는 목회자의 자녀이든 아니든 "목회자가 되기 위한 가장 중요한 결정은 다세대적 힘에 의해 영향을 받는다"[61]고 말한다. 그렇지만 그는 더 많은 분화를 이룰 때에 기능을 위한 유연성을 증대시킬 수 있고 가계 안에서 자기 분화를 만듦으로서 극단적 자기 파멸로부터 벗어날 수 있다고 말한다.

4. 힘들지만 용서하고 자기주장을 시도하라

목회자나 목회자 가족은 부정적 감정(공격성이나 분노)을 억압하는 방법을 주로 사용한다. 왜냐하면 목회자나 그 가족들은 자신들의 요구를 포기하고 늘 다른 사람들의 입장을 배려하도록 배워왔기 때문이다. 그런데 오스왈드[62]는 수동적, 공격적, 적극적 행동의 사람을 소개하면서 이 차이점을 잘 이해하는 것이 필요하다고 말한다. 소극적이거나 수동적인 태도를 갖게 되면 자신을 부정하는 행위, 자신의 의견을 표출하지 못하고 쉽게 상처받고 심리상태가 불안해지거나, 자신에게 관련된 결정을 남에게 맡기고 비효율적인 특징을 갖는다. 반면에 공격적인 행동은 다른 사람을 희생해서 자신의 유익을 도모하거나 타인에게 상처를 준다. 그렇다면 건강한 정체성을 만들어가기 위해서 목회자 자녀들이 해야 할 것은 용서와 자기주장이다. 아버지 목회자 뒤를 이어 목회자가 된 한 아들의 고백은 아버지처럼 살지 않겠다는 것이었다. 목회 선배로 늘 자신의 삶에 조언을 하고 충고를 하던 아버지가 돌아가셨을 때 그 아들 목회자는 "당신은 위대한 사람이었습니다. 하지만 좋은 아빠는 아니었습니다"라고 했다. 그러나 그는 아버지처럼 다음 세대에게 해서는 안 된다고 생각하며 아버지를 용서한다[63]:

> 내가 아버지를 필요로 할 때, 아버지는 내 곁에 있지 않았다. 숨차게 돌아가는 복음전도 일정 때문에 나와 함께 있을 시간이 없었던 것이다. 물론 나는 경제적으로 부족함이 없이 성장했다. 하지만 진정으로 아버지를 가져본 적은 없었던 것 같다. 그래서 나 자신을 위해서, 그리고 내 가족을 위해서 나는 아버지처럼 살지 않

겠다고 다짐했다. 하지만 나는 지금 아버지와 크게 다르지 않은 삶을 살고 있다.

그날 병실에서 감정을 추스르며, 나는 이제 어떻게 살아야 할까 곰곰이 생각했다. '내가 이제 우리 가족의 최고 연장자이다. 어쩔 도리가 없다. 아버지가 그랬다고 아버지와 똑같은 전철을 밟을 수는 없는 일이다. 또 다른 희생자가 되기는 싫었다. 그러나 내 차례가 되었다. 이제 나는 다음 세대를 위해 모범을 보여야 한다. 그러자 이내 두려움이 엄습했고, 아버지를 향해 품었던 마음도 풀어졌다. '사역' 때문에 가정에 소홀할 수밖에 없었던 아버지에 대한 섭섭함이 녹아 내렸다. 나는 겸손한 마음으로 용서했다.

아버지 목회자로부터 건강한 정체성을 형성하기 위한 목회자 자녀들은 먼저 부모로부터 상처를 받은 것이 있다면 그 부모를 용서하는 것이 필수적이다. 왜냐하면 용서치 않은 감정은 부정적으로 표출될 수밖에 없기 때문이다.

또 하나 필요한 것은 자기주장 훈련이다. 자기주장을 하는 사람은 공격적 행동과는 구별되어 자기 능력을 강화시키고, 자신에 대한 긍정적인 감정을 표현하며, 자신이 선택하고 그 결과를 받아들임으로서 결코 자신의 목적을 이루기 위해 남을 희생시키지 않는다. 목회자 자녀들은 감정의 억압을 벗어나 자기주장 훈련을 통해서 자신의 건강한 정체성과 명확한 경계선을 만들어 가야 한다. 즉 자신의 감정과 느낌, 정서와 마음을 정직하게 직면하고, 그것을 상대방에게 전달하는 것이다.

나가는 말

목회자 가족 구성원들만이 누릴 수 있는 하나님의 복과 은혜가 있다. 또한 목회자와 그 가정은 수많은 어려움과 과중한 목회사역에도 불구하고 일반 가정과 비교할 때 더 건강한 것은 분명하다. 대부분의 목회자 가정은 탁월한 도덕적 요구와 교인들의 높은 기대에 적절하게 부응하고 있는 것으로 보인다. 반면에 변화하는 목회 현장에서 스트레스와 어려움을 받으며 상처받고 깨어지는 목회자와 목회자 가정 또한 늘어나고 있는 것이 사실이다. 다시 말하면 목회자와 가족 구성원들은 비교적 안녕하지만 동시에 위험한 경계의 기로에 서 있다고 볼 수 있다. 가족 체계 이론에서 보면 목회자 가정은 교인과 목회, 가족들이 서로 엉켜진 불명확한 경계선을 갖고 있고, 따라서 목회자 자녀들은 교인들로부터 요구되는 과중한 역할로 인해 정체성의 혼돈을 겪을 가능성이 높다. 목회자 자녀들의 설문조사에 보면 이 두가지 측면이 그대로 나타난다. 한편으로는 목회자 자녀로서의 긍정적 측면을 강조하며 감사하지만 동시에 부정적 측면으로 고통 받았던 것을 상기하며 힘들어한다. 목회자 자녀들은 목회자인 부모님께 감사하고, 목회자 가정에서 자라난 것을 하나님의 축복으로 여기면서도 사생활의 자유와 현실적인 기대를 요구하면서 지나친 희생을 강요하지 말 것을 원한다.

사실 대부분의 목회자 자녀들은 부모나 교회의 기대에 맞게 신앙생활과 학업을 하는 것으로 보인다. 목회자 자녀들은 목회자 가정에서 자라면서 상처와 때로는 높은 기대 때문에 부담감을 느끼기도 하지만 한편으로는 아버지의 뒤를 따라 목회자 또는 교회와 연관된 일에 관심을 갖고 준비하는 성숙된 모습을 갖고 있기도 하다. 그럼에도 불구하고 목회자 자녀가 직면하게 될 어려움은 자아 정체성 문제와 경계선 문제이며, 목회자 자녀들이 건강한 자아 정체성을 형성해 가려면 자녀들도 목회자 부모와 건강하게 분화된 독립적인 존재가 되도록 스스로 결정하는 훈련을 해야 할 것이다.

사실 목회자 가정이나 일반 가정이 건강성을 유지하는 원리는 같을 것이다. 그러나 '목회자와 그 가정' 만이 겪는 독특한 어려움이 있기 때문에 그것을 이해하고, 가족 응집력을 높이는 방법을 배워야 할 것이다. 나아가 교회와 교인들은 목회자가 그 건강성을 잘 유지할 수 있도록 계속적인 기도와 심리적 지지가 반드시 있어야 한다. 왜냐하면 목회자가 건강해야 교회도 교인도 건강할 수 있기 때문이다.

| 2장 |

목회자 자녀가 누릴 수 있는 **축복과 긍정적 영향**

목회자 자녀라고 해서 어려움과 정체성 위기를 겪는 것만은 아니다. 목회자의 자녀이기 때문에 누리게 되는 그들만의 특별한 축복과 자산이 있기 때문이다. 그렇기에 목회자 자녀들의 긍정적 고백들도 많이 있다. 필자는 "(남성) 목회자 자녀의 독특성에 대한 연구 I, II"[64]에서 설문지에 응답한 100명 (남 54, 여 46)의 목회자 자녀들을 분석하였다. 물론 응답자들은 목회자 자녀 전체를 대표할 수 있는 무작위(random)집단은 아니다. 왜냐하면 응답자들은 대부분(95명)은 신학교에 재학하거나 졸업생(일반대학에 재학 중인 목회자 자녀 5명 포함)이므로 신앙생활을 하지 않거나 아버지 목회에 대해 부정적 생각을 갖고 있는 목회자 자녀들은 거의 포함되지 않았을 것이라 추정되기 때문이다. 이 점을 고려한다 하여도 그들의 응답을 통하여 볼 수 있는 목회자 가정에서 받은 긍정적 영향은 충분히 논의의 가치가 있다. 그 중 몇몇 서술형 문항에 대한 응답자들의 내용을 정리하면 다음과 같다.

I. 목회자 자녀가 받는 복: 신앙 교육의 유산

'목회자 자녀이기 때문에 좋은 점'에 대한 문항에 전체 응답자 (91명)의 응답을 요약하면 다음과 같다.

첫째는 가장 많은 응답자(41명)들이 쓴 내용으로 목회자 가정에서 좋은 신앙 훈련 교육을 받을 수 있었던 것이 좋은 점이라고 말한다. 예를 들면 '부모님의 신앙을 유산으로 받는다는 점', '신앙생활의 모범을 어렸을 때부터 익히는 것', '신앙적인 분위기 속에서 성장', '목회자로 일하면서 목회자 아버지와 그 가르침에서 많은 영향을 받은 점' 등을 좋은 점으로 표현한다.

둘째는 14명의 응답자들이 사랑과 관심의 대상이 되거나 긍정적으로 인식해 주는 것이 좋은 점이라고 말했다. 예를 들면 '모든 사람들에게 사랑을 받는다', '특별한 관심과 사랑은 좋은 것 같다(때론 너무 과분할 정도로 이를 받은 적이 있는 것 같다)', '다른 사람들이 특별히 대해준다', '부모님이 목회자라고 하면 대부분 좋게 보아준다', '목회자 자녀이기 때문에 그 자체로 바른 사람으로 봐준다' 등이다. 즉 성도들이나 또는 주위 사람들이 목회자 자녀이므로 '당연히 착하겠지'라고 생각한다는 것이다.

셋째는 12명이 신앙 훈련과 연관이 있지만 기도 지원을 받을 수 있다는 것이 좋은 점이라고 응답했다. 응답 내용 중에는 '늘 기도하시는 모습이 내 안에 있어서 힘들고 어려울 때 하나님을 찾게 된다', '늘 기도하시는 부모님이 계신 것에 감사하고 가족 모두가 같은 길을 걷는 것이 자랑스럽다', '기도하는 부모님으로 인해 하나님과 더 가까워질 수 있다'등이다.

넷째는 목회자 자녀가 목회의 길을 가고자 할 때 많은 도움이 된다(5명)는 것이다. 예를 들면 '인생선배로서 목회의 선배로서의 아버지를 가까이서 뵐 수 있어 좋다', '교회 안의 문제점들과 분위기를 파악할 수 있는 것', '신앙을 부모님의 모습을 통해 배울 수 있었고 진로를 결정하는데 결정적인 이유(신대원)가 된 것이 부모님의 신앙과 삶의 모범이었다. 그래서 두려움 없이 결정할 수 있었다' 등이 있었다.

그 외에도, '성경을 읽을 때 모르는 것을 물어 볼 수 있었던 것', '일단 나쁜 생각도 어렸을 때부터 안 해서 그런지 잘 않게 된다. 아빠가 존경받으시면서 같이 어깨가 으쓱해진 적도 있다', '우리 가정이 주님의 쓰임을 받는다는 것에 대해 감사하다', '섬김의 모습을 잘 볼 수가 있었다,' '성경과 말씀에 대한 눈이 빨리 떠진다는 것', '사람들이 나에게 도움을 청할 때가 많다는 것' 등을 좋은 점으로 지적했다.

이러한 내용들을 종합해 보면 목회자 자녀들은 부모로부터 배우는 신앙교육과 신앙의 훈련, 신앙의 유산을 통한 신앙의 모범에 대해 감사하며 복으로 여긴다. 따라서 가장 큰 목회자 자녀의 복은 부모의 신앙적 양육과 신앙적 분위기라고 볼 수 있다. 결국 아버지의 목회와 목회자 가정이 신앙교육을 통해서 자녀들에게 기독교인으로서의 정체감 형성에 긍정적 영향을 미치는 신앙의 유산이 가장 큰 자산이라고 볼 수 있다.

II. 목회자 자녀로서의 긍정적 자부심: 아버지에 대한 존경심

'목회자 자녀로서 자부심을 느꼈을 때'에 대한 문항에서 응답자 81명 중 (무응답자 19명) 가장 많은 응답자들(32명)이 대답한 내용은 '목회자로서 아버지가 교인들의 존경을 받으며 모범을 보일 때'였다. 그러한 내용 가운데는 '아버지의 설교가 성도들에게 은혜를 끼칠 때', '목회자로서 모범적인 모습을 보이셨을 때', '훌륭한 사람들이 아버지를 존경할 때', '아버지 목회가 잘 되고 교회가 성장을 이룰 때', '성도들이 훌륭한 부모님을 두어서 좋겠다고 할 때', '아버지를 잊지 않고(감사하기에) 찾아오는 사람들을 볼 때', '부모님이 성도들을 위해서 희생할 때' 등이었다. 이러한 내용은 목회자 자녀들은 아버지 목회자가 목회적인 측면에서 설교와 삶에서 성도들에게 좋은 영향력을 미치고, 교회를 부흥 성장시킬 때 즉 목회자로서의 역할을 잘 감당할 때 자부심을 느낀다. 또한 부모가 교인들로부터 인정과 존경을 받을 때 목회자 자녀로서 자부심을 느낀다. 한 응답자는 "가난한 목사는 명예가 아닌 겸손을 먹는 것이다. 아무리 힘들어도 아버님이 웃으며 목회하실 때 존경과 자부심을 느꼈다"고 말한다.

둘째로 많은 대답(10명)은 목회자 자녀들은 '목회자 자녀이기 때문에 믿어주고 좋게 보아줄 때' 자부심을 느낀다고 말한다. 예를 들면 '전혀 나를 잘 모르는 친구들에게 특히 믿지 않는 친구들에게 '너는 편한 사람이야' 또는 '너 때문에 행복해' 라는 식의 말을 들을 때', '기독교인인 친구들이나 사람들이 목사님의 자녀라 다른 것 같다고 말할 때', '사람들이 목회자 자녀라고 무조건 인정해 주었을 때', '목사님 자녀라는 좋은 선입관으로 대체로 좋게 보아주실 때', '보통 아이들이 기도 많이 받겠다고 부러워했을 때' 등이었다.

이러한 내용들은 목회자 자녀들은 아버지 목회자에 대한 교인들의 존경과 인정을 통해서 자기 자신에 대한 긍정적 자부심을 갖게 된다는 것을 보여준다. 물론 이것은 아버지 목회자에 대한 존경과 인정을 전제로 한다. 목회자인 아버지가 삶의 모범을 통해서 인정과 존경을 받을 때 그 자녀들은 아버지를 닮고 싶고, 심지어 아버지 대를 이어 목회에 헌신하기도 한다. 목회자 자녀들은 존경하는 아버지 때문에 자신에 대한 긍정적 자아상을 갖게 되고, 그 자부심은 삶에서 긍정적인 미래(직업, 전공 선택, 의사결정)로 이끌기에 충분하므로 그 영향은 아무리 강조해도 부족함이 없다.

III. 목회자 자녀의 긍정성을 극대화하기

가족 체계적 접근에서 보면 목회자 가정은 외부 환경에 대해 개방적이긴 하지만 너무 노출되어 있기 때문에 경계의 혼돈을 겪고, 목회자 가족에게 너무 엄격한 규칙과 기대가 요구되기 때문에 어려움에 직면할 수 있다. 즉 목회자 부모는 엄청난 시간과 에너지를 교인들과 목회에 쏟으므로 목회자 자녀들이 홀로 있는 시간이 늘어나게 되고, 가족에 대한 우상화로 인해 비현실적인 높은 기대감으로 심한 중압감을 느끼게 된다. 목회자는 그들 자녀의 행동에 대해서, 목회자 자녀들은 그들 부모의 행동에 대해 책임을 지게 되기 때문에 자아 정체성의 혼돈을 겪게 된다. 결국 목회자, 사모, 자녀들, 그리고 목회와 교인들의 영역이 서로 엉켜지면서 불분명하고 명확하지 못한 경계선을 형성하게 된다. 또한 목회자 자녀가 되는 것은 자신의 선택이 아니다. 아버지가 목회자가 되는 순간부터 자녀들은 목회자 자녀가 되며 목회자 자녀로서 자라게 된다. 그때부터 교인들의 호기심으로부터 보호받지 못한다. 이러한 것들이 목회자 자녀들로 하여금 자기 정체성을 추구하는데 어려움을 준다.

목회자 자녀들이 겪어야 하는 가장 최악의 상태는 아버지 목회자에 대한 혐오의 감정이 있더라도 긍정적 이미지를 유지하는 것이다. 다른 교인들처럼 목회자 자녀들은 목회자인 아버지에 대해서 긍정적 이미지를 가져야 하지만 아버지로부터 필요한 돌봄을 받지 못하면서 양가(兩家) 감정으로 혼란스러울 수 있다. 목회자 자녀들은 아버지가 능력 있는 목회자로 교인들의 인정을 받기를 원하지만 또한 목회자인 아버지가 아니라, 아버지인 목회자를 필요로 한다. 따라서 목회자인 아버지는 보다 전문적인 아버지 역할을 배워야 한다. 게리 스맬리와 존 트렌트[65]는 남성은 두 능력의 검을 갖고 있다고 말한다. 그것은 은 검과 황금 검인데, 은 검은 남자의 '위치적 능력'으로 남자가 일함으로 얻은 권력, 권세, 특권이며, 곧 그가 하는 일의 종류이다. 반면에 황금 검은 '인격적 능력'으로 의미 있고 충만한 관계를 이루는 능력을 일컫는다. 즉 인격적 능력은 우리가 어떤 사람이 되어야 하는가 하는 내면적 성품을 더 강조한다. 따뜻한 마음, 사려 깊음, 의존, 결단, 순수한 동정, 애정, 보호 등과 같은 단어는 모두 남자의 힘과 가치를 반영하는 말이다. 즉 목회자인 아버지는 목회자라는 위치적 능력이 아니라 인격적 능력, 즉 아버지로서 자녀들과 의미 있는 관계를 이루는 능력을 요구받고 있다.

그렇다면 목회자인 아버지가 자녀들을 위해서 어떻게 황금 검을 사용할 수 있을까? 어떻게 목회자 자녀의 긍정적 영향을 최대화 할 수 있는가? 그것은 먼저 목회자 부모는 자녀가 받는 스트레스를 인정해 주는 것부터 시작해야 한다. 필자는 자녀들을 가능하면 목사 딸, 목사 아들이라는 말을 하지 않으며 키웠다. 그런데 가르쳐 주지 않아도 목회자 자녀들은 아버지가 목회자이기 때문에 받는 그들만의 스트레스가 있었다. 딸이 초등학교 4학년 때였다. 학교를 갔다 와서는 같은 반에 있는 한 아이에 대하여 이야기 하였다. 딸은 그가 목사 아들인데 욕도 잘하고 애들도 막 때린다고 하였다. 그러면서 "어떻게 목사 아들이 그렇게 할 수가 있어?"라고 하였다. 그래서 딸에게 "너도 스트레스 받고 힘들면 그럴 수 있잖아?" 라고 했더니, 딸은 "아니. 나는 그렇게 못해. 왜냐하면 목사 딸이니까."라고 하였다. 필자는 마음이 조금 아팠지만 계속해서 물었다. "사람은 스트레스도 받고 힘들면 때로 화도 내고 욕도 할 수 있는데 너는 만약 그런 경우에 어떻게 할 수 있니?" 그 때 딸이 하는 말이 "그러니까 내가 참고 집에 와서 오빠에게 화내고 짜증 부리는 거지..." 이렇듯 목회자 뿐 아니라 사모, 그리고 자녀들까지 목회자 가정의 일원으로 살아가는 것이 때로는 힘들고, 스트레스를 받는 것임을 인정해야 한다. 목회자 자녀들이 힘들다거나 어렵다고 말할 때 그 감정을 교정하려 하지 말고, "그랬구나," "그래서 힘들었구나"라는 공감 표현을 통해서 있는 그대로 자녀들을 받아주고 있음을 알려줄 때 자녀들은 자신에 대한 긍정과 안정감을 키워갈 수 있을 것이다.

둘째로 적절한 경계를 만들어야 한다. 목회자 자녀들은 종종 사생활이 보호되지 않고, 비현실적인 높은 기대감이 그들로 하여금 성장에 고통을 느끼게 했다고 말한다. 따라서 목회자 아버지는 자녀들에게 그들의 능력 이상의 것을 요구하거나 나이보다 더 성숙함을 요구하지 않도록 조심해야 한다. 가정에서조차 정상적으로 대하지 않고 비현실적인 높은 기대감으로 특별한 아이가 되기를 요구한다면 심각한 결과를 초래할 것이다. 따라서 환경적으로 또는 가정적으로 목회자 자녀이기 때문에 특별한 취급을 받지 않도록 목회자 아버지는 분명하고도 탄력적인 경계선을 만들어가야 한다. 새벽기도나 모든 교회 모임 등에 참여하도록 강요하기 보다는 스스로 결정할 수 있도록 도와주어야 한다. 아버지가 이러한 울타리를 제공해 줄 때 자녀들이 목회자 자녀이기 전에 가정의 일원으로서, 한 사람과 신앙인으로서 느끼며 건강한 자아 정체성을 형성하며 자라날 수 있을 것이다.

마지막으로 투명한 의사소통(대화)에 힘쓰며 함께 시간을 보내야 한다. 목회자 자녀들이 건강한 자아 정체성을 형성해 가기 위해서 필수적인 요소는 아버지 목회자와의 의사소통이다. 때로는 말없이 함께하는 것도 중요한 대화이며, 바쁠 때는 짧은 자투리 시간을 사용하고, 이메일, 문자메시지, 간단한 (화상) 통화, 페이스북, 밴드, 카톡 등을 통해 대화의 채널을 계속 유지해야 한다. 목회자인 아버지가 자녀들과의 약속을 중요한 목회로 여기고, 성도들에게 하는 것처럼 자녀들을 섬기며 겸손하게 다가간다면 대화 시간의 부족함을 극복할 수 있을 것이다.

나가는 말

목회자 자녀들은 부모가 목회자이기 때문에 누리게 되는 그들만의 특별한 축복이 있고, 긍정적인 영향들이 있다. 목회자 자녀들은 부모의 신앙교육과 가르침에 감사하고 목회자 가정에서 자라난 것을 하나님의 복으로 여기며 목회자 가정에서 자라난 것에 대하여 긍정적으로 생각한다. 또한 목회자 자녀로서 좋은 점에 대해 신앙교육을 꼽는다. 즉 다른 사람들에 비해서 목회자 자녀들은 더욱 신앙적인 분위기에서 양육받았다는 것을 최대 장점으로 본다. 나아가 '아버지에 대한 교인들의 인정과 존경'과 ' 목회자 자녀로서 사랑과 관심의 대상', '기도 지원 받음' 등으로 인해 목회자 자녀로서 긍정적 자부심을 키울 수 있는 것도 엄청난 축복이며 신앙 유산이라고 볼 수 있다.

목회자 가족은 서로 분화할 수는 있지만 완전히 분리될 수는 없다. 부모와 자녀 간에 자율적이 된다고 해서 친밀감마저 포기해야하는 것은 아니다. 어느 가정보다도 목회자 가정은 가족 중에 한 지체라도 고통을 받게 된다면 전 지체가 고통을 받게 된다. 목회자 자녀들이 고통을 받는다면 아버지 목회자의 목회 역시 괴로울 수밖에 없다. 따라서 목회자 가정의 독특한 어려움과 스트레스를 인정하고, 목회와 관계에 건강한 분화와 경계를 세워가며, 가족 대화를 통해서 목회자 부모는 자녀들에게 긍정의 힘을 극대화하도록 도와야 한다. 목회자의 가정이, 부모와 자녀가 한 지체로서 하나님의 부르심에 응답할 때 하나님께서 예비하신 복을 제공해 주시며, 목회자 자녀들이 건강한 정체성을 가지고 성장해 갈 수 있을 것이다.

| 3장 |

목회자와 사모의 갈등

제목 자체만 볼 때 마치 목회자 부부는 엄청난 문제와 갈등을 갖고 있는 듯하다. 그러나 사실 대부분의 목회자 부부는 건강하게 지내고 있다. 우리나라의 통계는 아니지만 가정이 붕괴되고 있다는 미국에서도 "대부분의 담임 목회자들은 결혼했고 (96%), 단지 2%만이 결혼을 하지 않았으며 이혼을 하여 혼자된 경우도 있지만 그 비율은 1%도 안 된다."[66] 이 말은 일반 부부들에 비해 훨씬 건강함을 유지하고 있다는 것을 보여준다. 그럼에도 불구하고 목회자 부부가 겪는 갈등과 어려움은 무시할 수 없다. 왜냐하면 목회자는, 원하든 원하지 않든, 사람들에게 노출되어 있고, 또한 높은 도덕적 우월성을 요구받을 뿐만 아니라 목회자 부부와 가정의 실수나 실패가 곧 교회와 선교에 엄청난 영향을 미치기 때문이다.

본 글에서는 목회자와 사모가 겪는 갈등이 있다면 그것이 무엇인가? 그것은 목회와 직접적인 연관이 있는가? 라는 질문에 답을 추구하면서, 또한 목회자 부부만이 겪는 독특한 유형이나 문제들과 그 원인들을 살펴보고 이러한 상황에서 어떻게 해결책을 모색할 것인지를 다루고자 한다.

I. 목회자 부부의 독특한 상황

A. 경계의 모호함

일반 부부와 비교해볼 때 목회자 부부가 갈등을 겪는 이유 중에 하나는 일과 가정, 목사와 사모의 역할 등을 명확하게 구분할 수 있는 경계가 모호하다는 것이다. 현대 사회에서 일반 부부는 일과 가정이 분명하게 분리되어 있다. 그러나 목회자 가정의 모든 가족들은 교회에 직접적으로 연관이 되거나 또는 가족 모두에게 일정한 역할을 기대 받고 있다. 따라서 교회는 단순히 목회자만의 일터가 아니라 사모가 어떻게 해야 할지, 목회자 자녀가 어떤 역할을 해야 할지를 요구한다. 예를 들어 사모가 직업을 가지려면 그것을 해야만 하는 설득력 있는 이유를 제시하거나 아니면 강력하게 항거해야만 한다. 또한 목회 사역은 목회자 부부와 가정의 사생활을 방해한다. 목회자의 집은 사역의 연장이고, 상담의 장소이며, 전화는 시간과 관계없이 울리고, 방문객이 끊이지 않는 곳이 되기 쉽다.

그럼에도 프리드만 (Friedman)은 목회자 가정이 교인들 가족과 크게 다르다고 생각하지 않는다.[67)]

즉 가정과 일 사이의 강렬한 감정의 맞물림이다. 다른 어느 전문가들보다 목회자는 일과 가족 구조가 쉽게 다른 하나로 접속될 수 있고, 어느 한 체계의 중요한 변화는 다른 한 체계에 급격한 불균형을 초래하게 된다. 그럼에도 불구하고 목회자 가족은 다른 가족과 다르다고 말할 수 없다. 오히려 이것은 가족 모두의 건강을 얻기 위해 의미있는 것이며, 자신의 구별(차별화)은 불가피한 것이다

목회자는 가정과 일 사이에서 경계가 모호해지는 경향성을 말하면서도, 동시에 목회자 가정과 교인들의 가족이 다르다고 생각하는 것은 신화이며 전문적으로나 감정적으로 도움이 되지 않을 뿐 만 아니라 자신들을 희생자로 생각할 가능성이 있다고 지적한다. 그럼에도 불구하고 그의 가설은 세 가족(목회자 자신의 가정, 교인들로 구성된 "교회"라는 가정, 그리고 교인 개개인의 가정)이 목회자에게 영향을 준다는 것임을 볼 때 목회자 부부와 가정은 목회라는 특수한 상황과 그와 연관된 사람들과의 독특한 상호 관계 속에서 다른 가정과는 구별되는 하나의 가족 체계임을 알 수 있다.

B. 목회자 부부가 목회에서 겪는 어려움들

목회자 가정이 일반 교인이나 다른 가정들과 비슷하지만 경계의 모호함으로 인해 목회자 부부와 가정이 겪는 어려움도 있다. 미키와 애쉬모어[68]는 목회에서 겪는 8가지 어려움을 다음과 같이 말한다: 1. 경제적 어려움; 2. 과중된 사역; 3. 가족에 대한 압박; 4. 목회자 또는 가족의 신체적 건강 악화; 5. 자녀에 대한 소홀함; 6. 교회 성장에 대한 강조; 7. 승

진에 대한 전념; 8. 성도들의 반대. 에핑거와 에핑거[69]는 목회자가 결혼에 실패하는 이유들을 10가지로 정리한다: 1. 개인적인 친밀감 대신에 기능주의적 태도; 2. 깊은 감정을 나눌 수 없는 무능함; 3. 제한된 의사소통; 4. 목회에서 '어항 속에 있는 것 같은' ('Fishbowl') 상태; 5. 시간에 쫓기는 압박감; 6. 아내의 역할에 대한 혼동; 7. 선택으로서 볼 수 없는 이혼; 8. 성적인 문제; 9. 낮은 봉급; 10. 교회나 신학교가 강력한 지원 체계의 일부가 되는 것에 실패.

목회자 부부나 가정이 겪는 어려움을 살펴볼 때 모든 가정의 공통적인 어려움과 구별되는 것은 교회와의 관계에서 목회자 자신뿐만 아니라 온 가족의 헌신을 기대하고 그것을 충족시키지 못하는데서 결혼 생활의 갈등을 겪고 있음을 볼 수 있다. 그러나 목회자 부부의 어려운 점을 표현할 때 목회자 가족은 여러 요인의 비중을 각기 다르게 평가한다. 예를 들면 목회자들은 자신들의 가장 어려운 것을 "교회에서 보내는 시간 때문에 가정에서 보낼 시간이 부족하다"는 것을 지적한 반면에 사모들은 재정적 어려움을, 목회자 자녀들은 교회와 성도들의 비현실적인 기대감을 가장 힘든 것으로 표현한다.[70] 이러한 시간적 압박과 경제적 어려움, 그리고 비현실적이며 과중한 기대와 역할 요구가 다양한 목회자 부부의 갈등 유형으로 표출된다.

II. 목회자 부부의 갈등 유형

A. 목회와 결혼한 (일중독) 목회자

목회자들은 때때로 목회냐 가정이냐? 목회냐 아내냐? 둘 중에 하나를 선택해야 하는 상황에 빠지곤 한다. 몇 번이나 아들과의 약속을 어긴 목회자가 드디어 하루를 내어 아들과 놀이터에 가기로 했다. 그런데 그 전날 밤에 교인 중에 장례가 나서 약속을 지키지 못하게 되었다. 그 목회자는 말하기를 "나는 아빠가 아니라 바빠" 라고 자조 섞인 고백을 한다. 피치 못하게 사역으로 인해 바쁠 수 있지만 '일중독'이라 할 때는 단순히 일을 많이 한다거나 일에 바쁘다는 차원을 넘어선 것이다. 일중독은 강박적으로 자신의 일에 몰입하는 사람이다. 일중독자는 일을 위해서 일을 하고 그럼에도 그렇게 중요한 영향력을 행사하지는 못하는 경향이 있다. 그는 일주일에 60-70시간 일하고 주말이나 휴가 없이 일하며 일을 대신할 수 있는 대안이나 자신의 에너지를 쏟을 사회적 관계나 어떤 활동도 별로 없는 사람이다. 동시에 일중독자의 거의 70%는 자신이 일하면서 만족해하고 그들의 생애 가운데에 계속 만족하는 것으로 알려져 있다.[71] 문제는 일중독자일수록 가족에 대한 헌신의 우선순위가 낮고 따라서 가족의 요구와 가정 일을 회피한다는 것이다.

연구들에 의하면 일중독자는 정신병리학적인 것과는 별로 연관이 없지만 낮은 자존감, 경직됨, 박식함, 인간관계의 장애 등을 갖는 경향이 있다고 말한다.[72] 목회자가 종종 일중독에 빠져드는 것은 가장 중요한 하나님의 일을 하고 있기에 최선을 다해 목회에 전념하기 때문이다. 그러나 반면에 이런 생각은 부부간에 갈등을 일으키는 요소가 될 수 있다. 목회자이며 심리학자인 존 오트버그는 목회자는 "내게 있어 아마 천성적으로 가장 약한 부분은 섬기는 훈련일 것이다. 내가 그것을 실천하려고 가장 애쓰는 곳은 가정이다. 나는 종종 아내에게 '나는 오늘 당신보다 더 피곤한 하루를 보냈어. 나는 당신의 보살핌을 받아야 마땅해'

라고 요구하고 싶은 유혹을 받는다. (목사는 이 게임에서 유리한 고지에 있다. 나는 일을, 그것도 하나님의 일을 하기 때문이다.)"[73] 라고 고백한다.

또한 목회자가 목회에 지나치게 몰입하는 것은 교인들에 의해 자신의 사역을 평가받고 그들의 피드백(feedback)에 의해서 자신의 가치가 결정되는 것처럼 착각하기 때문이다. 루쩌는 이렇게 설명한다.[74]

> 목회자들은 교인들에 의해 사역에 대한 평가를 받는다. 목회의 성공이나 실패 여부는 사무실 안에서의 몇 사람에 의해서가 아니라 많은 교인들에 의해 판가름 나게 된다. 따라서 목회자들은 여론의 압력에 예민해진다. 이러한 사실은 목회자들이 자기의 아내나 자녀들의 필요보다는 교인들이 기대에 부응하는 쪽을 택하려는 강한 유혹에 직면하게 되는 현실을 잘 설명해 준다.
>
> 목회자는 종종 자기 앞에 수많은 상사(上司)들이 있는 것처럼 느낀다. 그리하여 그들을 다 만족시키려하다 보면, 정작 자신이 정말로 사랑하는 사람들의 느낌이나 기대는 무시하게 되는 결과를 초래한다. 물론 그들은 최소한 얼마 동안은 자신들이 소홀히 여김을 받는다 해도 참을 것이다.

자신이 중요한 일을 하고 있고 그것을 외부 교인들에 의해 평가받는다는 것은 계속적으로 아내나 가정에 소홀하게 만든다. 사모 입장에서는 내가 한 남성과 결혼했나? 아니면 목회자와 결혼했나 하는 의구심이 생긴다. 그러나 아무리 열심을 내어도 만족할 수도 만족시킬 수도 없다는데 문제가 있다. 이러한 상태를 짐 스미스는 다음과 같이 표현한다:

"나는 메시아 노릇을 하다가 희생자가 된 것이다. 물에 빠진 희생자를 구하려다 익사하는 생명 구조원처럼, 나의 일중독(workaholism)이 나 자신의 감정적인 건강을 물속으로 끌어들이고 있었던 것이다." [75] 이러한 상황이 목회자에게 계속되면서 두 가지 유형으로 목회자 갈등이 전개된다.

1. 폭력적인 목회자

목회자에게 요구하는 높은 기대감에 목회자들은 종종 자신들이 '물 위를 걷는 초인' (The walk-on-water syndrome)이 되어야 한다고 느낀다. 그러나 현실적으로 물 위를 걸을 수 없을 때 그 분노는 교인들에게는 신랄한 설교나 좌절로 나타나지만 가족들에게는 파괴적이고 폭력적인 방법으로 나타나곤 한다. 오래전 통계이지만 가정폭력 연구의 효시라 할 수 있는 김광일의 "구타당하는 아내의 정신의학적 연구"[76]에서 폭력을 당한 아내들 70명을 조사했는데 놀랍게도 그 중 목회자 사모가 8명 (11%)이나 되었다. 그의 연구에서 구타에 대한 정의는 적어도 총 10회 이상 구타를 하고 일시적이거나 우발적인 구타를 제외한 70개의 사례에서 목회자가 11%를 차지 한다는 것은 매우 충격적인 보고이다. 폭력에는 여러 가지 다양한 요인들과 상관관계가 있지만 스트레스와 관련해서 본다면 목회자들은 '물 위를 걸으라'는 압력에 더욱 분노하면서 분노 폭발의 대상이 사모나 자녀가 되는 경우가 종종 있음을 보여준다. 한 목회자의 사모는 "다른 사람들 앞에서나 교인들 앞에서는 그렇게 겸손하고 친절한 남편인데 자신에게만은 얼마나 화를 잘 내며 흉폭한지 모르겠다"며 강단에서 설교하는 모습을 보면 가증스럽다며 괴로

위했다.

목회자는 자신이 초인이 아니라는 것을 알아야 한다. 브래처[77]는 "나는 목회자들이 기적을 만드는 사람들이 아니라고 주장한다. 다시 말해 그들은 물 위를 걸을 수 없으며, 다만 수영하는 법을 배울 수 있는 사람들"이라고 주장한다. 목회자가 자신의 한계를 알고 적절하게 자신을 조절하는 법을 배우지 못한다면 언젠가는 그것으로 인해 큰 어려움을 겪게 된다. 마치 소경이 소경을 인도하는 꼴이 될 것이다.

2. 외도하는 목회자

목회자가 목회에서 엄청난 성공을 이루어서 교회가 부흥되고 교인들이 늘어날 때에 종종 스캔들에 빠지는 경우가 있다. 물론 이것은 대교회 목회자들만 이런 위험에 놓여있다는 것은 아니다. 목회자는 그 교회의 크기와 상관없이 목회자로서의 권위와 힘이 있기 때문에 남용하거나 때로는 교인들을 학대할 수 있기 때문이다. 성도들은 목회자를 신뢰하기 때문에 비밀스러운 이야기까지 드러내놓고 상담을 하다가 감정적으로 가까워지면서 잘못된 관계로 발전하기도 한다. 하나님께 크게 사용받다가 일순간에 스캔들로 많은 성도들에게 아픔을 주었던 한 목회자의 이야기를 다루면서 팀 라헤이[78]는 "보호받지 못한 힘은 갑절의 약점을 갖게 된다"고 지적한다. 필자가 상담한 한 사모는 남편이 10년 동안 교회의 한 미혼 여성과 잘못된 관계를 맺어온 것을 알았을 때에 관계를 청산하고 회개하라고 요구했다. 그러나 그 남편은 오히려 "사람은 율법을 지켜서 구원받는 것이 아니라 은혜로 구원받는다면서 하나님께서 수많은 교인들에게 아직도 나를 통해서 역사하고 계신다"고 변명을 늘어놓았다.

최근 통계는 아니지만 미국 목회자들의 88%가 결코 간음하지 않았고, 82%가 성적으로 어떤 부도덕한 행위를 하지 않았다. 이것은 대부분의 목회자 부부가 일반 가정에 비해서는 매우 건실한 결혼 생활을 하고 있음을 보여주는 것이다.[79] 그렇다면 우리나라의 목회자들은 훨씬 더 성적으로 순수하리라고 보지만 그 동안의 상담 경험으로 비추어보면 일부에서 여전히 일어나고 있고 그 후유증은 목회자 가정과 성도들에게 심각한 고통과 수치를 주고 있다.

B. 목회자를 목회하는 사모

사모들 가운데는 남편 목회자의 부족함을 어떻게든지 도와서 초인으로 만들려고 하는 사람들이 있다. 남편의 모든 목회에 직접, 간접으로 간여하고 목회자보다 더 열심히 사역에 동참한다. 교회의 의사 결정 과정에 목회자에게 영향을 주어서 사모 자신의 뜻대로 관철시키고 교인들이 '교회의 어머니', '영적인 지도자', '목사를 목회하는 목회자'로 사모를 여기게 한다. 이러한 사모들 가운데는 남편의 능력에 대한 불신과 따라서 자신이 돌보지 않으면 제대로 목회를 하지 못할 것이라는 불안감이 있다. 문제는 이러한 부부 관계에서는 의존적인 목회자로 만들어서 더욱 목회에 지장을 줄 수 있고, 사모는 계속해서 목회자를 완전한 자로 바꾸려고 애를 쓰다가 낙심하게 된다. 두 가지 유형으로 사모의 갈등이 표출된다.

1. 의심하는 사모

의심하는 사모는 남편의 모든 목회에 관여하길 원하고 모든 것을 알고싶어 한다. 남편의 심방에도 늘 같이 가야하고 특별히 이성 교인과의 접촉에 대해서 불안해한다. 동시에 교인들이 목회자에 대해서 어떻게 말하는지에 관해 궁금해 하면서 몇몇 사람들과 지나치게 가까이 지내지만 그 관계가 오래 지속되지 못한다. 왜냐하면 교인들에 대해 신뢰할 수 없고, 금세 실망하여 정직한 인간관계를 만드는데 실패하기 때문이다. 그 마음에는 불안함 속에서 의심으로 가득 차 있다. 사모가 의심을 할수록 목회자는 더욱 대화를 거부하며 일 속으로 도망가고, 사모는 더욱 의심을 하면서 목회자에게 집착하게 된다. 이러한 관계 속에서 부부는 고통을 겪으면서 서서히 심리적인 이혼의 단계로 접어든다.

2. 우울증에 시달리는 사모

사모들 가운데에 남편의 폭력이나 가정에 대한 소홀함으로 인해 외로움을 느끼면서 우울증에 시달리는 사람들이 있다. 게다가 사모라는 정체성이 남편에 의해서 결정되어지기 때문에 남편의 목회적인 성취나 교인들의 반응에 민감하다보면 타인에 의해서 끌려 다니는 인생이라고 느낄 때가 많다. 사모들은 자기 자신이 되는 데 어렵고, 하고 싶은 대로 할 수 있는 자유가 결여 되었다고 느낀다. 목회자는 하나님의 부르심을 받아 스스로 선택해서 되었고, 목회자가 설교를 하면 성도들로부터 "은혜를 받았다"는 인정도 받지만 아내는 '잘해야 본전'이라는 패배주의적 사고에 빠져 있다. 또한 사모들의 어려운 점 중에 '교회에서 친한 친구를 만들 수 없음'이 있는데 교회에서 적절한 교우 관계나 지원 체계를 확보하기 어렵기 때문에 힘들어 하며 외로움을 느끼고 우울증에 빠져드는 경우도 많이 있다.

이러한 어려움들이 신체적인 증상으로 나타나기도 하고 정신병리학적인 우울 장애로 나타나기도 한다. 한 목회자는 개척 교회를 시작하고 함께 고생하던 사모가 어느 날부터 말이 없어지면서 어린 아이들을 돌보는 일에 전혀 의욕을 보이지 않아 병원을 찾았는데 우울증이라는 진단을 받았다며 괴로워했다. 반복되는 일과 속에서 밑 빠진 독에 물을 붓듯 힘이 소진되어 지쳐버린 사모의 모습이다.

III. 목회자 부부의 갈등 해결을 위한 제안

목회자 부부와 가정은 교인들 보다, 목회 보다 더 중요하다. 그럼에도 불구하고 목회자 부부와 가정이 어려움을 겪는 것은 그들의 우선순위 선정이 잘못되었기 때문이다. 사모를, 자녀를, 가정을 언제나 목회보다 뒤로 미루다보면 결국 좋은 부부 관계를 이룬다는 것은 불가능한 일이다. '과연 목회자는 사모의 존경과 사랑 없이 목회에서만 성공할 수 있는가?' 라는 질문에 그렇다고 말할 수 있는 목회자는 없을 것이다. 그렇다면 목회자 부부가 건강한 결혼 생활을 유지하고 갈등을 해결해 가기 위해서는 무엇이 필요한가?

A. 시간을 투자하라

부부 생활이, 가정생활이 중요하다고 우선순위를 두었다면 그것을 표현하는 가장 쉽고도 분명한 방법은 부부와 가족들과 함께 시간을 보내는 것이다. 목회자 부부는 서로의 영적, 정서적, 성적 필요를 채워 줄 시간을 내야 한다. 루쩌는 "목회자 자신의 가정이 교인들보다도 더 중요하다는 신념을 공고히 하려면, 우리는 가정을 위해 분명하고도 신중한 어떤 선택을 해야 할 것이다. 적어도 한 번 쯤은 재정 위원회 모임에 참석하기 보다는 자신의 가족들과 함께 아이스크림을 먹으러 외출해야 할 것이다. 또한 주일학교 교육 위원회에 참석하기 보다는 하루 저녁 때쯤은 가족 행사로 보내야 할 필요가 있다"[80]고 주장한다. 부부 갈등을 해결하는 길에는 왕도가 없다. 목회자 부부가 서로에게 헌신하고 있음을 함께 시간 투자를 통해서 이루어가는 것이다. 하루에, 일주일에, 한 달에, 일 년에 규칙적으로 시간을 떼어놓고 서로를 알아갈 수 있는 기회를 갖는 부부는 갈등의 근원을 제거하는 것이다.

B. 동역할 수 있는 부분을 개발하라

목회자 부부의 장점은 함께 팀으로 사역하며 동역할 수 있다는 것이다. 브래처[81]는 "목회자 가족이 목회자의 일에 참여하는 데에는 한 가지 밝은 면이 있다. 적절한 경계선 안에서 유지된다면, 이러한 참여는 다른 직업들에서는 찾아볼 수 없는, 남편과 아내 사이의 대화의 길을 열어 준다"고 지적한다. 적절하게 경계를 이루어서 혼돈되거나 과도하지 않은 상태에서 개 교회의 실정에 맞게 함께 사역할 수 있어야 한다. 부부 동역의 모델은 여러 가지가 있지만 가능하면 사모는 전문적인 부분의 사역에 참여하되 주도적이지 않는 것이 좀 더 지혜로운 것 같다.

C. 대화의 문을 항상 열어 놓으라

모든 문제의 근원에는 부부가 함께 이야기 하지 못하는 장애가 있다. 목회자 부부가 우울증이나 서로에 대한 의심에 빠지지 않기 위해서는 두려움 없이 정직하게 자신을 노출할 수 있는 관계로 발전해가야 한다. 그렇게 하기 위한 유일한 방법이 대화이다. 갈등을 겪고 문제를 토로하는 부부들의 대다수가 대화에 문제가 있다고 한다. 목회자 부부에 있어서도 마찬가지이다. 과중된 사역과 계속되는 목회적 요구로 지치다보면 며칠을 대화하지 않고 보낼 수 있고 그것이 쌓이다보면 부부의 갈등이 되고 불만이 된다. 또한 각자의 역할을 엄격하게 규정해 놓으므로 상호간의 대화를 어렵게 만들어놓은 부부가 있다. 사모는 남편의 목회에 대해 말할 수 없고, 남편은 아내의 가정교육이나 집안 대소사 일을 모두 맡겨버린 경우이다. 이것은 결코 건강한 것이 아니다. 어떤 문제이든지 기꺼이 대화할 수 있는 열린 자세가 있을 때 부부 갈등은 사라질 것이다.

D. 멘토와 지원 그룹이 필요하다

목회자 부부가 어려움에 빠지는 이유 중에 하나는 고립되어 있다는 것이다. 잘못되어가도 주위에서 조언을 해주거나 지도해줄 영적 지도자, 친구들이 없는 목회자 부부는 불행하다. 언제든지 자문을 구할 수 있고 삶의 모범이 되는 멘토(Mentor)와 멘토링(Mentoring) 관계를 찾아야 한다. 어떤 문제가 닥쳤을 때 미안함 없이 기댈 수 있고 전화할 수 있는 닮고 싶은 사람이 있어야 한다. 또한 목회자와 사모가 함께 어울리며 스스럼없이 교제할 수 있는 지원 그룹이 있을 때 건강한 부부관계를 유지할 수 있다.

나가는 말

런던과 와이즈만은 "우리의 승패가 정말로 판가름나는 곳은 가정입니다. 가정은 우리가 다른 어떤 분야에서든 성공하려면 가장 먼저 성공을 해야 하는 경기장입니다"[82]라고 말한다. 가정에서, 부부 관계에서 성공하지 못한다면 그 어떤 다른 관계에서도 승리할 수 없다. 목회자의 건강한 결혼 생활은 목회를 정상 궤도에 있게 만든다. 베드로 사도는 "남편된 자들아 이와 같이 지식을 따라 너희 아내와 동거하고 저는 더 연약한 그릇이요 또 생명의 은혜를 유업으로 함께 받을 자로 알아 귀히 여기라 이는 너희 기도가 막히지 아니하게 하려 함이라"(벧전 3:7)고 가르친다. 남편이 지혜롭게 아내와 동거하며 귀하게 여기지 않는다면 영적인 기도 생활에 장애를 받을 것이라고 경고한다. 부부간의 거리감은 하나님과의 단절을 의미한다. 따라서 목회를 위해서라도 아내와 더 나은 관계로 나아가야하며 더 좋은 관계를 만들수록 목회에서 더 많은 열매를 거두게 될 것이다.

| 4장 |

사모의 심리적 **상처**

사모가 교회에서 열심히 봉사하면 너무 설친다고 비판하고, 봉사하지 않으면 교회에 관심이 없다고 비판하는 사람이 있다. 그렇기에 어떤 사모는 이왕 비판을 받을 바에는 일하지 않고 비판받는 편이 낫다고 말한다. 이것은 사모의 역할이 얼마나 힘든지를 시사해 주는 말이다. 위의 글과 같이 사모는 여성으로, 아내로, 어머니로 살아가면서 경험하는 어려움 외에 목회자의 아내, 즉 사모로서 겪어야 하는 독특한 어려움과 고민 외에도 사모이기 때문에 받아야 하는 심리적 상처가 있다. 따라서 본 글에서는 사모가 어떤 심리적 상처를 받고 있으며, 그 상처는 어떤 영역과 연관이 있는지 살펴보고, 그에 따른 해결책을 다루고자 한다.

I. 사모는 심리적 상처를 받고 있는가?

한국 크리스천 상담교육개발원원장 공보길 박사)은 1990년부터 1995년까지 목회자 3백45명과 사모 3백13명을 대상으로 상담교육과 상담을 실시, 목회자와 사모가 겪는 갈등의 요인들을 발표했다.[83] 그 결과 23.6 %의 사모는 개척 교회 때는 재정 교육 등 여러 분야에서 사모의 역할이 두드러졌으나, 교회성장으로 인해 부교역자나 성도들에게 많은 부분을 넘겨줌으로써 그 역할이 점점 축소될 때 존재의 상실감을 느꼈고, 사모는 뒷전에 조용히 있는 것이 덕스럽다는 성도들의 말에 종종 마음의 상처를 받는다고 한다. 또한 20.1 % 의 사모는 자녀교육문제에 있어서 교인들의 지나친 간섭을 받을 때 갈등을 하며, 경제적 어려움으로 자녀교육을 제대로 뒷받침해주지 못할 때 목회 자체에 대한 회의를 느낀다고 하며, 16.9 %의 사모는 예배가 끝난 후 교인들에게서 목회자에 대한 불만의 소리를 듣게 될 때, 그리고 8.3 %는 목회자와 여성도와의 관계 속에서 비교의식을 느낄 때 갈등을 한다고 보고했다.

미국 통계이지만 케네스 이 크로우는 미국 목회자 사모에 대한 전국적 설문조사(1989년) 결과 대부분이 건강하게 대처하는 것으로 밝혔으나[84], 약 41%의 응답자들은 정서적으로 불안정한 기분을 자주 느낀다고 했고, 17%의 응답자들은 자신이 거의 소진되어 버렸다고도 한다. 사모의 역할을 서술하면서 "두렵다" (20%), "우울하다" (20%) 등 부정적으로 응답한 사람도 무시할 수 없을 정도였다. 특이한 것은 젊고 집에서 어린 자녀들과 함께 있는 사모일수록 자신의 처지에 대해 부담이 많고, 상처가 되며, 두렵다고 털어놓았다. 약 3% 의 사모는 교인들과 자녀만 아니라면 이혼을 생각해 보겠다고 응답했고, 4% 의 응답자들이 남편에게 부부 사이보다 더 가까운 여성이 있으며, 남편 목사가 여성도를 상담하는 것이 두렵다고 밝혔다. 심지어 3%의 사모들은 자신의 혼외 관계 문제도 표출하였다.

이렇게 사모들에게 나타나는 정서적인 갈등, 두려움, 우울함, 그리고 이혼에 대한 고려, 남편에 대한 불안, 외도 등은 사모들이 갖고 있는 심리적 상처들이 감정적으로, 행동적으로 표출된 증상으로 이해할 수 있고, 그 응답 내용을 분석해 보면 남편 목회자와의 부부 관계, 자녀들과의 양육 관계, 교인/교회와의 봉사관계, 그리고 사모로서 자기 자신과의 성장 관계 (영적이며 인격적인 영역 포함) 등 4가지 관계 영역과 연관이 있음을 알 수 있다.

A. 사모의 심리적 상처와 연관된 네 가지 영역들

한 사모상담 사이트[85]에는 사모이며 상담자가 자신이 경험한 것에 근거해서 사모의 10 가지 자세를 다음과 같이 주장한다: (1) 가장 중요한 것은 덕과 인격을 고루 갖추는 것입니다; (2) 기도로 모든 길을 열어가는 사람이 되는 것입니다; (3) 영적으로 깨어있어야 합니다; (4) 사명감을 가지고 헌신하는 자세를 가져야 합니다; (5) 교회와 가정의 어머니로서, 목회자의 내조자로서 넉넉한 사랑을 지닌 사람이 되어야합니다; (6) 칭찬 받으려 하거나 자랑하지 말고, 물질에 대한 욕심이 없어야 합니다; (7) 듣기는 속히 하고 말하기는 더디 하는 사람이 되어야합니다; (8) 늘 부족한 부분들을 채워가려는 열정이 있어야 합니다; (9) 가난하고 병든 자들을 돌아보는 마음이 있어야 합니다; (10) 특별히 목회자의 건강과 시간을 보살필 수 있어야 합니다.

정리해 보면, 앞에서 제시한 네 가지 영역인, 목회자의 아내로서의 사모 역할(5, 10), 어머니로서의 사모의 역할(5), 교인들 또는 목회와의 관계(5, 6, 7, 9), 그리고 사모 자신의 영적인 영역(1, 2, 3)과 인격적인 영역(1, 4, 8)으로 사모가 해야할 일들이 분류될 수 있다. 그러면 우선 사모들의 심리적 상처들이 네 가지 영역과 어떤 관련이 있는지 살펴보자.

1. 남편 목회자와의 부부 관계 영역

필자를 찾아왔던 한 사모의 고민을 예로 들어보자.

> 남편은 언제나 목회가 우선 입니다. 그래서 가족 약속도 제대로 지키지 않고, 가족 휴가도 같이 가본 적이 거의 없습니다. 게다가 밖에 나가서는 말도 잘하고, 교인들에게는 자상한데 집에만 오면 아무 말도 없고, 갑자기 화를 버럭 내곤 합니다. 언젠가 교회 여성들과 웃으면서 대화를 나누고 있는 모습을 보았을 때 제 속에서 분노가 치밀었고, 한번은 여자 청년으로부터 "목사님 사랑해요" 라는 문자 메시지가 온 것을 보았을 때 남편에 대한 불신감을 떨칠 수가 없었습니다.

이 사모는 목회자인 남편이 부부관계 보다는 목회에 더 우선순위를 두고 있고, 남편이 교인들에게는 친절하게 대하면서 가족들과는 친밀하게 대하지 않는다는 것 때문에 상처를 받고 있다. 목회와 결혼한 일 중독자 남편으로 인해 상처를 받고, 때로는 목회자 남편의 폭력이나 외도로 인해 심한 고통을 받는다.[86] 이러한 남편 목회자와의 부부 관계에서 받는 사모의 상처는 남편에 대한 분노[주로 수동-공격적(passive-aggressive)으로 화를 표현하거나 분노를 내재화해서 화병으로 발전한다]나 또는 남편에 대한 불신(편집증적인 의심) 등으로 나타날 수 있다. 이 때 남편은 가해자이며 사모로서 상처받은 아내는 피해자가 된다.

2. 자녀와의 양육관계 영역

자녀의 문제로 상담자를 찾은 한 사모는 어느새 대학생이 된 딸에 대해 커다란 죄책감을 갖고 있었다. 왜냐하면 딸이 어렸을 때에 성추행을 당한 사실을 최근 들어 털어놓았기 때문이다. 그 이야기를 들으면서 그녀는 딸이 성격 문제로 학업과 대인관계에 어려움을 겪는 것이 어린 시절의 충격과 연관이 있는 것을 알게 되었다. 그 사모는 "남편과 함께 목회에 전념하는 것이 사모의 가장 중요한 역할이라 생각했던 것이 후회스럽다"고 말했다. 남편과 함께 심방을 다니느라 아이들만 집에 두거나 신뢰할만한 교회 청년에게 맡기곤 했는데 그가 성추행을 했다는 사실과 그 충격과 비밀을 가슴에 두고 오랜 세월 고통을 받으며 살아온 딸을 생각할 때 자신의 자녀 양육은 실패라며 울먹였다.

사모들은 때때로 남편 목회자의 보조 목회자로서 동역하다가 유·청소년기를 지나가는 자녀들에게 제대로 어머니의 역할을 하지 못했다는 죄책감(특별히 자녀들이 반항하거나 비행에 연루되었을 때)으로 고통을 받는다. 또한 이러한 사모는 개척 교회에서 사모 역할을 하느라 분주했고, 경제적 어려움을 겪으면서 자녀들의 필요를 적절히 채워주지 못한 것 때문에 죄의식에 시달린다. 이때에 사모의 상처는 하나님의 일에 열심이었는데 자녀들이 잘못되었다는 것에 대해 하나님을 향한 원망으로 표현되거나, 남편이 아버지로서 역할에 참여하지 않았다는 것에 대한 불평으로 표출될 수 있다.

3. 교회와의 봉사관계 영역

김남준은 한 사모의 고백을 이렇게 소개한다.[87)]

기가 막히고 눈물만 흐를 뿐입니다. 어떻게 해서 세운 교회인데.... 남편은 신학교 일학년 이었을 때 하나님의 응답이라며 대전 외곽에다 교회를 개척하였습니다. 그리고 서울까지 통학을 하였습니다. 수요일에 와서 예배를 인도하고 다시 서울로 올라갔다가 금요일 밤이나 되어야 교회로 돌아왔습니다. 나머지 교회 일은 모두 제 차지였습니다. 교인들을 심방 하는 일에서부터 시작하여 하다못해 교인들을 위해 점심해주는 일까지, 급하면 새벽기도까지 제가 인도하여야 했습니다. 어린것을 둘이나 데리고 말입니다. <중략>... 발이 부르트도록 전도했습니다. 지금 제직이 된 사람 가운데 상당수는 그 때 제가 전도해서 얻은 열매입니다. <중략> 그런데 이제 교회가 부흥되었다고 저보고 이제는 제발 나서지 말라고 소리를 지르는 일이 빈번해집니다. 교회의 중직이라는 사람들도 저보고 목사님 밥이나 잘해 드리고 아이들이나 건사하라고 합니다. 언제는 실컷 부려먹고 이제 와서는 아무 것도 하지 말라니.... <중략>

이 사모는 개척교회 때부터 남편을 도와 희생과 헌신으로 지금까지 교회를 키워왔는데 이제 와서는 조용히 있으라고 하는 것에 큰 충격을 받았고 울화가 치밀어 견딜 수가 없다. 물론 자신을 나타내지 않고 언젠가는 하늘에서 받을 상급이 크다고 스스로 위로하며 기도하지만 속에서는 자신을 교회에서 배제시키는 것으로 인해 배신감에 시달린다.

4. 사모 자신과의 관계 영역

사실 사모가 위에 제시된 모든 역할들을 감당하려면 수퍼 우먼이 되어야만 하나, 그것은 불가능하다. 따라서 사모의 역할에 대한 지나친 기대와 완전함의 요구는 결국 사모에게 심리적 상처를 더해 줄뿐이다. 양은순 사모는 "(사모가) 목사의 돕는 배필이란 어떤 면에서 목사보다 더 성숙해야 한다. 언제나 돕는 사람은 도움을 받는 사람보다 더 성숙한 법이니까...."[88]라고 말하지만, 이것은 사모에게 또 하나의 어려운 과제이다. 왜냐하면 사모는 남편을 목회에 성공하도록 돕는 것이 사명이라고 느끼면 느낄수록, 남편에 대한 영향력이 미미하다는 것 때문에 점점 더 좌절을 느낄 수밖에 없다. 그런 사모들 가운데는 남편 목회자의 부족함을 어떻게든지 도와서 초인을 만들려하고, 남편 목회자에 대한 불신과 더불어 자신이 돕지 않으면 남편이 목회를 제대로 감당하지 못할 것이라는 불안감을 갖고 있다. 이러한 단계를 지나게 되면 자신이 남편 목회자를 제대로 도울(변화시킬) 수 없다는 점과 목회자의 사모로서 과도하게 요구되는 역할로 인해서 무력감과 부족함에 고통을 받게 된다.

II. 사모의 심리적 상처를 어떻게 해결할 것인가?

지금까지 사모의 심리적 상처가 네 가지 영역으로 분류되고 있음을 살펴보았다. 그렇다면 어떻게 사모의 심리적 상처를 해결할 수 있을까?

먼저 사모들이 상처와 스트레스에 어떻게 대처하는지를 살펴보자.

A. 사모의 심리적 상처에 대한 대처 양식

임경섭[89]은 사모의 대처양식을 넷으로 분류한다. 첫째는 "잠시 문제를 잊으려고 하거나 갈등의 원인을 규명하여 스스로 냉정한 비판을 하는" 내면적 해결방법이며, 둘째는 "잠을 자거나 쇼핑, 목욕, 운동, 악기 연주를 하는 것을 포함" 하는 행동적 해결방법이다. 셋째는 친구나 전문가와 대화하는 인간관계를 통한 해결방법이며, 마지막으로 기도하거나 성경을 읽거나 하나님의 기적을 기다리는 신앙적인 해결방법이다. 그는 사모가 사용하는 대처 양식의 빈도를 순서대로 다음과 같이 보고한다: 신앙적 해결방법, 내면적 해결방법, 행동적 해결방법, 그리고 인간관계를 통한 방법이다.[90] 한편 윤기봉(1998)의 연구에서는 목회자 아내의 스트레스 대처 방법은 내적인 해결방법 (29.4%), 신앙적인 해결방법 (27.9%), 동적인 해결방법 (22.6%), 그리고 인간관계를 통한 해결방법 (20.6%)의 순으로 나타났다.[91] 반면 반신환은 사모가 사용하는 대처양식을 문제집중적 대처, 정서완화적 대처, 사회적 지지의 추구, 그리고 소망적 사고 등 4가지로 분류한다.[92] 이러한 보고를 종합하면 사모의 심리적 상처를 다루는데 유용한 영역은 신앙/영성의 영역, 사고의 영역, 감정의 영역, 행동의 영역, 대인관계의 영역 등 5가지 측면임을 알 수 있다.

B. 사모의 심리적 상처의 해결을 향한 제안들

1. 신앙/영성적 접근: 하나님께 맡기고 기도하라 (벧전 5:8; 잠언 3:5-6)

사모들이 문제에 직면하고 상처를 다룰 때 가장 많이 쓰는 방법은 "하나님께 맡기고 기도한다" (50.7%) 이다.[93] 물론 신앙/영성적 방법은 말씀 읽기부터 기도, 찬양, 묵상 등을 통해서, 감정과 사고의 변화와 행동적인 적용과 대인관계의 변화까지 모든 접근을 포함하고 있다. 그런데 대부분의 신앙인들이 그러하듯이 문제와 상처에 대한 일시적 회피로서 단순한 기도와 성경 읽기 등은 삶의 변화를 초래하지 못한다는 것이다. 문제는 이러한 방법이 신앙인에게는 가장 기본적이고 핵심적인 방법이지만 만약 신앙적 접근이 유일한 방법이 될 때 오히려 그 상처는 깊어질 수 있다.

사모가 자녀와의 양육관계에서 오는 심리적 상처는 하나님께 고백하고 용서를 구할 뿐만 아니라, 동시에 하나님의 선하신 인도하심에 자녀들의 장래를 의탁해야 한다. 특별히 12단계 치료에서 마지막에 활용하는 라인홀드 니버(Reinhold Neibuhr)의 "평정의 기도"를 반복함으로 죄책감으로부터 해방되어야 한다:

> 하나님, 나 자신이 변화시킬 수 없는 사실들에 대해서 용납할 수 있는 평정을 내게 주옵소서. 그리고 나 자신이 변화시킬 수 있는 것을 변화시키려는 용기와 그것을 분별할 수 있는 지혜를 주옵소서. 또한 하루하루를 살아가는 지혜, 한 순간 순간을 기쁨으로 살아가는 지혜를 주옵소서. 어려움을 평가의 과정으로 인정하며, 이 죄 많은 세상을 내 생각대로가 아닌 예수 그리스도의 생각대로

받아들이며, 하나님의 뜻에 항복함으로써 모든 것을 합력하여 선을 이루시는 주의 능력을 믿으며, 이 세상 살아갈 동안 주님 주시는 행복을 누리며 내세에 주님과 영원토록 최상의 행복을 누릴 수 있도록 도와주옵소서.

2. 인지(사고)적 접근: (자신과 남을 향해) 변화에 대한 긍정적 기대와 소망을 가지라 (롬12:2)

인지 치료에서는 우리의 자동적 부정적 사고/인지가 우리에게 부정적 감정/상처를 가져온다고 주장한다. 따라서 그 상처를 치료하기 위해서는 자신에게 입력되어 비슷한 상황에서 자동적으로 상영되는 부정적 비디오테이프(사고)를 끄집어내고 새로운 테이프를 넣고 다시 시작해야 한다.

먼저 남편 목회자와의 부부관계에서 생겨나는 심리적 상처는 주로 분노와 의심과 관련이 있고 그것은 절대로 상대방은 변하지 않을 것이라는 신념으로부터 좌절/우울의 감정이 상처의 중심에 있다. 그러나 "그리스도 안에 있으면 새로운 피조물"(고후 5:17)이 된다는 긍정적 기대를 가져야 한다. 또한 사모로서의 자신의 부족함 때문에 실망할 때도 성경적 사고를 통해서 교정해 가야 한다. 사모로서 자격이 있을 때가 아니라 "죄인 되었을 때에"(롬 5:8) 부르셨던 하나님을 기억하고, 하나님의 걸작품으로 지어져가는 존재(엡 2:10, 22)임을 바라보며, 하나님의 부르심에 따라 사모가 되었다고 스스로 선포해야 한다.

3. 정서적 접근: 균형 있는 감정표현을 통해 심리적 압박에서 벗어나라

심리적 상처는 감정의 영역과 밀접하게 연관이 있다. 따라서 적절하게 감정-부정적 감정이든 아니면 긍정적인 감정이든-을 표현하는 훈련이 요구된다. 그렇다고 절제되지 않은 감정 표출은 그 폭발력과 그 후유증이 심각하여 오히려 더 큰 화를 부를 수 있다. 따라서 말로 감정을 표현하기, 다양한 감정을 글로 쓰기, 다소 힘들지만 공격적이 아니면서도 자기를 표현하는 나 메시지(I-Message)로 말하기 훈련도 도움이 될 것이다. 때로는 슬픔에 대해 실컷 눈물을 흘리며 그 감정을 느끼고 직면해야 한다.

4. 행동적 접근: 자기 자신을 돌보라

사모들은 남들을 돌보느라 자기 돌봄에 실패하는 경우가 많이 있다. 사모도 자신을 건강하게 유지하기 위해서 영적인 재충전을 갖고, 적절한 쉼을 가지면서 자신을 위해 시간을 투자하고 돌보아야한다. 사모의 자리에서 탈출하고 싶다면 그것은 쉼이 필요한 때이며 경고의 사인(sign)이다. 자신을 돌보는 방법은 충분한 수면을 취하고, 자신의 취미생활(운동, 여행, 음악 감상, 목욕, 쇼핑 등)을 위해 스스로 배려하는 것이다. 특별히 교회와의 봉사관계에서 냉정한 비판과 견제에 직면할 때, 교회에 집중하던 에너지를 균형 있게 사용함으로서 불필요한 상처로부터 자신을 보호할 수 있다.

5. 대인 관계적 접근: 친밀한 관계 그룹과 교제하며 대화할 사람을 찾으라

부부관계가 가정의 핵심이지만 그렇다고 모든 관계를 대신할 수 있는 것은 아니다. 하나님의 말씀은 "너희가 짐을 서로 지라"(갈 6:2)고 한다. 사모는 함께 짐을 지고 나눌 수 있는 공동체와 모임이 있어야 한다. 사모가 남편 목회자에게 의지할 수 없고, 친구들과 격리되어 있으며, 교인들과는 친밀한 관계로 발전할 수 없어 고립된 사회생활을 할 때 사모의 심리적 상처는 엄청난 부정적 파괴력을 갖게 된다. 따라서 가족, 친구, 동창생 또는 다른 사모들과의 교제와 만남을 통해서 도움을 주고받아야 한다. 사모를 위한 지원 그룹(support group)과 같은 사모 자조(self-help) 모임을 찾아 함께 대화를 나누고, 선배나 존경할 만한 사모들 중에 멘토 관계를 형성하고 지속적이고 정규적인 교제를 통해서 자기 성찰과 성장을 도모해야 한다. 만약 심리적 상처에 의해서 행동적, 감정적 또는 대인관계에서 어려움이 지속된다면 신뢰할 만한 상담자를 찾아 상담을 통한 조절이나 도움을 받아야 한다.

나가는 말

사모는 교인들에게 엄청난 영향력을 미칠 수 있는 위치에 있다. 문제는 사모의 정체성이 흔들릴 때 그것은 사모 자신 뿐 아니라 남편 목회자, 자녀, 그리고 교인들에게 큰 상처가 된다는 것이다. 사모의 심리적 상처를 해결할 수 있는 가장 확실한 방법은 남편 목회자와의 친밀한 관계를 유지하는 것이다. 남편과 한 팀(team)으로 부르심을 받았다는 확실한 정체성과 건강한 친밀감을 갖고 있는 사모는 외부적 변화에 의해 심리적인 상처를 받을지라도 그 고통 가운데 계속 머물러 있지는 않을 것이다. 그럼에도 인간은 연약하기에 사모도 심리적 상처로 고통을 받을 때가 있는데 그 때는 다음과 같은 방법을 통해서 대처할 수 있다: (1) 하나님께 맡기고 기도하라 (벧전 5:8; 잠언 3:5-6); (2) (자신과 남을 향해) 변화에 대한 긍정적 기대와 소망을 가지라 (롬12:2); (3) 균형 있는 감정 표현을 통해 심리적 압박에서 벗어나라; (4) 자기 자신을 돌보라; (5) 친밀한 관계 그룹과 교제하며 대화할 사람을 찾으라.

| 5장 |

부부목회자의 가족생활주기와 **임상적 적용**

모든 가정이 그러하듯이 목회자 가정도 일정한 삶의 발달 단계를 통과한다. 뿐만 아니라 목회자 가정은 가족생활주기를 지나가면서 목회자 가정만이 겪는 특별한 스트레스와 사건들을 통과해야만 한다. 왜냐하면 목회자 가정으로서 특수하게 통과해야하는 사회적, 문화적, 교회적 상황과 과정이 있기 때문이다. 나아가 여성 목사 안수 시행 이후로 부부 목회자들이 배출되고 있는 현실에서 목회자 가정 중 부부 목회자(남편과 아내 모두 목회자)인 경우에 겪는 가족생활 주기는 더욱 독특하다고 볼 수 있다.

장로회신학대학교 학교 홈페이지 게시판에 실린 한 글이 많은 논란을 불러 일으켰다. 그것은 한 여자 교육전도사가 출산으로 휴가를 받았는데 교회에서 사역을 그만두도록 요구했다는 내용이었다. 그 글을 조금만 인용하면 다음과 같다.[94)]

교육전도사! 그대는 법의 사각지대로서 영원한 약자입니다. 나

> 는 00교회 유년부 L 전도사였는데, 5개월 만에 쫓겨났습니다. 그 이유인즉슨 출산 휴가 1개월 (참고: 우리나라 법적 출산휴가는 3개월임)의 공백 기간이 너무 길다는 것이었습니다. 교회는 처음부터 나의 임신 사실을 알고 받아들였고, 출산에 임박하여 1개월의 출산휴가로 배려해 주었습니다. 그런데, 휴가 2주째 갑자기 나에게 교육전도사 해임을 일방적으로 통보해왔습니다 <중략>

이 글은 진위와 절차 문제로 많은 논란이 있었는데 그 핵심적 내용은 여성이며 어머니이기 전에 하나님의 사역자로서 세상의 기준 보다는 훨씬 탁월한 사역자로서의 헌신과 희생이 요구된다는 주장과 교육전도사이기도 하지만 출산 후 건강함을 유지하는 것이 하나님의 일과 분리되는 것이 아니라는 주장이 첨예하게 대립되었다. 즉 교육전도사로서 책임을 못하게 되었다면 교회 입장(어린 생명들에게 말씀 전하는 일이 중요하다)에서는 그렇게 하는 것이 당연하다는 주장과 교회가 출산으로 사역을 못하게 된 교육전도사를 그렇게 해고(?)시켜도 되는 것이냐는 주장이 서로 팽팽하게 부딪쳤다. 이것은 진위(眞僞) 여부와 상관없이 여성 목회자(남편도 목회자인지는 모르지만)가 교회에서 어머니와 목회자의 두 역할을 병행하는 것이 얼마나 힘든 것인지를 보여준 한 단면이다.

이렇기에 가족생활주기를 지나가면서 목회자가 겪게 되는 사역과 가정의 변화를 살펴보아야 한다. 특별히 부부가 모두 사역자인 부부 목회자 가정을 가족생활 주기 이론의 관점에서 분석하는 것이 필요하다. 본 글에서는 가족생활 주기에 비추어 볼 때 부부 목회자 가정이 겪게 되는 독특한 단계와 과정을 설명하고, 가족생활 주기를 이용하여 부부 목회자 가정을 돕기 위한 임상적 적용을 시도할 것이다. 부부 목회자가 증가되는 추세에서 이러한 연구는 이 시점에서 적절한 것이지만, 자료의 부족과 선행 연구가 거의 없으므로 설문지에 대한 9쌍의 부부 목회자의 응답을 중심으로 예비적인 연구(preliminary research)의 형태로 진행될 것이다. 이러한 연구를 통해서 목회자 부부가 건강한 부부관계와 건강한 부부 목회상을 세워갈 수 있도록 돕고, 앞으로 목회자 부부의 연구를 위한 기초적인 토대를 제공하는 것이 이 글의 목적이다.

I. 부부 목회자와 가족생활주기 연구의 필요성

A. 부부 목회자 연구의 필요성

1. 부부 목회자의 정의

최근 들어 부부가 함께 신학 공부를 하고 모두 목사 안수를 받아 각각 교회사역에 참여하는 사람들이 늘어나고 있다. 본 글에서는 부부가 함께 신학대학원에서 교역학 석사(M.Div) 과정 이상을 공부하고, 부부 모두 목회 현장에서 사역하고 있는 교육전도사를 포함하여 안수 받은 목사까지를 부부 목회자로 정의한다. 즉 안수여부와 상관없이, 또한 교회가 제공하는 사례비의 많고 적음과 상관없이 신학훈련을 받고 교회사역(ministry)을 하고 있는 결혼한 부부를 부부 목회자로 명명할 것이다.

2. 부부 목회자의 독특성

부부 목회자는 특별한 두 전문가의 결혼이다. 이러한 부부는 그들만이 갖고 있는 장점과 단점을 동시에 가지고 있다. 미국에서는 약 30만 명의 안수 받은 목회자 가운데 1-2%가 배우자도 안수를 받은 목회자로 알려져 있다.[95] 따라서 약 4000명 정도의 부부 목회자가 미국에서 활동 중인 것으로 추정된다. 현재 한국에는 부부 목회자에 대한 정확한 통계는 없지만 여성 안수가 허용된 이래(1994)로 본 교단 100회 총회 (2015)에 보고된 교세통계에 의하면 여성 목사는 1645명으로 9.07% (소속 목사 18,121명)이며, 여성 목사 중 위임목사는 27명으로 전체 위임목사 2,783명의 0.97%이다. 반면 기관목사는 전체 목사 360명 중 여성 목사 59명 (16.38%), 선교목사의 경우는 전체 목사 764명 중 70명 (9.16%), 전도목사는 전체 목사 1,842명 중 411명 (22.31%) 이었다.[96] 이러한 통계를 고려할 때 독신 여성 목회자와 일반 성도와 결혼한 여성목회자를 포함해도 부부가 모두 목사인 경우도 점차 늘어나는 추세로 볼 수 있다. 특별히 신학교에서 만나 결혼하여 각각 다른 교회에서 사역하는 젊은 부부들이 많아지고, 그에 따라 가정과 목회에서 여러 어려움을 겪는 것을 종종 보게 된다.

부부 목회자일 경우에 장점은 부부 모두가 같은 전문 영역에서 훈련을 받고 결국은 한 교회에서 함께 일할 수 있거나, 또는 비슷한 환경에서 일할 수 있다는 것이다. 그러므로 부부 목회자는 서로 비슷한 관심사와 일과표(schedule), 기회를 갖게 된다고 볼 수 있다. 반면에 부부 목회자이기에 예측되는 불이익도 있다. 비슷하게 훈련받고 목회적 역량을 갖고 있으므로, 두 사람이 전문 영역에서 비교되기가 쉽고, 그러다 보면 부부 중 한사람은 다른 한 배우자에 비해 덜 능력 있는 사람으로 평가될 수가 있다. 이것은 부부간에 경쟁을 부추기고, 결국은 능력 없는 배우자가 더 성공적인 배우자에게 더욱 의존적이거나 희생적인 관계로 발전하게 만든다. 각각 다른 교회에서 사역할 경우에 서로의 사역과 주말 일정이 달라 갈등을 일으키기도 하고 때로는 다른 배우자의 전문적 영역과 활동에 남편과 아내로서 참여하기에 어려움이 있다.

로빈슨 (Robinson)은 "부부 목회자의 목회에서의 어려움"97)이라는 풀러 박사 학위논문에서 '부부 목회자', '여성 목회자와 전문직업 남편,' '남성 목회자와 전문직업 아내,' 그리고 '남성목회자와 전업주부 아내'의 네 그룹(group)으로 나누어서 상호 비교하였다. 그 결과 부부 목회자는 실제적 문제들(pragmatic issues: 남편 또는 아내의 목회 때문에 자신의 목회적 진출에 제한을 받는 것처럼 느끼는가?), 경쟁(competition: 배우자와 경쟁심을 경험하는가? 그리고 자신이 긍정적인 면에서 배우자가 더 잘 목회를 수행할 수 있도록 자극하여 동기를 부여하는 경험을 하는가?), 융합(conflation: 목회적 상황으로부터 가족갈등이 초래되는가? 그리고 부부 중에 목회와 관련된 일을 집으로 가져와 수행하는 것을 발견하는가?), 그리고 성역할 기대(Sex role expectations: 여성목회자는 동료 목회자들이 여성이므로 결혼이나 목회에서 어떤 역할을 수행하는데 강한 영향을 받는다고 비판하는 것을 느끼는가? 또한 교회의 회중들이 여성 목회자이므로 목회나 결혼으로 인해 어떤 역할을 배정한다고 비판하는 것을 느끼는가?)에서 다른 그룹들에 비해서 더 어려움을 겪는 것으로 나타났다. 그러나 밀착(enmeshment) 부분에서는 특별한 차이가 없었다.

반면 부부 목회자는 서로 경쟁하며 동료 목회자로서 부부가 상호 이해와 지지할 수 있는 자원을 제공한다는 면에서 긍정적 동기를 부여하는 장점도 가지고 있음을 발견했다. 결혼 3년 미만의 목회 경험이 없는 부부 목회자와 목회 경험이 있는 부부 목회자를 비교한 결과에서는 유의미한 차이점을 발견하지 못했다.[98] 이러한 연구 결과는 부부 목회자는 목회 또는 전문 영역(career)에서의 경쟁관계 가능성, 부부의 상호 목회적 지원과 장애, 목회와 부부 생활의 융합으로 인한 부정적 영향, 성역할 기대로 인한 여성 목회자의 제한 등이 현실적으로 문제가 될 것임을 지적한다.

멜로니와 헌트[99]는 부부 목회자 또는 부부 전문직업자들이 그들의 결혼생활에서 성공하기 위해서 필요한 것을 몇 가지 제안한다. 이것을 부부 목회자에게 적용한다면 다음과 같다: 1. 부부 모두가 서로에게 헌신해야 하며, 누가 어떤 목회를 하든지 서로를 지원해야 한다; 2. 부부 사이에 경쟁은 해소되고 최소화 되어야 한다. 왜냐하면 부부 각자는 자기 자신에 대한 자신을 가져야 하고, 부부가 서로를 지지해야 하기 때문이다; 3. 부부는 각각의 흥미, 일정, 가능한 에너지(available energy)에 따라 매일의 가정일을 공유해야한다; 4. 부부 모두는 자신의 목회가 배우자의 목회보다 우선적으로 되어질 수 있다는 것을 깨달아야한다. 그러나 긴 안목에서 이것이 균형을 유지하거나 또는 각 배우자에 대한 기대와 가치가 서로에게 맞추어야 한다; 5. 아이가 태어나면, 적절한 자녀 돌봄이 되어져야 한다. 부부는 자녀들의 예기치 못한 필요나 응급상황에서 이용 가능해야 한다; 6. 부부는 그들의 사역 이전에 서로에게 헌신해야 한다; 7. 부부는 각각의 봉급이나 지위에 대해서 충분히 인정하며, 배우자의 목회적 역량을 무시하지 않도록 해야 한다; 8. 부부는 그들이 적어도 그들 자신의 목회 일정을 부분적으로 조절하도록 허용되는 사역위치에 있어야 한다; 9. 부부는 어느 정도 개인적 시간, 부부 시간, 가족 시간 등을 매주 또는 규칙적으로 일정을 조정하는데 서로 동의할 수 있도록 계획해야 한다; 10. 부부 모든 자기의 목회능력을 증명하려는 욕구나, 다른 배우자를 지배하려는 무의식적 욕구, 그리고 배우자를 일에 빼앗기거나 또는 직장 동료와 로맨틱한 관계에 빠질지도 모른다는 두려움으로부터 비교적 자유로워야 한다; 11. 부부는 그들 자신과 서로를 위해서 사역의 성공에 대한 기준에 동의해야 한다; 12. 부부는 승진, 사역과 연관된 이사, 부부 각각의 수입을 사용하거나 이와 연관된 문제들에 대해 결정할 수 있는 적절한 방법을 가지고 있어야 한다; 13. 부부는 각각 사역과 연관된 사회적 기능이나 배우자의 사역을 어느 정도 돕기 위한 활동에 얼마나 관여해야할지를 동의해야 한다.

그들이 지적하고 있는 내용을 요약하면 개인적으로는 자신감, 질투심의 극복, 시간 조절의 문제와 부부지간에는 헌신, 경쟁 방지, 지원, 가사일 분담, 가족, 자녀 양육 등에 대한 배려, 그리고 재정적으로는 안정적인 수입 확보와 적절한 사용 등이 부부가 전문인으로서 목회 경력을 쌓아갈 때 고려되어져야할 부분들이다. 일반적으로 부부가 결혼에 성공적이 되려면 개인적으로는 자유로운 인간으로서 기능할 수 있어야 하며, 배우자로서는 애정을 주고받아야 하며 서로 돌아보는 관계를 유지해야 한다. 부부 목회자가 성공적인 결혼을 만들려면 이러한 것이 필요하지만 동시에 부부가 함께 목회자라는 것이 건강한 부부 관계를 세워 가는데 종종 장애가 되는 것을 발견하게 된다. 그리고 이러한 장애는 소명으로서의 목회사역과 연관이 있기도 하고, 한편으로는 그들의 가족발달주기와 밀접하게 연관이 있기도 하다.

3. 부부 목회자의 증가

현대 가족의 큰 변화 중에 하나는 여성들의 취업이 계속 증가하고 있다는 것이다. 리건과 로렌드(Regan & Roland)는 특별히 대학교육을 받은 여성들은 높은 지위의 전문직종과 동시에 온전한 가정생활을 영위하려는 경향을 가지고 있는데 이것은 쉽게 해결하기 어려운 심각한 역할 갈등을 초래할 것이라고 예측했다.[100] 사회에서의 이러한 변화는 기독교 가정에서도 역시 일어나고 있는 것으로 보인다. 사회에서 여성의 취업과 전문 직종의 직업인들이 증가하듯이 교회사역에서도 여성들의 목회 참여가 증가하고 있다. 이러한 변화는 결혼한 여성에게도 적용된다. 결국 "가장 빠른 속도로 커가는 노동력 집단은 취학 전 아동을 둔 엄마들"[101]이며 따라서 여성들의 목회 참여로 부부가 함께 목회하는 부부 목회자 가정이 계속 증가할 것임을 쉽게 예측할 수 있다.

B. 가족생활주기 이론

한 개인의 생활주기는 인간 발달의 가장 기초적인 상황인 가족생활주기 내에서 발생한다. 가족생활주기 관점은 시간을 통과하는 체계로서 가족을 보며, 개인은 발달 단계에서 예측할 만한 연속과정을 통과한다고 설명한다. 가족생활주기 관점은 두 가지 측면을 포함하는데 하나는 가족의 구성원으로서 개인적 발달이며, 또 하나는 가족 구조의 변화이다. 가족생활주기의 구분은 학자에 따라서 각각 다르게 구분되고 있다. 솔로몬(Michael Solomon)은 가족생활주기를 5단계로 나누어 각 단계의 과업을 요약하고 이를 치료 계획을 위한 진단적 기준으로 삼도록 제안했다.[102] 가장 보편적으로 인용되는 가족생활주기는 듀발(Duvall)의 8단계 구분이다[103]. 그 8 단계를 간단히 설명하면 다음과 같다; 1단계: 결혼한 부부만의 가족, 2단계: 자녀 출산기의 가족 (첫째 아이의 나이 0-30개월), 3단계: 학령 전기 아동이 있는 가족 (첫째 아이의 나이 2살 반-6세), 4단계: 학령기 아동이 있는 가족 (첫째 아이의 나이 6-13세), 5단계: 청소년기의 자녀가 있는 가족 (첫째 아이 나이 13-20세), 6단계: 성장한 자녀가 출가한 가족 (첫째는 떠났으나 막내는 남아있는 경우), 7단계: 중년기 부부 (빈 둥우리 가족에서 은퇴까지), 8단계: 노년기 부부가족 (은퇴에서 두 부부의 죽음까지).

이렇듯 가족생활주기 이론은 남자와 여자가 결혼으로 새로운 가족을 이루고, 자녀를 출산하여 확대되며, 그 자녀들이 성장한 후 결혼을 통해서 자신들의 가족을 이루어 떠남으로 축소되어 결국은 부부가 사망함으로써 소멸되는 일련의 과정으로 가족을 본다. 따라서 가족을 "시간에 따라 변화하는 체계로서의 가족"[104]으로 보면서 세대간 반복되어 일어나는 연속이라는 측면에서 주기(cycle)라는 용어를 사용한다. 생활주기(life cycle)의 개념은 각 단계별로 독특한 가족의 일련의 행동 유형이 있다고 본다. 카터와 맥골드릭은 가족생활주기 관점에 대해서 다음과 같이 설명한다.

> 가족생활주기 관점은 증상(symptom)과 역기능(dysfunction)을 시간이 지난 후에 보이는 정상적인 기능과 연결해보며, 가족발달의 원동력을 되찾도록 돕는 것을 치료라고 본다. 또한 가족생활주기 관점은 과거의 가족생활, 수행하려는 과업, 그리고 가족이 지향하는 미래의 맥락에서 문제를 규정한다. 가족은 가족을 구성

> 하는 개인들의 단순한 집합 그 이상이다. 개인의 생활주기는 가족의 생활주기 안에서 발생하며, 가족이야말로 인간 발달의 가장 기본적인 환경이다. 그러므로 이러한 관점이 가족구성원들이 함께 생활하면서 겪는 정서적 문제를 이해하는데 핵심이 된다고 본다.[105]

이러한 가족발달주기 이론의 전제들을 볼스윅과 볼스윅[106]은 다음과 같이 설명한다:

> 발달적 관점은 여러 단계를 지나가는 전형적인 가족발달들을 볼 수 있게 한다. 가족은 정적이라기보다는 역동적이다. 각 단계 내에서 그 가족이 다음 단계로 진보하기 위해서 성취해야할 중요한 발달적 과업이 있다. 마찬가지로 각각의 가족 구성원이 특정한 단계에서 필요로 하는 발달 과업이 있다. 변화와 주저함의 정도가 이 단계에서 정상적인 반면에, 하나의 단위로서의 가족과 개인으로서의 가족 구성원들이 모두 각각의 과업들을 완수할 때 가족은 발달의 다음 단계로 옮겨갈 수 있다.

이러한 가족발달이론을 요약하면 다음과 같다: 1. 가족은 발달한다; 2. 가족의 발달 단계에 따라서 예측할 수 있는 긴장의 기간이 있다; 3. 가족은 역동적이기 때문에 단계마다 중요한 발달 과업이 있다; 4. 특수한 시기(결혼 초 역할)와 계속 되어져야 하는 발달 과업(예:대화)이 있다. 이러한 생활주기와 발달 이론적 관점을 가족에 적용한, 가장 널리 사용되고 있는 이론은 카터와 맥골드릭의 6단계 가족생활주기이다. 이들의 가족생활주기와 각 단계에 따른 가족발달 과업은 다음과 같다.[107]

가족생활주기 단계	전환의 정서적 과정: 주요 원리	발달을 위해 필요한 가족지위의 이차적 변화
1. 결혼 전기	자신에 대한 정서적, 재정적 책임을 수용	a. 원가족과의 관계로부터 분화 b. 친밀한 이성관계의 발달 c. 일과 재정적 독립 측면에서 자신을 확립
2. 결혼 적응기	새로운 체계에 대한 수임	a. 부부체계의 형성 b. 배우자가 포함되도록 확대 가족, 친구와의 관계 재정비
3. 자녀 아동기	새로운 가족성원을 수용	a. 부부 관계에 자녀를 위한 공간 만들기 b. 자녀 양육, 재정, 가사일에 공동참여 c. 부모, 조부모 역할이 포함되도록 확대 가족과의 관계 재정비
4. 자녀 청소년기	자녀의 독립과 조부모의 허약함을 고려하여 가족경계의 융통성을 증가	a. 청소년 자녀가 가족체계에서 출입이 자유롭도록 부모-자녀 관계를 변화 b. 중년기 부부의 결혼 및 진로 문제에 재초점 c. 노인세대를 돌보기 위한 준비시작
5. 자녀 독립기	가족성원의 증감을 수용	a. 부부 체계를 2인군 관계로 재조정 b. 성장한 자녀와 부모와의 관계를 성인 대 성인의 관계로 발전 c. 부모 또는 조부모의 무능력과 죽음에 대처
6. 노년기	역할 변화를 수용	a. 신체적 쇠퇴에 직면하면서 자신과 부부의 기능과 관심사를 유지 b. 연장자가 할 수 있는 일을 대신하지 않으면서 자신의 지혜와 경험이 활용될 수 있는 여지를 마련 c. 배우자, 형제, 친구의 죽음에 대처하면서 자신의 죽음을 대비하며 삶을 되돌아보고 통합

이러한 분류는 가족 구성원의 변화에 따른 가족의 정서적 전환과 가족 발달에 따른 발달 과업의 예들을 보여주고 있다. 예를 들면 다음 장에서 다룬 설문지에 응답한 30대 목회자 가정의 가족발달주기는 신혼기와 자녀 아동기 단계에 있고, 그들 부부의 발달 과업은 적응과 관계 형성으로 요약할 수 있다. 즉 남편과 아내로서의 새로운 역할에 적응하며 가사일의 정립, 가사 노동 분담, 성관계, 가정 경제, 예산 설정, 사회적 활동 계획, 부부의 전통 등을 세워가는 신혼기와 자녀가 태어나면서 어머니와 아버지의 새로운 역할에 적응과 자녀와의 관계 형성이 주요한 자녀 아동기를 지나가고 있음을 알 수 있다.

C. 가족생활주기와 임상적 문제

현재 한국에서 가족생활주기와 임상적 문제에 관한 연구는 정문자, 김연희의 "가족생활주기별 내담자의 문제와 가족치료기법 분석"[108]이라는 논문이 있다. 그들은 카터와 맥골드릭의 6단계 가족생활주기를 중심으로 한국에서 상담자들의 30 사례를 분석한 내용이다. 그들은 가족발달 단계에서 겪는 임상적 문제들에 어떻게 가족치료기법을 적용할 수 있는지를 다루고 있다. 비록 기법은 이 논문에서 다루지 않지만 그들이 분석한 자료를 통해 나타난 임상적 문제들을 부부 목회자의 가족발달단계에도 그대로 적용할 수 있다고 본다. 다음 장에서 살펴볼 설문지의 연구 대상 부부가 신혼기와 자녀 아동기 단계에 속해 있으므로 여기서는 카터와 맥골드릭의 제 2, 3 단계만 살펴보고자 한다. 우리나라에서 신혼기(결혼 적응기)와 자녀 아동기에 나타나는 임상적 문제들을 요약하면 다음과 같다.[109]

결혼 적응기의 문제를 살펴보면 우리나라는 외국과 비교했을 때, 시댁의 기대와 요구가 더 많은 것과 부부 각자의 원 가족과의 밀착, 또는 반목이 부부의 생활과 갈등에 크게 영향을 미치는 것으로 나타났다. 구체적인 예로 결혼 적응기에서 부모에 대한 양가 감정의 투사, 남편에 대한 시부모의 과잉 기대, 시누이의 과잉 역할에서 오는 문제 등이 있었다. 반면, 배우자간의 성격 차이에서 오는 마찰의 문제는 외국과 우리나라 사례에서 공통적으로 나타났다. 그러나 마찰이 되는 갈등의 원인과 내용, 그리고 상황에는 문화적 차이가 있을 것으로 예상된다.

자녀 아동기의 경우 우리나라에서는 부모인 부부의 원 가족과의 문제는 표면적으로 부각되지 않고 있으나 자녀에 대한 부모의 과잉 기대, 과잉 개입, 과잉보호 때문에 문제가 과열되는 것으로 나타났다. 이는 한국 부모가 자녀 교육에 더 열성적으로 관여하기 때문으로 생각된다. 그러나 자녀에게서 나타나는 문제의 대부분이 가족성원간의 의사소통 문제나 부부관계에서 야기되는 문제로 인한 경우라는 것은 공통적인 특징이라 할 수 있다.

즉 그들은 가족생활주기에 따라서 한국 가정이 겪는 독특한 임상적 문제들이 있고, 동시에 외국 가정과 비교해 볼 때 공통적으로 겪는 문제가 있음을 발견하였다. 이러한 특징들을 고려하면서 다음 장에서는 부부 관계를 중심으로 (부모나 가족 등 원 가족 문제는 설문 내용에 포함하지 않았음) 부부 목회자에 대한 기초 설문지를 통해서 분석을 해 보고자 한다. 한국 내 선행연구가 전혀 없고, 비교 집단(한사람만 목회자인 부부)에 대한 연구도 없기 때문에 일정한 가족생활주기(본 연구에서의 대상자는 신혼기와 자녀아동기 단계)를 지나가는 맞벌이 부부라는 측면과 부부가 모두 목회자라는 특수한 가정이라는 측면을 다루어 연구 분석을 통한 잠정적 결론을 도출할 것이다

II. 부부 목회자에 대한 기초설문지 결과

A. 연구 방법 및 대상

연구 방법은 부부 목회자가 기초설문지에 응답한 설문지 내용을 분석하는 것이다. 설문지는 부부 목회자의 가족생활주기 자료를 포함하는 인구 통계적(demographic) 질문들과 목회와 그들의 결혼생활의 질(quality)을 묻는 질문, 그리고 짧은 서술형 질문들로 구성되어 있다.

연구대상은 앞에서 정의한 부부 목회자 중에 최근 5년 이내에 신학대학원 또는 대학원 과정을 이수하거나 졸업한 부부로 하였다. 대한예수교 장로회(통합) 소속으로 부부가 모두 신학대학원(M.Div) 과정 이상을 졸업해서 현재 사역하고 있는 30대 부부 11쌍을 선정해서 설문지를 보냈고, 그 중 9쌍으로부터 응답을 받았다.

1. 인구 통계적 자료

응답자 중 남성은 1명이 26-30세이고, 6명이 31-35세이고, 2명이 36-40세였다. 2명이 안수를 받은 목사이고, 7명은 전도사이며 전임이 5명이고 파트타임이 4명이다. 여성 응답자는 26-30세가 3명, 31-35세가

3명, 36-40세가 3명이며, 안수 받은 목사가 1명이었고 8명은 전도사이며, 교회 사역에 있어서 전임 목회자가 1명, 전임기관 목회자가 1명, 파트타임이 6명, 교육전도사가 1명이었다.

교회 사택에 살고 있는 부부가 3쌍, 전세에 사는 부부가 6쌍이며 결혼 후 이사한 횟수가 6회, 5회, 1회가 각 1쌍씩, 2회가 2쌍, 그리고 한 번도 이사하지 않은 부부가 4쌍이 있었다. 자녀가 있는 부부 중에 아내가 주로 자녀를 돌보는 부부가 2쌍, 시부모가 자녀를 돌보는 부부가 1쌍, 부부가 교대로 돌보면서 부모들의 도움을 받는 부부와 유아원에 보내는 부부가 각각 1쌍이 있었다.

2. 경제적 상황

부부의 수입은 남편의 수입이 아내보다 많은 경우가 4쌍, 아내가 많은 경우가 4쌍, 그리고 1쌍은 수입이 같았다. 생활비가 부족한 경우에는 '부모나 가족의 도움' (1쌍), '아르바이트' (1쌍), '신용카드' (3쌍), '부족하지 않음' (1쌍), 무응답 등으로 나타났다.

현재 학업을 병행하고 있는 남성들 가운데는 학비를 충당하는 방법(해당되는 모든 문항에 답함)들에 대하여 '사례비를 통하여' (5명), '부모나 가족의 도움으로' (3명), '교내외 장학금 (교회 장학금 포함)' (2명), '학자금 융자로' (1명), 무응답 순으로 나타났다. 반면에 현재 학업을 병행하고 있는 여성들 가운데는 학비를 충당하는 방법(해당되는 모든 문항에 답함)들에 대하여 '부모나 가족의 도움으로' (3명), '사례비를 통하여' (2명), '교내외 장학금 (교회 장학금 포함)' (1명), '학자금 융자로' (1명), '집필을 통한 원고료로'(1명), 무응답 4명 순으로 나타났다.

B. 응답자에 대한 기술적 자료 (descriptive data)

1. 부부 목회자의 가정생활

결혼 형태는 9쌍 중 8쌍이 연애결혼이었고 절충 (중매 + 연애)은 1쌍이었다. 결혼 전 연애기간은 1년 미만이 5쌍, 1-2년 사이가 1쌍, 그리고 2-3년 사이가 2쌍, 3-4년 사이가 1쌍이었다. 결혼 연령은 남성의 경우 26-30세 사이가 6명, 31-35세 사이가 3명이었고, 여성의 경우는 21-25세가 1명. 26-30세가 5명, 31-35세가 3명이었다. 결혼 기간은 1-2년 사이가 3쌍, 2-3년 사이가 2쌍, 그리고 3-4년 사이가 2쌍, 그리고 8-9년 사이가 2쌍이었다. 현재 자녀의 수는 무자녀가 3쌍, 4쌍이 1명, 2쌍이 2명의 자녀를 두었다. 자녀가 없는 3쌍 중 2쌍은 1-2년 후에 자녀를 가질 예정이고, 무응답도 1쌍이 있었다. 가족계획은 5쌍이 2 자녀, 그리고 각 1명, 또는 3명이 1쌍씩 있었고, 1쌍은 각각 남편은 2명의 자녀를 아내는 3명의 자녀를 원했고, 1쌍은 무응답이었다. 또한 '목회 때문에 가족계획(피임)을 하신 적이 있습니까?'라는 질문에 남성 4명, 여성 5명이 없다고 했고, 남성은 2년이 2명, 각 1년, 2년, 3년 동안이 각 1명씩인 반면에 여성은 1년 2명, 2년 2명이었다.

결혼 전에 결혼생활에 대해 기대했던 것과 실제 결혼생활을 비교해 볼 때 결혼 생활이 어떠한가? 라는 질문에 남성/여성 응답자는 '기대에 다소 못 미침' (3명/1명), '기대했던 것보다 다소 좋음' (5명/7명), '기대했던 것보다 훨씬 좋음' (1명/1명)으로 나타났다. 또한 결혼을 결정하는데 배우자가 목회자 또는 목회자가 되려한다는 것을 고려했느냐는 질문에 남성/여성 응답자는 각각 '전혀 고려 안함' (0/1명), '거의 고려 안함' (0/1명), '보통' (3명/2명), '다소 고려함' (3명/0), '매우 고려함' (3명/5명)으로 응답했다.

부부가 모두 목회자라는 것이 좋은 부모, 좋은 배우자, 좋은 목회자, 좋은 인생의 반려자/친구, 좋은 성적 파트너(sexual partner), 좋은 동료(목회영역에서의 colleague)가 되는데 어떤 영향을 미치는가를 알아보기 위한 질문에 대해서 '다소 어려움을 준다'고 응답한 문항은 다음과 같다. 남성/여성 응답자들은 부부 모두가 목회자라는 것이 좋은 부모가 되는데 '다소 어려움을 준다' (3명/5명), 좋은 배우자가 되는데 '다소 어려움을 준다' (2명/0명), 좋은 목회자가 되는데 '다소 어려움을 준다' (1명/1명), 좋은 성적 파트너 (sexual partner)가 되는데 '다소 어려움을 준다' (0명/1명)로 응답했다. 그 외의 문항에는 '별 차이가 없다', '다소 쉽게 만든다', '매우 쉽게 만든다' 등으로 응답했다.

2. 부부 목회자의 사역

목회에 대한 전망으로 '현재 당신은 당신의 목회와 배우자의 목회에 대해서 어떻게 생각하며, 당신의 배우자는 어떻게 생각하고 있다고 추측합니까?'라는 질문에 남성 응답자 모두 자신이 '강력히 목회를 계속하기를 원함' (9명)이라고 했고, 아내가 '강력히 목회를 계속하기를 원함'이 3명, '그만 두기를 바라지만 목회하는 것을 더 원함'이 3명, '목회하는 것을 바라지만 그만 두는 것을 더 원함'이 1명으로 나타났다. 여성 응답자는 자신이 '강력히 목회를 계속하기를 원함' (3명)이라고 했고, 남편이 '강력히 목회를 계속하기를 원함'이 9명, '그만 두기를 바라지만 목회하는 것을 더 원함'이 1명, '목회하는 것을 바라지만 그만 두는 것을 더 원함'이 1명으로 나타났다.

'부부 목회자로서 사역하는데 힘든 순서를 정한다면?' (가장 힘든 일을 1부터 시작하십시오.)라는 질문에 남성 응답자들은 재정문제 (2명이 1순위, 2순위, 3순위 각 1명), 자녀양육(부모역할) (1순위 4명, 2순위 1명, 3순위 1명), 자녀 출산 (2순위 1명, 3순위 1명), 부부 역할 (2순위 3명, 3순위 1명), 사역갈등 (3순위 2명), 부부관계 (1순위 2명, 3순위 각 1명), 자녀역할 (1순위, 2순위 각 1명), 주거결정 (2순위 2명), 진학(공부) (2순위 1명, 3순위 2명) 등으로 나타났다. 반면 여성 응답자들은 재정문제 (1순위 1명, 2순위 1명, 3순위 3명), 자녀양육(부모역할) (1순위 3명, 2순위 2명), 자녀 출산 (2순위 1명, 3순위 2명), 부부 역할 (1순위 2명, 2순위 2명, 3순위 2명), 사역갈등 (1순위 1명, 2순위 2명, 3순위 1명), 부부관계 (1순위 1명, 3순위 1명), 자녀역할 (1순위 1명), 주거결정 (없음), 진학(공부) (2순위 1명) 등으로 나타났다.

서술형 질문을 통해서 얻은 남성의 응답은 다음과 같다. '부부목회자로서 가장 어려운 점은 무엇입니까?' 라는 질문에 '아내의 사역범위', '임지를 결정하는데 있어서의 어려움', '행사기간이 같거나 비슷한 경우 목회계획을 축소조정 혹은 변경해야 할 때가 있다', '가사 일을 분담하므로 개인적인 연구시간이 줄어든다', '부모를 모시는 것에 대하여 갈등하는 것과 가정(가족)사에 참여하는 것에 어려움이 있다', '사회적인 요구와 편견에 대한 남편과 아내의 관점이 다름'등을 기술했고, 응답자의 4명이 자녀 양육이 어렵다고 응답했다. 왜냐하면 그들은 어린이집에 위탁하거나 주일이 되면 아이를 맡길 곳에 대한 부담감 때문이라고 토로했다. 또한 2명은 '(함께 신학교를 다닐 때의) 경제적 어려움'을 지적했다. 여성의 경우에는 6명이 '자녀 양육의 문제'를 지적하면서 특별히 교회 행사가 겹칠 때 자녀를 돌봐야 하는 것이 어렵다고 했고, '남성 목회자 중심의 목회생활로 사모의 역할을 강요하는 점'의 어려움을 3명이, '가사 분담'의 어려움을 2명이 기술했으며 1명은 '경제적 어려움' 을 지적하기도 했다.

반면에 '부부가 함께 사역에 동참하면서 장점이 있다면 어떤 것입니까?'라는 서술형 질문에 남성 목회자들은 '목회 노하우(know-how)를 공유할 수 있어 목회하는데 도움을 준다' (3명), '사역을 나눔으로써 서로에게 유익을 주거나 협력하게 되어 좋다' (3명), '서로의 목회사역에 보다 전문적인 식견을 가지고 조언할 수 있다' (2명), '부부관계에 있어서 서로를 좀 더 깊이 이해할 수 있다' (2명), '설교에 도움을 준다. 사역에 있어 조언의 역할(monitor)을 한다', '신학적인 궁금증을 서로 토론하면서 해결할 수 있다', '부부의 타임스케줄이 비슷하다' 등으로 대답했다. 여성 목회자의 경우 7명이 '목회에 있어 조언하고 지식을 공유할 수 있다는 점'을 지적했고, 4명은 '서로 이해할 수 있다'고 장점을 들었다. 또한 2명이 '목회에 대한 자료 수집'이라고 답했고, 그 외 '설교 모니터' '개 교회에 대한 장점을 공유하고 교역자들과 서로 교제할 수 있는 점', '서로의 발전(성장)에 힘이 되어줄 수 있다' 등으로 기술했다.

'부부가 함께 사역하면서 단점이 있다면 어떤 것입니까?' 라는 질문에 남성들은 '가사 일을 분담하여 개인적인 연구시간이 줄어드는 점', '서로의 시간 맞추기가 어렵다. 왜냐하면 사역이 끝난 후 동시에 휴식이 필요하기 때문이다', '가족과 함께 시간을 보내기 어렵다', '각자 다른 교회에서 사역하므로 함께 교회에 갈 수 있는 기회가 없다', '한국적 문화 양태로 인하여 장기적으로는 부담이 될 수 있다는 점', '교우들과 주위 분들의 남성 중심적인 판단과 선입견(무조건 남자가 먼저 해야 되고 아내는 사모하면 되지 않느냐는 무언의 압박 등)', 그리고 '여성목회에 대한 현실적 여건이 너무 열악하다' 는 것 등을 지적했다. 여성들은 '남편의 의견이 주가 되고 부인의 경우는 보조적 역할에 그치는 것, 즉 남편의 목회를 돕는 봉사자의 역할이 요구된다는 점', '아내가 책임져야 한다는 것이 당연시되어지는 가사, 육아 등의 문제에서 오는 스트레스를 아내 혼자서 거의 감당하게 되는 점', '남편과 같은 교회에서 전임을 하고 있는데 교인들이 여성 목회자를 사역자가 아닌 사모로 이해한다', '행사가 겹칠 때 자녀를 돌보는 문제가 가장 어렵다', '사역지 결정의 어려움' 등을 지적했다. 그 외 3명이 '시간사용의 문제', 즉 가사일과 교회 사역의 바쁜 생활을 해야 한다는 것과 '자신이 사역에도 충실해야 하고 남편 뒷바라지도 해야 한다', '남편에게 적극적인 조력을 할 수 없다' 등을 단점으로 지적했다. 또한 '지금까지는 단점이 없었으나 앞으로 혹시 부부 사역을 꺼리는 교회를 만날까봐 조금 염려된다'고 응답한 사람도 있었다.

'청빙 시 배우자도 목회자라는 것이 어떤 영향을 미쳤습니까?' 라는 서술형 질문에 남성들은 '좋은 이미지를 가지게 되었다'가 3명, '아주 불리하게 작용한다'가 1명, '(파트타임이라)아직은 영향을 받지 않았다'가 4명이었다. 반면에 여성 중 4명은 '아직 파트타임이라 영향을 받지 않았다'고 했고, 2명이 '좋은 영향을 미친다'고 했고, '불리한 작용', '장기적으로 목회할 사람이라고 보지 않기 때문에 부담을 느끼고 있다', 그리고 '잘 모르겠지만 도움이 된 것 같지는 않다' 로 각각 응답을 했다.

'남편/아내의 사역을 위해서 자신의 사역을 그만두어야 한다면 어떻게 하시겠습니까?'라는 서술 질문에 남편들은 '아내의 사역 때문에 내 사역을 수정할 수는 있으나 포기할 수는 없다'는 남성이 4명이었다:

‘아내의 사역 때문에 내 사역을 수정할 수는 있으나 포기할 수는 없다’, ‘각자의 사역을 위해 최대한 배려, 조정해 가겠지만 절대로 그만둘 수는 없다’, ‘남편의 사역이 우선된다고 생각한다 (아내도 남편의 사역을 따라야 한다고 생각하고 있다)’, ‘나의 사역과 비전(vision)에 동참하도록 할 것이고, 부득이하게 그만두어야 한다면 역시 아내가 그만두도록 할 것이다.’ 나머지 사람들은 ‘끝까지 같이 할 수 있는 사역이었으면 한다’, ‘그만 둘 용의는 있지만 가능한 한 함께 사역을 할 수 있도록 배려해주는 교회가 나올 때까지 기다린다’, ‘함께 할 수 있는 사역을 찾아 본다’, ‘상대방의 사역을 방해하는 사역지에 가려는 사람이 포기하여야 한다’고 응답했다.

한편 여성의 경우에는 4명이 ‘그만 두겠다’고 응답했는데 그 이유는 남편의 사역을 우선순위로 두기 때문이라고 했다. 그 외에 ‘조정할 수 있는 만큼은 노력하고, 안될 경우 둘이 분담하는 차원에서 해결하겠다’, ‘그런 상황이 올 리 없다’, ‘현재의 사역을 당분간 접을 수도 있다. 그러나 비전이나 소망까지 포기하지는 않을 것이다. 계속적으로 이와 관련된 일들을 찾아서 할 것이다’, ‘아직 결론은 내리지 못했다. 나 자신의 사역에 대해 마음을 비워야 한다는 생각은 있지만 하나님으로부터 받은 소명을 버린다는 것을 있을 수 없는 일이라 여겨진다’, ‘상대방의 사역을 방해하는 사역지라면 갈 필요가 없다’ 고 응답했다.

‘앞으로 10년 후 부부 목회자의 사역은 어떻게 될 것인가?’라는 질문에 남성들은 전임사역 7명, 선교사 2명으로 모두 전임 사역에 있을 것이라고 응답했다. 반면 여성들은 전임사역 1명, 진학/공부/교수 2명, 선교사 2명, 특수(기관) 목회 3명, 가정 사역 1명, 그리고 파트타임이나 가사 1명으로 답했다. 또한 서술형을 통해서 얻은 결과는 ‘남편은 단독 목회, 아내는 특수목회' '자신의 목회 영역에서 전문성을 가지고 목회해 갈 것이다' (2명), '다 같이 목사로 혹은 선교사로 헌신하고 있을 것이다', '아내의 목회철학을 존중해서 아내가 하고자하는 방향대로 협조하겠으나, 아내의 사역은 나의 목회를 돕는 차원에 그치고 가사 일에 전념하게 될 것이다', '동역하거나 아내는 나의 조력자가 될 것이다', ' 남편은 전임사역자로 남을 것이고 아내는 중단할 것으로 생각한다', '남편은 전임목회자, 아내는 특수기관 목회자' 등으로 서술했다.

여성 목회자의 경우 10년 후의 변화에 대해 '남편은 전문적인 목회자가 되어있겠고 본인은 전공을 살려 다른 일을 찾아 보겠다', '각자의 달란트에 따라 각자의 영역에서 전문가가 되어있을 것이다', '선교지에서 서로 역량을 다하는 목회자가 되어 있을 것이다', '같은 교회에서 사역하고 싶지만 가능할 것 같지 않다. 남편은 교회에서 본인은 기관에서 사역하게 될 것 같다', '남편은 전임 사역지나 담임목회를 할 것이고 본인은 돕는 자로서 파트타임 목회를 담당하고 싶다', '남편의 목회를 도와주는 역할을 할 것 같다', '배우자는 전적으로 목회에 헌신할 것이고 본인은 진학(공부)이나 특수기관목회를 하고 있을 것이다', '더욱 재미있게 효과적으로 변할 것이다', '모르겠다' 등으로 요약된다.

3. 부부 목회자의 사역과 부부 역할

부부 각각의 사역과 부부 생활과 역할에 대한 것을 알아보기 위해서 13문항을 질문하였다: 1. 부부 모두가 서로에게 헌신하며, 누가 어떤 목회를 하든지 서로를 지원한다; 2. 부부 사이에 경쟁은 최소화되고 있다; 3. 부부는 각각의 흥미, 일정, 가능한 에너지(available energy)에 따라 매

일의 가사일을 공유한다; 4. 부부 모두는 자신의 목회가 상대방의 목회보다 더 중요하다고 여길 수 있다는 것을 인정하면서 이것이 균형을 유지하도록 서로에 대한 기대와 가치를 조정하려고 노력한다; 5. 아이가 태어난 후 자녀를 적절히 돌보고 있다 (부모만 작성); 6. 부부는 그들의 목회/사역 이전에 서로에게 헌신한다; 7. 부부는 각각의 수입이나 지위에 대해서 충분히 인정하며, 배우자의 목회적 역량을 무시하지 않는다; 8. 부부는 그들이 적어도 그들 자신의 목회 일정을 부분적으로 조절하도록 허용되는 사역위치에 있다; 9. 부부는 어느 정도 개인적 시간, 부부 시간, 가족 시간 등을 매주 또는 규칙적으로 일정 조정하는데 서로 동의할 수 있도록 계획한다; 10. 부부 모두는 자기의 목회능력을 증명하려는 욕구나, 배우자를 지배하려는 무의식적 욕구, 그리고 배우자를 일에 빼앗기거나 또는 직장 동료와 로맨틱한 관계에 빠질지도 모른다는 두려움으로부터 비교적 자유롭다; 11. 부부는 그들 자신과 서로를 위해서 사역의 성공에 대한 기준에 동의한다; 12. 부부는 승진, 사역과 연관된 이사, 부부 각각의 수입을 사용하거나 이와 연관된 문제들에 대해 결정할 수 있는 적절한 방법을 가지고 있다; 13. 부부는 각각 사역과 연관된 사회적 기능이나 배우자의 사역을 어느 정도 돕기 위한 활동에 얼마나 관여해야할지를 동의한다. 이러한 질문들에 대해서 '전혀 그렇지 않다'(1), '거의 그렇지 않다'(2), '보통'(3), '다소 그렇다'(4), '항상 그렇다'(5)로 표시하게 한 결과는 '부부는 그들이 적어도 그들 자신의 목회 일정을 부분적으로 조절하도록 허용되는 사역위치에 있다'는 8번 문항에 한 남성만이 '전혀 그렇지 않다'고 대답한 것을 제외하고는 모든 문항에 '보통' 이상이라고 답했다.

반면에 여성 중에는 2명이 3번 문항(부부는 각각의 홍미, 일정, 가능한 에너지(available energy)에 따라 매일의 가사 일을 공유한다)에 '거의 그렇지 않다', 8번 문항(부부는 그들이 적어도 그들 자신의 목회 일정을 부분적으로 조절하도록 허용되는 사역위치에 있다)에 각각 1명씩 '전혀 그렇지 않다', '거의 그렇지 않다' 로 응답했고, 9번 문항(부부는 어느 정도 개인적 시간, 부부 시간, 가족 시간 등을 매주 또는 규칙적으로 일정 조정하는데 서로 동의할 수 있도록 계획한다)에 2명이 '거의 그렇지 않다'고 답했다.

D. 연구 결과 분석과 잠정적 결론(가설)

부부 목회자의 연구 집단은 가족생활주기로 보면 신혼기 부부와 학령기전 자녀를 둔 30대 부부로 결혼 9년 미만으로 구성되어있다. 설문지에 응답한 30대 부부 목회자 가정의 가족발달주기는 신혼기와 자녀 아동기 단계이며, 그들 부부의 발달 과업은 적응과 관계 형성이다. 따라서 발달 과업들은 신혼기로서 남편과 아내로서의 새로운 역할에 적응하며 가사일의 정립, 가사 노동 분담, 성관계, 가정 경제, 예산 설정, 사회적 활동 계획, 부부의 전통을 세우는 것 등과 자녀 아동기로서 자녀 출산으로 어머니와 아버지의 새로운 역할에 적응과 자녀와의 관계 형성이 요구되는 시기이다. 비록 통계적으로는 유의미한 표본이 아니지만 그들의 응답에 기초한 연구의 분석을 통해서 부부 목회자에 대한 잠정적 결론을 도출해 보면 다음과 같다.

1. 결론 1: 부부 목회자는 일반(맞벌이) 부부와 마찬가지로 그들의 생활주기에 맞는 발달과업과 일정한 과정을 동일하게 통과할 것이다

일반 맞벌이 부부에 대한 연구에서 보통 맞벌이(Dual career)라는 용어를 사용할 때 그것은 직업(jobs), 직책(positions) 그리고 보수가 있는 일(paid work)을 포함한다. 서울 시내 아파트에 사는 맞벌이 부부 615쌍을 조사한 연구[110]에서 남편은 육아문제로, 부인은 가사 때문에 가장 큰 스트레스를 받는 것으로 나타났고, 남편들은 '집안이 정돈되어 있지 않다' (16.9%), '집안일이 제대로 안된다' (13.0%)는 것으로 불만을 나타냈다. 역할이란 측면에서 보면 이러한 부부 중에 유아가 있는 가족은 부모기로서 전환되면서 "현대적인 맞벌이 부부도 이 시기에는 전통적인 역할분담으로 돌아가는 경향"[111]이 있다. 즉 역할의 재조정이 일어난다는 것이다. 부부 목회자는 아내의 사역범위(아내의 역할), 배우자 사역 때문에 임지 결정의 어려움, 비슷한 목회계획으로 다른 사역의 장애, 가사일 분담으로 연구 시간이 줄어드는 것, 자녀 양육의 어려움, 경제적 어려움(함께 공부할 때) 등을 어려움으로 지적했는데 이것은 부부가 서로 조절해야하는 역할 적응과 밀접하게 연관되어 있다. 따라서 가족생활주기 형태가 변화하면서 가장 중요한 것이 가정 내에서 변화하는 남, 녀의 성역할이다. 이러한 성역할 재조정 과정에서 겪게되는 잠정적 결론 2-5 는 결론 1에서 자연스럽게 유추할 수 있다.

2. 결론 2: 부부 목회자는 가사노동 분담에서 갈등을 겪게 될 것이다

여성의 목회 참여는 남성의 가사 노동 참여를 요구하지만 위에서 지적한 대로 부모기로 가면서 다시 여성의 전통적 역할로 돌아가게 된다는 것은 가사노동 분담의 갈등을 유발하게 된다. 학자들은 비록 "가사노동과 자녀 양육에 더 많이 개입하는 남성들도 있는 반면, 많은 여성들의 임금노동의 참여가 남성의 가족노동에서의 유의미한 변화를 유도하지는 못하였다"[112]고 지적한다. 우리나라 맞벌이 부부 가사노동 시간을 조사한 결과 (2014년 10월 기준) 여성은 하루 평균 3시간 14분으로 남성(40분)보다 5배 가까이 길었다. 또한 우리나라 남성의 가사노동시간은 경제협력개발기구(OECD) 회원국 중 가장 적은 것으로 나타났다.[113] 이것은 여성에게는 가사일은 그대로 있고, 일(목회)로 부과된 역할을 계속하는 데서 과중한 압박을 받게 됨을 보여준다. 아리 호쉬차일드 (Arlie Hochschild)는 "집밖에서 일하는 여성은 가사 일을 여전히 더 해야 하고 자녀 돌봄에 더 많은 책임을 져야한다"고 말한다.[114] 이러한 결과는 설문지의 다음과 같은 문항 결과에서도 드러난다. 여성 목회자 중 2명이 '부부는 각각의 흥미, 일정, 가능한 에너지(available energy)에 따라 매일의 가사 일을 공유한다'에 '거의 그렇지 않다'고 응답했다. 또한 '부부는 그들이 적어도 그들 자신의 목회 일정을 부분적으로 조절하도록 허용되는 사역위치에 있다'에 각각 1명씩 '전혀 그렇지 않다', '거의 그렇지 않다' 로 응답했고, '부부는 어느 정도 개인적 시간, 부부 시간, 가족 시간 등을 매주 또는 규칙적으로 일정을 조정하는데 서로 동의할 수 있도록 계획한다'에 2명이 '거의 그렇지 않다'고 답한 것에서 가사 분담과 부부 시간 조정에 갈등을 겪는 것을 볼 수 있다. 한 남성은 부부 목회자로서 어려운 점을 "가사 일을 분담하므로 개인적인 연구시간이 줄어든다"고 응답한 것에서 가사 분담 문제를 볼 수 있다.

3. 결론 3: 부부 목회자는 부모 역할에 대한 기대에서 갈등을 겪게 될 것이다

자녀가 있는 부부 목회자 중에 아내가 주로 자녀를 돌보는 부부가 2쌍, 시부모가 자녀를 돌보는 부부 1쌍, 부부가 교대로 돌보면서 부모들의 도움을 받는 부부와 유아원에 보내는 부부가 각각 1쌍으로 나타났다. 이것은 아내가 일단 주된 양육자의 역할을 하는 것으로 보인다. 질문지에 대한 남성/여성 응답자들은 부부 모두가 목회자라는 것이 좋은 부모가 되는데 '다소 어려움을 준다' (3명/5명)고 응답했고, 부부 목회자의 어려운 점을 쓰라는 서술형 질문에 대해 어렸을 때부터 어린이 집에 아이들을 위탁하고, 부부가 각각 다른 목회지에서 사역하다보니 주일에 아이를 맡길 곳에 대한 부담이 있다면서 "자녀 양육의 어려움"을 4명이 호소하였다. 이것은 부부 목회자는 목회를 병행하면서 부모 역할을 감당하는 것이 어렵다는 것을 의미한다. 따라서 아내는 남편의 적극적인 부모 역할을 기대할 것이고, 이것은 부부 목회자가 부모 역할에 대한 갈등이 나타날 것임을 예측할 수 있다.

4. 결론 4: 부부 목회자의 경제적 어려움은 부부 관계에 악영향을 미칠 것이다

부부 목회자의 생활비(수입)이 부족할 때 '부모나 가족의 도움' (1쌍), '아르바이트' (1쌍), '신용카드' (3쌍)로 응답했고, 학업을 병행하고 있는 남성들 가운데는 학비를 충당하는 방법(해당되는 모든 문항에 답함)들에 대하여 '사례비를 통하여' (5명), '부모나 가족의 도움으로' (3명), '교내외 장학금 (교회 장학금 포함)' (2명), '학자금 융자로' (1명) 순이었다. 반면에 현재 학업을 병행하고 있는 여성들 가운데는 학비를 충당하는 방법(해당되는 모든 문항에 답함)들에 대하여 '부모나 가족의 도움으로' (3명), '사례비를 통하여' (2명), '교내외 장학금 (교회 장학금 포함)' (1명), '학자금 융자로' (1명), '집필을 통한 원고료로' (1명), 무응답 4명 순으로 응답했다. 이들 부부의 재정 수입은 정기적인 수입(사례비) 보다는 부모 및 가족 도움, 장학금, 융자, 집필원고료, 아르바이트, 심지어는 신용카드 등 비정기적이고 불안정한 수입에 의존한다. 이러한 가정 수입의 불안정성은 부부 목회자의 경제적 어려움을 가중시킬 것이다.

5. 결론 5: 부부 목회자의 역할 조정 과정에서 여성이 더 어려움을 겪게 될 것이다

부부 목회자의 역할 조정 과정에서 여성이 더 어려움을 겪을 것이라는 점은 쉽게 예측할 수 있다. 카터와 골드릭은 "부모기로서의 전환은 대체로 결혼 만족도를 감소시키고, 맞벌이 부부에게조차 전통적인 성역할을 하며, 여성에게는 자존감을 저하시킨다. 이러한 경향은 부모가 되기 전에 평등하게 역할 분배를 하던 부부에게도 나타난다"[115]고 지적한다. 과거에는 여성의 정체감은 가족 내에서 엄마와 아내로서 기능하는 것에 의해 결정되었으나 이제는 경력 여성(career women)으로서 역할도 전문성 있게 하기를 원한다. 그러나 여전히 전통적 성역할이 요구되고, 전통적으로 여성 정체감을 얻게 해 준 자녀들 양육과 그들에 대한 영향력을 잃어가면서 정체감의 문제를 겪을 수밖에 없다. 설문지에 대한 여성 응답자들은 부부 모두가 목회자라는 것이 좋은 부모가 되는데 '다소 어려움을 준다'에 5명이 표시를 해서 남성 3명에 비해 어려움을 더 많이 느끼는 것으로 나타났다. 전통적 가사 역할을 하면서 자존감이 저하되며 동시에 자녀들에 대한 전통적 역할을 하지 못하면서 죄책감과 무력감을 느낄 가능성이 높다. 반면에 2명의 남성은 목회가 좋은 배우자가 되는데 '다소 어려움을 준다'고 응답했다. 이것은 남자 목회자들은 좋은 배우자가 되기 위해 성역할의 변화를 원할 때도 목회가 어려움을 줄 수 있다는 것이다. 결국 카터와 맥골드릭은 이렇게 설명한다: "그러나 문제는 여전히 가계 운영 및 자녀 양육의 주요 책임을 아내들이 지고 있고 그러다보니 불안과 긴장과 탈진이 생길 수 있다. 보다 나은 자녀 양육에 대한 욕심과 그것을 방해하는 직장의 요구 사이에서 괴로움을 느낀다고 답한 사람이 83%이다."[116] 이것은 부부 목회자에게 있어서 결국 여성에게 임상적 문제가 더 많이 일어날 수 있음을 보여준다.

가족생활주기와 연결된 잠정적 결론들 외에도 부부 목회자이기 때문에 겪게 될 장애 측면에서 다음과 같은 잠정적 결론(6-9)들을 추론할 수 있다.

6. 결론 6: 부부 목회자는 목회자 부부(부부 중 한사람만 목회자) 보다 더 많은 실제적인 문제에 직면할 것이다

이러한 결론은 전통적 부부 구조(남편은 밖에서 일하고, 아내는 주부로서 가사 일을 전담함)가 맞벌이 부부보다 더 안정적인 구조라는 뜻이 아니다. 부부가 모두 목회자라는, 맞벌이 부부와 구별되는, 목회라는 특수한 일터라는 측면에서 살펴본 것이다. 예를 들면 평신도 1,000명에게 던진 "목회자의 아내가 교회 일에 참여해야 한다고 생각하십니까?" 라는 질문 에 대한 대답으로 "적극적으로 참여해야 한다"(14.5%), "교인으로서 참여해야 한다"(48.3%), "가급적 나서지 않는다"(24.3%), "뒤에서 기도만 한다"(6.7%)로 나타났다. 또한 신학생 1000명에게 "목회자의 아내가 교회 일에 참여해야 한다고 생각하십니까?" 라고 질문한 것에 대한 대답으로 "적극적으로 참여해야 한다"(21.6%), "교인으로서 참여해야 한다"(43.2%), "가급적 나서지 않는다"(14.3%), "뒤에서 기도만 한다"(10.5%)로 응답했다.[117] 이러한 결과는 물론 남성 목회자를 가정하고 물은 질문이지만 여기에서 알 수 있는 것은 목사의 아내이며 동시에 목회자로서 여성이 같은 교회에서 사역하는 것이 쉽지 않을 뿐 아니라 동시에 부부가 각각 사례비를 받는다는 것은 교회 정서상 힘들게 보인다. 게다가 신학생들이 목회자 아내가 교회 일(사역은 말할 것도 없고)에 참여하는 것에 대해 평신도들 보다 훨씬 더 보수적(?)이라는 것을 알 수 있다. 이러한 면을 고려해 볼 때 부부 목회자들이 더 많은 문제를 겪을 수 있는 것으로 보인다.

설문 결과에서 살펴보았듯이 '부부 목회자로서 사역하는데 힘든 순서를 정한다면?' (가장 힘든 일을 1부터 시작하십시오.)라는 질문에 남성 응답자들은 재정문제 (2명이 1순위, 2순위, 3순위 각 1명), 자녀양육(부모역할) (1순위 4명, 2순위 1명, 3 순위 1명), 자녀 출산 (2순위 1명, 3순위 1명), 부부 역할 (2순위 3명, 3순위 1명), 사역갈등 (3순위 2명), 부부관계 (1순위 2명, 3순위 각 1명), 자녀역할 (1순위, 2순위 각 1명), 주거결정 (2순위 2명), 진학(공부) (2순위 1명, 3순위 2명) 등으로 나타났다. 반면 여성 응답자들은 재정문제 (1순위 1명, 2순위 1명, 3순위 3명), 자녀양육(부모역할) (1순위 3명, 2순위 2명), 자녀 출산 (2순위 1명, 3순위 2명), 부부 역할 (1순위 2명, 2순위 2명, 3순위 2명), 사역갈등 (1순위 1명, 2순위 2명, 3순위 1명), 부부관계 (1순위 1명, 3순위 1명), 자녀역할 (1순위 1명), 주거결정 (없음), 진학(공부) (2순위 1명) 등으로 나타났다.

이것은 위에서 지적했던 재정문제, 자녀양육과 부모역할, 자녀출산, 부부역할, 사역갈등 등에서 문제를 겪을 가능성이 높음을 시사하는 것이다.

7. 결론 7: 부부 목회자는 부부간에 (목회) 경쟁으로 문제를 겪게 될 것이다

일반적으로 사람에게 있어서 일은 자기 정체성을 파악하는데 가장 중심적 요인이며, 사람은 자신의 일을 하면서 자기 존중의 개인적 감정을 얻게 된다. 따라서 사람은 자신이 선택한 일의 영역에서 탁월함과 높은 성취를 하기 위해 노력한다. 이것은 목회에 있어서도 마찬가지이다. 또한 부부 목회자에게 있어서도 똑같이 적용할 수 있다. 부부가 모두 목회하는 것이 좋은 목회자가 되는데 '다소 어려움을 준다'고 응답한 사람은 남녀 각각 1명이었다. 비록 남, 여 한 사람씩이었지만 목회영역에서 자신들이 원하는 전문성을 증명하는데 어려움을 줄 수 있음을 시사하는 것이다.

8. 결론 8: 부부 목회자는 자신의 목회 소명에 대한 확신을 부부 모두 갖고 있지만 결국 두 사람 중 한 사람이 목회를 포기해야 한다면 아내가 될 것이다

'남편/아내의 사역을 위해서 자신의 사역을 그만두어야 한다면 어떻게 하시겠습니까?'라는 서술 질문에 남편들은 '아내의 사역 때문에 내 사역을 수정할 수는 있으나 포기할 수는 없다'는 남성이 4명이었다.

나머지 사람들은 '끝까지 같이 할 수 있는 사역이었으면 한다', '그만 둘 용의는 있지만 가능한 한 함께 사역을 할 수 있도록 배려해주는 교회가 나올 때까지 기다린다', '함께 할 수 있는 사역을 찾아본다', '상대방의 사역을 방해하는 사역지에 가려는 사람이 포기하여야 한다'고 응답했다. 반면 여성의 경우에는 4명이 '그만 두겠다'고 응답했는데 그 이유는 남편의 사역을 우선순위로 두기 때문이라고 했다. 그 외에 '조정할 수 있는 만큼은 노력하고, 안될 경우 둘이 분담하는 차원에서 해결하겠다', '그런 상황이 올 리 없다', '현재의 사역을 당분간 접을 수도 있다. 그러나 비전이나 소망까지 포기하지는 않을 것이다. 계속적으로 이와 관련된 일들을 찾아서 할 것이다', '아직 결론은 내리지 못했다. 나 자신의 사역에 대해 마음을 비워야 한다는 생각은 있지만 하나님으로부터 받은 소명을 버린다는 것을 있을 수 없는 일이라 여겨진다', '상대방의 사역을 방해하는 사역지라면 갈 필요가 없다' 고 응답했다.

이러한 결과는 남자나 여자 모두 50% (8명중 4명)가 여성이 목회를 그만두어야 한다고 생각하고, 함께 사역할 수 없다면 결국은 아내가 포기해야 하지 않느냐는 암묵적 이해를 갖고 있는 것처럼 보인다. 따라서 부부 목회자 둘 중에 한 사람이 목회를 포기해야 한다면 사역의 부르심이나 능력과 상관없이 여성 목회자가 포기해야 할 가능성이 높다는 것을 예측할 수 있다. 이러한 점은 미국에서도 마찬가지이다. 마가렛 아우에(Margaret Howe)는 다음과 같이 설명한다.[118]

> 목회자 남편을 둔 여성들은 아마 목회 자리를 구하기가 훨씬 쉬울 것이다. 물론 이런 상황에서는 개인의 특별한 문제들이 나타나긴 한다. "우리 교구 교회가 진보적이고 편견이 없도록 제도적

으로 개편되었지만, 만약 내가 나와 같이 안수 받은 남편이 없었다면, 그들은 나를 여 목사로 쓰지 않으려 했을 것이다." 부부가 같은 지역에서 시무하고자 자리를 찾기는 매우 어렵다. 때때로 부부가 같은 교회에 시무하기도 한다. 만일 교회가 충분히 크다면 두 사람은 다 전업제로 일할 수 있다. 그렇지 않으면, 각각 부분 고용(Part-time)으로 시무한다. 남편과 아내가 똑같이 자녀 양육을 해야하는 가정에서는 부분 고용(Part-time) 시무가 오히려 매우 만족스럽다는 보고도 있었다.

결국 이러한 설명은 여성 혼자 목회자로 사역하기에는 미국이나 한국이나 제약이 있고, 할 수 있다면 여성이 파트타임 목회를 유지하면서 자녀양육을 병행하는 것이 만족도가 높아질 것임을 제안하는 것이다. 그러나 목회냐 가정이냐를 부부 중에 한 사람이 양자택일을 해야 할 상황에 놓인다면 대부분은 여성이 포기하게 될 것임을 알 수 있다. 왜냐하면 여전히 자녀양육이라는 부모의 역할 책임이 주로 엄마이며 아내인 여성에게 부과되기 때문이다.

이러한 결과는 부부 목회의 미래를 살펴보기 위해서 '앞으로 10년 후 부부 목회자의 사역은 어떻게 될 것인가?'라는 질문에 대한 응답에서도 나타난다. 남성들은 전임사역 6명, 선교사 2명으로 모두 전임 사역에 있을 것이라고 응답한 반면에 여성들은 전임사역 1명, 진학/공부/교수 1명, 선교사 2명, 특수(기관) 목회 3명, 가정사역 1명, 그리고 파트타임이나 가사 1명으로 답했다. 또한 여성 목회자의 경우 10년 후의 변화에 대해 '남편은 전문적인 목회자가 되어있겠고 본인은 전공을 살려 다른 일을 찾아보겠다', '남편은 전임사역자나 담임목회를 할 것이고 아내 자신은 돕는 자로서 파트타임 목회를 담당하고 싶다', '남편의 목회를 도와주는 역할을 할 것 같다' 등으로 응답했다. 결국 남성의 목회로 인해 여성이 계속적인 전임사역이나 역할을 감당하는데는 제한이 있음을 보여준다.

9. 결론 9: 목회가 부부 목회자의 결혼 및 가족 관계에 부정적 영향을 미칠 것이다

'결혼 전에 결혼생활에 대해 기대했던 것과 실제 결혼생활을 비교해 볼 때 결혼 생활이 어떠한가?'라는 질문에 기대했던 것 보다 더 낫다고 응답한 사람이 더 많았다. 반면에 남, 녀 응답자 중 '기대에 다소 못 미친다'고 응답한 사람이 남 3명, 여 1명이었다. 이것은 목회가 그들 부부 관계나 가족관계를 어렵게 만들었다기보다는 적응 과정에서 겪는 어려움으로 보인다. 그럼에도 부부 목회는 부부 관계에 부정적 영향을 미칠 가능성이 있다.

'부부가 함께 사역하면서 단점이 있다면 어떤 것입니까?' 라는 질문에 남성들은 '가사 일 분담 불평과 휴식할 수 없음', '시간을 함께 공유하기 어려움', 그리고 '아내 사역에 대한 교회나 교우들의 편견'을 주로 지적했다. 여성들은 '남편의 의견이 주가 되고 부인의 경우는 보조적 역할에 그치는 것, 즉 남편의 목회를 돕는 봉사자의 역할이 요구된다는 점', '아내가 책임져야 한다는 것이 당연시되어지는 가사, 육아 등의 문제에서 오는 스트레스를 아내 혼자서 거의 감당하게 되는 점', '남편과 같은 교회에서 전임을 하고 있는데 교인들이 여성 목회자를 사역자가 아닌 사모로 이해한다', '행사가 겹칠 때 자녀를 돌보는 문제가 가장 어렵다',

'사역지 결정의 어려움' 등을 지적했다. 그 외 3명이 '시간사용의 문제', 즉 가사일과 교회사역의 바쁜 생활을 해야 한다는 것과 '자신이 사역에도 충실해야 하고 남편 뒷바라지도 해야 한다', '남편에게 적극적인 조력을 할 수 없다' 등을 단점으로 지적했다. 또한 '지금까지는 단점이 없었으나 앞으로 혹시 부부 사역을 꺼리는 교회를 만날까봐 조금 염려된다'고 응답한 사람도 있었다. 이러한 내용은 여성들은 남성에 대한 불공평함과 장래에 대한 불안함이 있음을 보여준다.

물론 부부 목회자는 그들 부부만이 누릴 수 있는 특별한 축복이 있다. '부부가 함께 사역에 동참하면서 장점이 있다면 어떤 것입니까?'라는 질문에 '목회에 있어 조언하고 지식을 공유할 수 있다는 점,' '서로 이해할 수 있다,' '목회에 대한 자료 수집,' '설교 모니터,' '교역자들과 서로 교제할 수 있는 점', '서로의 발전(성장)에 힘이 되어줄 수 있다,' '부부의 타임스케줄이 비슷하다' 등으로 기술했다. 부부 목회자는 동역자로서 같은 길을 가면서 누리는 장점들이 많이 있음에도 불구하고 목회가 끊임없이 요구하는 사역이기 때문에 부부 관계가 부정적 영향을 미칠 가능성을 예측할 수 있다. '목회 때문에 가족계획(피임)을 하신 적이 있습니까?'라는 질문에 남성 4명, 여성 5명이 없다고 했고, 남성은 2년이 2명, 1년, 3년 동안이 각 1명씩인 반면에 여성은 1년 2명, 2년 2명이었다. 목회로 인해서 가족계획을 한 사람이 남녀 4-50% 인 것을 볼 때 목회가 스트레스가 되어서 부부 생활과 관계에 영향을 미친다고 볼 수 있다.

IV. 부부 목회자의 가족생활주기와 임상적 적용

위에서 살펴본 부부 목회자의 가족생활주기와 잠정적 결론들에 기초해서 그들이 겪게 되는 문제들에 대한 임상적 적용을 모색하려 한다. 즉 그들이 직면할 수 있는 어려움들과 그에 대한 상담적, 임상적 제안과 적용을 제시하고자 한다.

A. 부부 목회자가 발달주기의 변화에 따라서 겪게 되는 문제들을 예측하여 임상적으로 도움을 줄 수 있다

설문 응답자들의 가족생활주기는 신혼기와 자녀 아동기에 속하기 때문에 앞으로 그들의 발달주기가 변해가면서 부부 목회자의 갈등과 문제 상황도 그에 맞는 발달 단계 과업의 문제로 전환될 것이다. 예를 들면 신혼기 부부는 성역할에 대한 정의, 가족체계 내에서의 부부의 경계, 부부들이 맺고 있는 친구, 활동, 그리고 지역사회와의 관계, 친밀감의 정도, 성관계에 대한 태도, 활동 영역의 독립성 정도 등이 주요한 주제들이다. 반면에 자녀 양육기에는 아이 또는 부모가 아플 때 이 아이 또는 부모를 보살펴 주기 위해 누가 집에 있어야 하나? 맞벌이 부부는 성공적인 부모됨을 겸할 수 있는가? 남편이나 아내의 소득은 누가 관리해야 하는가? 소득은 어떻게 분배되어야 하는가? 등등이 함께 일하는 부부로서 자연스럽게 물어야할 질문들이며 이에 부부가 적응해야 한다. 나아가 자녀 청소년기로 전환되면서 청소년 자녀가 가족체계에서 출입이 자유롭도록 부모-자녀 관계를 변화, 중년기 부부의 결혼 및 진로 문제에 재 초점, 노인세대를 돌보기 위한 준비시작 등이 중요한 과업들이 된다.

따라서 부부목회자들이 역기능적 증상을 겪지 않도록 예방 교육과 지적인 준비를 병행할 때 임상적 효과가 배가될 것이다.

B. 부부 목회자의 경우 여성 목회자에게 좀 더 초점을 맞추어야 한다

부부 목회자의 경우 여성 목회자에게 더 큰 심리적 증상이나 문제가 일어날 수 있다. 카터와 맥골드릭은 "가정에서의 중추적인 역할과 가족 밖에서의 기능을 동시에 감당해야 하는 어려움이 있었기 때문에 생활주기 전환에 있어서 여성이 증상을 발달시킬 위험이 가장 크다는 것은 놀라운 일이 아니다. 남성에게는 가족과 직장의 목표가 평행적이지만, 여성에게는 이러한 목표가 서로 갈등을 일으키고 심각한 딜레마를 갖게 한다"[119]고 지적한다. 다시 말하면 결혼한 여성 목회자 경우에 전문인으로서 집밖에서 사역하고, 동시에 가정에서 부모, 아내의 역할을 감당함에 있어서 갈등과 딜레마를 경험할 수밖에 없다는 것이다. 그리고 그러한 요구가 여성에게는 증상으로 발전하기 쉽다. 일반적으로 남편과 같은 직종에 종사하는 여성은 남편에 비해서 덜 생산적이고 전문성에서 덜 만족하는 것으로 알려져 있다. 마찬가지로 여성 목회자에게도 적용될 수 있고 이러한 불만족은 정서적 증상으로 발전할 수 있다. 그러므로 여성 목회자들이 스스로를 관리하고 조절할 수 있는 개인적 성장을 이루면서도 여성 목회자들이 함께 정보를 공유하고 함께 성장할 수 있는 공동체를 통해서 도움을 주고받아야 한다.

C. 부부 목회자는 가사 분담의 재조정 등 역할 갈등을 최소화하는 것을 배워야 한다

부부 목회자는 가사 분담과 이에 따른 건강한 역할 모델을 세울 수 있어야 한다. 왜냐하면 그것은 가사 노동의 분담이 여성들에게는 결혼 행복 및 심리적 복지 간에 상관관계가 있기 때문이다. 루드와 맥케니[120]는 "가사노동의 분담과 남편의 결혼행복 및 심리적 복지 간의 분명한 관계를 밝혀 주지 못하였지만, 가사노동의 공정한 분담과 아내의 결혼행복 및 심리적 복지 간에는 정적인 관계가 있음을 보여 주었다. 어떤 여성들은 가사노동의 질을 불평하여, 가사노동을 자기 스스로 하는 것을 더 좋아한다. 또 어떤 아내들은 권력을 잡고 자존감을 얻는 영역(가사노동)에 대한 통제를 포기하고 싶어 하지 않는다"고 말한다. 앞에서 인용했듯이 여성 목회자들이 해당되는데 "대학 교육을 받은 여성은 높은 직위의 전문적 직업과 온전한 가정생활을 동시에 추구하기 때문에 이러한 상황은 쉽게 해결할 수 없는 심각한 미래의 역할 갈등을 초래한다."[121] 이러한 면을 고려한다면 획일적인 가사분담이 아니라 각 부부에게 알맞은 공평한 가사분담이 이루어져야 한다. 벤루웬(Van Leeu-ween)은 "여성들이 일하게 될 때 남성들은 그들 자신의 감정에 대한 더 많은 책임을 지는 것과 가족 정서의 더 일반적 관리를 나누는 것이 필요하다"[122]고 주장한다. 역할의 균형 있는 변화가 있어야 하지만 무엇보다도 남성들이 가사 일을 공유할 때 역할 갈등으로 인한 부부 목회자의 문제를 예방할 수 있다. 따라서 가사 분담과 역할 재조정에 있어서는 남성 목회자들에게 스스로 변화를 향해 갈 수 있도록 동기 부여가 필요하다

D. 부부 목회자는 자녀 출산 후 부모 역할을 서로 규정하면서 배워가야 한다

부부 목회자는 신혼기에서 자녀 아동기로 변화하는 과정, 즉 출산을 통해서 새로운 자녀와 적응하며 새로운 역할을 배워가는 과정에서 스트레스의 증가와 가족 증상이 일어날 수 있음을 알아야 한다. 왜냐하면 부부 역할에 부모 역할이 첨가되면서 역할 재조정 과정에서 갈등을 겪을 위험성이 높고, 육아에 대한 스트레스가 부부만족도와 행복도를 감소시키는 시기를 지나가야 하기 때문이다. 카터와 맥골드릭은 "가족 발달 과정의 한 단계에서 다음 단계로 넘어가는 전환점에서 가족의 스트레스가 가장 심하고, 가족생활주기의 진행이 방해를 받거나 진로에서 벗어날 때 증상이 발생한다. 따라서 치료적 노력을 통해 가족구성원이 이를 인식하고 계속 발달할 수 있도록 도와야 한다"[123]고 설명한다. 특별히 부모는 자녀의 성장에 반응하느라고 자신과 부부관계를 변화시키고 성장하는데 필요한 잠재력을 잃어버려서도 안 되고, 동시에 자녀들에게 무관심해서도 안 된다. 따라서 발달 과정의 전환점에서 가족 스트레스를 조절하고 해소할 수 있도록 부부가 자기관리와 스트레스 조절에 관한 훈련이 필요하다. 특별히 부모 역할 훈련이나 부모교육 등의 프로그램을 통해서 자녀들의 발달 단계에 대한 이해와 훈계, 자녀 교육 철학 등에서 부부가 일관성을 가질 수 있어야 한다.

E. 부부 목회자는 친밀감을 유지할 수 있도록 사역을 조절해야 한다

부부가 함께 목회를 하거나 맞벌이 부부인 경우에 부모 자녀간이나 부부간에 함께 보내는 시간이 감소하고 있으며, "전업주부가 취업주부보다 두 배 가량 더 많은 시간을 취학 전 자녀들과 함께 보낸다"[124]고 한다. 과연 이것이 시사하는 바가 무엇이며, 희소하고 가치있는 자원으로서 시간을 어떻게 활용하여야 자녀들과 부부관계에 친밀감을 개발하고 유지할 수 있는지를 배워가야 한다. 여성은 결혼을 원 가족과 보다 가까워질 수 있는 전환의 시기로 여기지만, 남성은 원 가족으로부터 독립하는 시기로 본다.[125] 따라서 독립을 위해 남성은 구애기간에 여성과 시간을 많이 보내다가 막상 결혼하고 나면 함께하는 시간이 줄어드는 경향이 있다. 반면에 여성은 계속해서 친밀함을 쌓아가기를 원한다. 이러한 차이 때문에 목회가 남성의 필요는 채워주지만 여성의 친밀함의 필요는 채워주지 못할 수 있다. 게다가 여성이 남성보다 문제를 더 잘 인정하는 경향이 있으며, 부부 관계에서도 문제가 더 있는 것으로 평가한다.[126] 결국 부부 목회자가 부부지간에 또는 자녀와 함께 시간을 보내며 친밀감을 쌓는 훈련과 행동이 있어야 한다. 이것을 위해서는 개인적 휴식, 가족 휴식 및 대화, 가족 여행, 가족 예배 및 모임 등 가족 구성원 전체가 함께하기 위한 시간을 매일, 매주, 매월, 매년 일정하게 할애하는 계획이 필요하다

F. 부부 목회자는 경제적 어려움에 대해서 예측하면서 최소한의 대처 방안을 마련해야 한다

마지막으로 부부 목회자에게는 경제적인 어려움이 있다. 청빈한 생활을 아름답게 보는 교회 전통으로 넉넉한 사례비를 받지 못하는 상황에서 부부가 각각 목회를 한다. 한 교회에서 같이 사역할 때는 두 사람 모두 전임으로 일하기는 어렵기 때문에 목회적 부담에 비해서 사례비는 훨씬 낮은 경우도 있다. 그런데 부부가 목회를 계속하기 위해서는 어린 자녀들을 유아원에 보내거나 탁아시설에 맡겨야 한다. 그렇게 하려

면 아이들을 육아 시설에 위탁하거나, 또는 방과 후 과외 활동 등에 보내야 하기 때문에 자녀 양육비로 들어가는 액수는 맞벌이 부부에게도 커다란 경제적 부담이 된다.[127] 그러므로 가정 경제와 적절한 예산 수립과 경제적 부담을 최소화하는 계획이 있어야 한다.

실제적으로 부부 목회자들이 겪는 어려움 중에는, 물론 남편만 목회자인 경우도 마찬가지인데, 경제적 어려움이 가장 힘든 것 중에 하나이다. 리와 볼스윅[128]은 목회자 가정이 겪는 어려움 중에 가장 힘든 것은 '불충분한 가정 경제' 라고 목회자의 배우자와 자녀들은 지적했고, 목회자들은 '교회에서 보내는 시간 때문에 집에서 보낼 시간이 부족하다'는 대답 다음인 2위로 선택했다. 이것은 미국 목회자들이나 한국 목회자들이나 경제적으로 어려움을 겪는 것은 비슷한데 부부 목회자에게 있어서도 자녀가 태어나고 양육을 하면서 오히려 많은 양육비가 지출되기 때문에 결코 경제적으로 한쪽만 목회자인 가족보다 낫다고 볼 수는 없다. 오히려 이것은 부부 목회자 가정은 경제적 문제에 쉽게 봉착할 것이라는 점을 보여준다. 그러므로 부부 목회자는 힘든 경제적 여건 가운데도 자녀들의 교육, 진학을 위한 준비, 그리고 부부 목회자의 노후를 위한 연금 등, 규모 있는 재정 계획이 있어야 부부 문제를 감소시킬 수 있다.

나가는 말

지금까지 부부 목회자가 가족생활주기를 지나가면서 그들 가정이 겪게 되는 일반적인 과업과 독특한 단계와 과정을 설명하고, 가족생활주기를 이용하여 부부 목회자 가정을 돕기 위한 임상적 적용을 시도하였다. 가족생활주기와 설문지 응답 내용을 중심으로 부부 목회자가 만나게 되는 문제들을 예측하였고, 설문지 결과 분석을 통해서 9가지의 잠정적 결론(연구가설)을 제시하였다. 그리고 그러한 결론에 근거해서 부부 목회자를 상담적으로, 임상적으로 돕기 위해 고려해야할 것들을 제안하였다. 부부 목회자의 경우 소외되기 쉬운 여성 목회자에 대한 관심과 부부 목회자의 역할(가사분담, 부모역할) 재조정, 부부 친밀감의 계속적 유지와 발전, 경제적 어려움에 대한 대처와 준비 등이 예측되는 임상적 증상과 연관이 있으며 그에 대한 간단한 대책을 모색하였다.

이 글은 학문적으로 제한과 한계를 갖고 있다. 우선 선행 연구나 자료의 부족으로 잠정적 연구 결론(가설)을 도출했으나 이것은 통계적 유의미 보다는 앞으로의 연구를 위한 예비적 작업의 결과물로 보아야 한다. 또한 응답자 모두가 아직 전임 교역자나 담임 목회자가 아닌 부교역자이므로 전체 부부 목회자를 대표하지 못하며, 대부분이 20대 후반 30대의 연령으로 신혼기와 자녀 아동기에만 해당되기 때문에 부부 목회자들의 전체 가족생활주기를 다루지는 못했다는 부족함이 있다. 이러한 한계에도 불구하고, 앞으로 늘어나는 부부 목회자에 대한 기초적인 연구 자료와 방향을 제시했다는 것은 이 논문의 공헌이다.

| 6장 |

목회자의 가족생활주기와 **목회생활주기에 따른 하프타임**

목회자는 예수님과 만남의 전과 후가 분명하게 구별되는 사람임과 동시에 그것을 증거 하기 위해서 부름 받아 그의 사역의 전과 후가 새롭게 변해가야 하는 사람들이다. 그리고 목회자가 사역의 후반전을 효과적으로, 그리고 의미 있게 달려가기 위해서는 그가 중간에 갖는 하프타임을 어떻게 보내느냐에 달려있다. 마치 운동 경기의 전반전을 뛰고 난 뒤 한번쯤 홀로 서서 자신을 분석하고 평가하고 돌아보고, 홀로 갖는 하프타임의 질(quality)에 의해 나머지 후반전의 승패가 결정되는 것과 마찬가지이다. 본 글에서는 목회자의 목회생활주기(ministerial life cycle)와 가족생활주기(family life cycle)의 발달에 따라 각 시기의 하프타임에서 다루어야할 주요 과업들을 제시할 것이다. 나아가 주기와 상관없이 하프타임에서 고려해야 할 주제들과 전반전을 실패했다고 낙심하는 목회자들을 향하여 어떻게 다시 시작할 수 있는지를 제안하여, 목회 후반전을 효과적으로 준비하도록 돕고자 한다.

I. 목회에서 하프타임이 필요한 이유

A. 목회 전반전: 성공 찾기

한해를 시작하며 새로운 목회를 시작하지만 가을이 되고 한해를 마무리할 때가 가까워지면 그 열심과 열정이 목표에서 멀어진 것을 발견한다. 마찬가지로 목회 초반에는 맹목적 열심과 자신감과 희망으로 사역에 뛰어들지만 점점 세월이 가면서 타성에 젖어들고 불평과 불만이 늘어가는 목회자들을 종종 발견하게 된다.

목회자가 목회 영역에서 고통을 호소하는 경우에 보통은 두 가지와 연관이 있다. 하나는 목회자 자신의 '성공지향적 열심 목회'를 추구하면서 점점 에너지가 고갈되어 힘들어 하는 경우이다. 목회자는 하나님의 일을 하고 있기에 최선을 다해 목회에 전념하는데 그러다보면 종종 일중독에 빠져드는 경향이 있다. 목회자가 하나님의 일을 하고 있고 그것을 항상 교인들에 의해 평가받는다는 것을 의식할 때 자신도 모르게 일중독자처럼 과도하게 가시적이고 결과지향적인 목회를 향하여 맹목적으로 질주하게 된다. 문제는 '성공 지향적 열심 목회'는 결코 다른 사람을 만족시킬 수도, 자신이 만족할 수도 없다는 것이다. '성공 찾기 목회'를 향하여 열심히 달려가던 삶이 목회 전반전이라고 한다면 이제 멈춰서서 하프타임을 선언하고 자신을 점검해야할 시기이다.

B. 하프타임-반전의 시기: '성공 찾기'에서 '의미 찾기'로의 전환

정신과 의사이며 영성학자로 널리 알려진 스캇 펙 (Scott Peck)은 그의 불후의 명저 “아직도 가야할 길”을 탈고 한 뒤 혼자만이 가진 개인적인 휴가에 대해서 언급하고 있다. 그는 여러 곳을 여행했고, 가족과 함께 시간을 보냈지만 별로 의미 없었던 시간을 기억하며 몇 주 동안 기독교 수도원을 방문하기로 결심을 하였다. 그리고 복잡하고 분주했던 삶에서 떠나 수도원에 머무를 때 그는 고독이 존중받고, 침묵이 추구되고, 오히려 밖의 세계와는 대조되는 긴장의 세계였다고 말한다. 나아가 ‘어둠’속에서 ‘빛’이 살아있는 지식의 센터로, 영적인 순례자들을 위해 휴식과 보호를 제공하는 온유한 장소로, 선과 악의 전투가 기도와 함께 가장 왕성하게 연결되는 지점으로 자신의 경험을 고백한다.[129] 물론 하프타임을 갖기 위해서 수도원을 찾아야 하는 것은 아니다. 그러나 예수님께서는 때때로 “새벽 미명에 일어나 한적한 곳에 가서 기도”(막 1:35)하셨다. 예수님께서 바쁜 사역의 현장에서도 홀로 있는 시간, 하프 타임을 가졌다는 것이다. 군중들이 예수님의 능력을 보며 그를 잡아 왕을 삼으려할 때 예수님을 이를 아시고 그들을 피하여 혼자 산으로 올라가셨다 (요 6:15). 사람들의 평가에 끌려 성공 찾기에 나서지 않고, 하프타임을 갖고 홀로 자신의 사명과 사역을 평가하여 궤도를 이탈하지 않으셨다는 것이다.

그렇다면 목회자가 인생의 주기를 지나가면서 홀로 갖는 하프타임의 시간에 반드시 다루고 점검해야할 과업은 어떤 것인가? 어떻게 하면 성공 지향에서 의미 찾기로 전환할 수 있을까? 목회자 자신의 발달 단계와 가족의 발달 단계, 그리고 목회 생활 주기에 따라 각각 다루어야할 영역이 있다.

II. 목회자의 생활주기에 따른 하프타임

A. 목회 생활 주기 (ministerial life cycle)

목회자의 목회 생활 주기는 5단계로 나누어 볼 수 있다.[130] 첫 번째 단계는 대학과 신학교에서 공부하는 목회 전 준비 단계, 두 번째는 신학교를 졸업한 후 2-4년으로 목사고시를 보고 교회 청빙을 받아 안수를 받게 되는 목회 입문단계, 세 번째는 목회 5-10년 기간으로 전임 목회자(부목사)로서 교구를 담당하며 다양한 목회를 접하고 사역의 영역을 넓혀가는 목회 확장단계, 네 번째는 11- 2(3)0 년으로 담임목사로 청빙을 받아 한 교회를 담임하면서 자신의 목회를 펼쳐가는 목회 실현단계, 그리고 은퇴 후 목회 단계 등으로 볼 수 있다. 요약하면 다음과 같다.

1. 1 단계 (목회 전 준비단계) (20 초반에서 33세) (대학 및 신대원, 교육전도사)
2. 2 단계 (목회 입문 단계) (3O초반에서 35/40세) (전임전도사 및 안수 목사)
3. 3 단계 (목회 확장 단계) (35/40세에서 45/50세) (부목사 및 교구 목사)
4. 4 단계 (목회 실현 단계) (45/50세에서 65/70세) (담임 목사 및 은퇴)
5. 5 단계 (은퇴 후 목회 단계) (65/70세 이후) (은퇴 및 원로 목사)

B. 목회자의 가족 생활주기

가족생활주기 이론은 남자와 여자가 결혼으로 새로운 가족을 이루고, 자녀를 출산하여 확대되며, 그 자녀들이 성장한 후 결혼을 통해서 자신들의 가족을 이루어 떠남으로 축소되어 결국은 부부가 사망함으로써 소멸되는 일련의 과정으로 가족을 본다. 그리고 모든 가족이 그렇듯이 목회자도 일정한 가족생활주기를 통과하게 되며 각 단계마다 필요한 과업을 만나게 된다. 각 단계에서 변화와 항상성을 유지하려는 경향이 정상적이지만 가족과 개인으로서의 가족 구성원들이 모두 각각의 과업들을 완수할 때 가족은 다음의 발달 단계로 옮겨 간다.

이와 같이 가족생활주기를 발달적 관점에서 단계를 분류할 때 가장 널리 사용되고 있는 이론은 카터와 맥골드릭 (Carter & McGoldrick)의 6단계 가족생활주기이다.[131] 각 단계와 주요 과업, 그리고 최초의 사건을 요약하면 다음과 같다.

단 계	주요 과업	최초의 사건
1. 결혼 전	1. 본가로부터의 분리 (청소년기부터 시작)	1. 약혼
2. 아이 출생 전 부부	2. 부부역할에 적응(가정꾸미기)	2. 결혼
3. 아이 출생 부부	3. 새로 태어난 아이에 적응	3. 첫아이의 출생과 입양
4. 완성된 가족	4. 새로운 가족 구성원에 적응	4. 막내의 출생
5. 청소년을 가진 가족 떠나 보내기	5. 가족 체제내의 융통성 증가 가족 구성원이 떠나는 것 수용	5. 가족으로부터의 아동 분리 자식의 직업, 결혼, 배우자 선택
6. 자식을 모두 떠나 보낸 후	6. 외로움과 늙어감을 수용	6. 마지막 자식을 떠나 보냄

이러한 분류는 가족 구성원의 변화에 따른 가족의 정서적 전환과 가족 발달에 따른 발달 과업의 예들을 보여주고 있다. 예를 들면 30대 목회자 가정의 가족발달주기는 신혼기와 자녀 아동기 단계에 있고, 그들 부부의 발달 과업은 적응과 관계 형성으로 요약할 수 있다. 즉 남편과 아내로서의 새로운 역할에 적응하며 가사일의 정립, 가사 노동 분담, 성관계, 가정 경제, 예산 설정, 사회적 활동 계획, 부부의 전통 등을 세워가는 신혼기와 자녀가 태어나면서 어머니와 아버지의 새로운 역할에 적응과 자녀와의 관계 형성이 주요한 자녀 아동기를 지나가고 있음을 알 수 있다. 그렇다면 목회자의 가족생활주기와 목회자의 목회생활주기를

동시에 고려할 때 하프타임에서 다루어야 할 것은 무엇인지 살펴보자.

C. 목회자의 생활주기 단계의 통합과 하프타임에서의 과업

목회자의 가족생활주기의 각 단계에 따른 가족발달 과업[132]과 목회 생활주기의 각 단계에서의 과업을 정리하면 다음과 같다.

<표1>

가족생활 주기단계	전환의 정서적 과정: 주요 원리	발달을 위해 필요한 가족지위의 이차적 변화	목 회 생 활 주 기
1.결혼 전기	자신에 대한 정서적, 재정적 책임을 수용	a. 원가족과의 관계로부터 분화 b. 친밀한 이성관계의 발달 c. 일과 재정적 독립 측면에서 자신을 확립	
2.결혼 적응기	새로운 체계에 대한 수임	a. 부부체계의 형성 b. 배우자가 포함되도록 확대 가족, 친구와의 관계 재정비	목회 전 준비단계: 목회자 후보생은 교단 결정 및 목회에 대한 소명 점검 결혼, 배우자의 목회 동의 및 동역자 관계 정립
3.자녀 아동기	새로운 가족성원을 수용	a. 부부 관계에 자녀를 위한 공간 만들기 b. 자녀 양육, 재정, 가사 일에 공동참여 c. 부모, 조부모 역할이 포함되도록 확대 가족과의 관계 재정비	목회입문단계: 안수 받을 교회 목회방향, 사역 특성화 목회 전문성 준비 (대학원 진학/학위)
4.자녀 청소년기	자녀의 독립과 조부모의 허약함을 고려하여 가족경계의 융통성을 증가	a. 청소년 자녀가 가족체계에서 출입이 자유롭도록 부모-자녀 관계를 변화 b. 중년기 부부의 결혼 및 진로 문제에 재초점 c. 노인세대를 돌보기 위한 준비시작	목회 확장 단계: 다양한 목회 배움 담임 목회 준비 목회에 필요한 공부 (세미나) 담임 준비를 위한 학위

5.자녀 독립기	가족성원의 증감을 수용	a. 부부 체계를 2인군 관계로 재조정 b. 성장한 자녀와 부모와의 관계를 성인 대 성인의 관계로 발전 c. 부모 또는 조부모의 무능력과 죽음에 대처	목회 실현 단계: 장기 목회지 또는 담임 목회지 결정 목회자와 당회, 교인들과의 갈등 목회자의 정직성, 성실성, 목회능력 등에 대한 질문들 건강 문제 목회 은퇴 후 단계의 준비 (취미생활 등)
6.노년기	역할 변화를 수용	a. 신체적 쇠퇴에 직면하면서 자신과 부부의 기능과 관심사를 유지 b. 연장자가 할 수 있는 일을 대신하지 않으면서 자신의 지혜와 경험이 활용될 수 있는 여지를 마련 c. 배우자, 형제, 친구의 죽음에 대처하면서 자신의 죽음을 대비하며 삶을 되돌아보고 통합	은퇴 후 목회 단계: 배우자의 사별 대처 목회 은퇴 후 목회 계획 은퇴 후 인생설계

<표 1>의 목회자의 가족생활주기와 목회생활주기를 병행해서 생각해 보면 목회자가 자신의 각 단계에 따라 하프 타임에서 다루어야할 과업이 무엇인지가 분명해 진다.

1. 1단계 (목회 전 준비단계) (20대 초반에서 33세) (대학 및 신대원, 교육전도사/목회자 후보생)

이 단계는 가족생활주기의 결혼전기와 결혼 적응기에 해당하며 목회생활주기에서는 대학에서 전공공부를 하거나, 소명에 따라 신학교 입학을 준비 또는 신학대학원에서 공부하며 목회를 준비하는 과정이다. 이 단계를 지나가는 목회자 후보생은 결혼과 부부 적응 뿐 아니라 경제적 어려움을 경험하고, 대부분의 신학생들이 교육전도사로서 교회에서 섬기는 양상을 보인다. 이 단계에서 하프타임의 과업은 목회에 대한 소명 점검, 그리고 그와 연관해서 교단 결정 및 추후 안수 준비가 중요한 이슈이며, 또한 배우자가 목회 동역자로서의 협력 관계를 형성하는 중요한 시기이다. 이 때 목회자 후보생이 목회에 집중하여 학업이나 부부관계를 정립하는데 소홀하게 될 가능성이 높기 때문에 정규적인 하프타임을 가져야만 한다. 그렇지 않으면 목회준비에 게을러져서 결국 임기응변적 목회에 의존하게 되고 훗날 장기적 목회에서 실패하는 경향이 높아질 수밖에 없다. 또한 부부가 목회 비전을 나누고 가사일을 분담하는데 실패하기 때문에 부부 갈등이 심화될 가능성이 있다.

2. 2단계 (목회 입문 단계) (3O초반에서 35/40세) (전임전도사 및 안수 목사)

가족생활 주기에서 보면 이 단계는 주로 자녀가 태어난 후 학령기 사이의 단계로서 부부 관계에 자녀를 위한 공간을 만들고 부모 역할에 대한 공동 참여와 역할 규정이 중요한 과업이다. 목회 생활주기에서 보면 전임과 목사 안수라는 두 가지 중요 문제를 다루어야 하고, 따라서 사역지 결정(보수, 사택, 자녀 학교 등)에 있어서 목회 자체보다 가족적인 필요를 충족시키는 것이 더 중요한 결정 조건이 될 수 있다. 이 단계에서는 주로 목회 초년병으로서 목회 전반에 대한 것을 배우고 경험하기 때문에 자신의 은사를 발견하며 추후 목회 방향과 사역 특성화에 관심이 고조되는 시기이다. 따라서 이 시기의 하프타임은 목회 전문성에 대한 욕구를 점검하고 필요에 따라 좀 더 구조화된 목회를 위해 자신이 잘 감당할 수 있는 사역과 사역지를 위해 준비하고, 대학원 진학, 세미나 참여 등을 고려하는 것이 필요하다.

3. 3단계 (목회 확장 단계) (35/40세에서 45/50세) (부목사 및 교구 목사)

이 단계에서는 전임사역자로서 보통은 교구 또는 부목사로서 목회 전반에서 자신의 능력과 전문성을 발휘해야 하는 시기이다. 다양한 목회 경험을 통해 목회 역량을 확장해야 하는 반면에 가족 생활 주기에서는 자녀들이 청소년기로 접어들면서 부모 자녀 갈등이 고조될 가능성이 있는 시기이기도 하다. 담임 목회자로 사역을 위해 자신의 목회 철학과 목회 비전을 세우고 자신의 목회 전문성을 확장하는 일에 집중해야 하며, 목회에 실제적으로 도움을 주며 그것을 학문적으로 정리할 수 있는 기회(목회학 박사 과정) 등을 고려하는 시기이다. 이때에 하프타임은 목회자가 목회자로서의 자기 소명의 재점검과 자신의 목회비전을 다시금 점검해야하는 때이다. 또한 가족들, 특별히 배우자의 목회 지지와 후원이 절실히 요구되는 때이기도 하다.

4. 4단계 (목회 실현 단계) (45/50세에서 65/70세) (담임 목사 및 은퇴)

가족생활주기에서 보면 자녀들이 어느 정도 성장하면서 부부의 결혼을 재점검해야 하는 단계이면서 또한 부모에 대한 부양 부담감이 늘어나는 시기이다. 목회 주기에서 보면 담임 목회지 또는 장기 목회지를 찾아 정열을 가지고 목회에 전념하는 단계로 볼 수 있다. 이때는 부교역자 때와는 다르게 교회 전체에 영향력을 미치는 담임 목사의 역할을 감당해야 한다. 이 과정에서 목회자는 교인들과의 갈등이 심화되기도 하고, 목회자의 정직성, 성실성, 목회능력 등에 대한 질문을 받으면서 자신감을 잃게 되기도 한다. 또한 자신의 목회의 꿈과 비전을 펼쳐 가는데 집중하다 보면 건강에 문제가 생기기도 한다. 이 시기에 목회자는 자녀들이 떠나가면서 배우자와 결혼의 의미를 재점검하고 더 친밀한 부부관계를 쌓아야 하며 나아가 배우자와 함께 목회 비전을 나누며 동역하는 관계가 되어야 한다. 그러므로 이 단계에서의 하프타임은 부부관계 재설정, 목회에의 부부 헌신 및 교인들의 목회 피드백(feedback)에 따른 목회 계획과 방향의 재수정, 그리고 자신의 건강을 돌아보며 목회 은퇴 후를 위해 계획(취미생활 등)을 시작하는 것이 주요 과업이다.

5. 5단계 (은퇴 후 목회 단계) (65/70세 이후) (은퇴 및 원로 목사)

이 시기는 노년기로서 신체적 쇠퇴를 직면하게 되고 부부의 관심사를 계속 유지해야하는 시기이다. 또한 배우자와의 사별이나 가족들의 죽음이 닥치는 상실의 시기이기도 하다. 목회생활주기로 보면 일평생 목회했던 목회지에서 은퇴하고, 새로운 환경에 적응해야하는 것이 중요한 과업이다. 목회 은퇴 후 후임자를 위해 평생을 섬겼던 교회에 가는 것이 부담스럽기도 하고, 후임자와의 갈등 때문에 오히려 일평생 지녀왔던 명예가 실추되는 경험을 하기도 한다. 따라서 이 시기의 하프타임은 이전에 세웠던 목회 은퇴 후 계획이 추진되고 있는지 평가하고, 이전 목회에 집착하기 보다는 목회로부터 서서히 거리를 두면서 새로운 삶에 적응 정도를 점검해야 한다.

D. 목회 전반전에서 실패감을 느끼며 하프타임을 갖는 목회자들에게 (제언)

위에서 목회자의 목회생활주기와 가족생활주기를 함께 고려하면서 각 단계에서 하프타임을 가질 때 중점적으로 다루어져야 하는 과업들이 있음을 살펴보았다. 그러나 부부 또는 가족 관계의 질은 가족생활주기와 상관없이 계속해서 중요한 과업이 있다. 즉 가족 간에 좋은 관계를 유지하기 위해서는 의사소통(대화)과 친밀감을 키워가는 것, 함께 시간을 나누고 좋은 감정과 기억을 만들어가는 것은 언제든지 필요한 것이다.

마찬가지로 목회 전반전을 달려온 목회자가 어떤 단계를 통과하든지 그 단계에서 하프타임을 가지고자 할 때에 반드시 고려해야할 것이 있다.

1. 목회에 가족을 포함시키라

런던과 와이즈만은 "우리의 승패가 정말로 판가름이 나는 곳은 가정입니다. 가정은 우리가 다른 어떤 분야에서든 성공하려면 가장 먼저 성공을 해야 하는 경기장입니다"[133]라고 말한다. 부부 관계, 가족관계에서 성공하지 못한다면 목회 성공도 의미를 잃게 된다. 따라서 목회를 위해서라도 배우자와 더 친밀한 관계를 만들어가기 위해 때때로 하프타임을 가져야 한다. 왜냐하면 가족 간의 좋은 유대감을 유지하고 더 좋은 관계를 만들수록 목회에서 더 많은 열매를 맺게 될 것이기 때문이다.

2. 우선순위(가치)를 의미에서 찾으라

하프타임을 가질 때 목회자는 목회 철학과 목회 전략을 점검하여 자신의 방향을 성공 중심에서 의미 중심으로 끊임없이 전환해야 한다. 하프타임의 시기는 "마음을 새롭게 함으로 변화를 받아 하나님의 선하시고 기뻐하시고 온전하신 뜻이 무엇인지 분별"(롬 12:2)해 가는 과정이다. 진정한 변화는 하나님의 말씀 안에서 마음을 새롭게 할 때 일어난다. 그러므로 목회 후반전에 새로운 변화를 원한다면 하프타임을 가지면서 먼저 하나님의 말씀 앞에서 자신의 목회 동기에 대해 진지한 질문을 던지며 의미에 가치를 두고 목회에 임하는지 우선순위를 점검해야 한다.

3. 무너진 세계를 재건하라

목회 전반전을 실망스럽게 뛰었다고 낙심하는 목회자가 있다면 고든 맥도날드(Gorden MacDonald)의 고백이 도움이 될 것이다. "내면 세계의 질서와 영적 성장"이라는 영향력 있는 저술을 남긴 고든 맥도날드는 그의 성적 범죄 후에 다음과 같은 고백을 한다: "나는 세계가 무너져 버린 사람이다. 몇 년 전에 결혼 서약을 저버렸기 때문이다. 나는 남은 일생 동안 아내와 자식들과 친구들과, 몇 년 동안이나 나를 신뢰해온 다른 사람들에게 깊은 슬픔을 가져다 주었다는 사실을 안고 살아야 할 것이다."[134]고 고백한다. 그는 마치 달리기 경주를 하다가 넘어진 선수가 뒤도 돌아보지 않고 달려가는 선수들을 바라보며 이제 일어서서 뛸 것인가? 아니면 여기서 포기하고 경기장 밖으로 나갈 것인가를 선택해야 하는 상황이라고 묘사한다. 이때가 하프타임을 가져야 하는 시기이다.

나가는 말

무너진 세계를 경험한 목회자는 살아갈 인생이 아직 남아 있는가? 다시 쓰임을 받을 수 있는가? 그리고 정말 자신은 가치 있는 사람인가? 등의 질문의 답을 추구한다. 그런데 대답은 "예"이다. 왜냐하면 하나님의 사랑, 은혜와 용서가 우리의 죄악 보다 훨씬 위대하기 때문이다. 예수님께서는 예수님을 부인하며 저주까지 했던 베드로를 회복시켜서 하나님의 사람으로 사용하신다. 따라서 무너진 세계를 경험한 목회자는 무엇보다 죄에 대해 회개하며 자기 책임성을 인정하고 하나님께 나아가야 한다. 하프타임은 바로 이때를 위해서 필요한 것이다.

| 7장 |

목회자 가정의 치유

얼마 전 『목적이 이끄는 삶』의 저자 릭 워렌 목사의 아들 매튜(27세)가 정신질환과 우울증으로 오랫동안 앓아오다 자살한 충격적 사건이 있었다. 위로와 격려의 글들도 있었지만, 동시에 "목적이 이끄는 삶, 아들은 못 구했다."는 자조적인 글로 부터 비방의 글들도 여럿 있었다. 그냥 한 가정에서 자살로 아들을 잃었다면 그렇게까지 부모를 탓하지는 않았을 것이다. 그러나 유명 목회자이고 대형 교회를 일궈낸 목사이기에 더 큰 책임을 묻고 세상의 공격을 받는 것으로 보인다.

그런가 하면 이혼과 암 투병, 아들의 죽음 등으로 고통을 받으며 변호사에서 목회자로 살다가 일년 전 세상을 떠난 이민아 목사의 삶은 여전히 많은 사람들에게 생명의 고귀함에 대한 도전과 감동을 주고 있다. 인생의 마지막을 목회자로 헌신하며 살아간 한 여성 목사를 통해서 고난과 아픔이 신앙과 믿음에 장애물만은 아니며, 하나님과의 친밀한 관계와 예수님의 주되심(Lordship)을 선포하는 도구가 될 수 있음을 보여

주었다.

같은 아픔과 고난을 겪는데 목회자냐 아니냐에 따라 교회와 세상의 반응은 제각각이다. 또한 목회자의 인지도나 목회의 특성과는 상관없이 목회자와 그 가정은 그들만이 겪는 독특한 아픔이 있고, 치유가 필요한 영역이 있다.

I. 모호한 경계

목회자 가정의 그 구성원들(목회자, 사모, 자녀들)은 각각 목회와 분리될 수 없는 정체성을 갖고 있다. 그러므로 목회자 가정이 직면하는 가장 어려운 문제 중에 하나는 "모호한 경계"이다.

가족 체계적 접근에서 보면 목회자 가정은 경계의 혼돈을 피할 수가 없다. 목회자는 자신의 행동 뿐 아니라 그들 자녀와 배우자의 행동에 대해서 책임을 져야한다, 또 목회자 자녀들은 그들 부모의 행동에 대해 책임 질 것을 요구받는다. 목회자 가정의 역할 혼돈은 자녀들에게 자아 정체성에 의문을 품게 한다. 결국 목회자, 사모, 자녀들, 그리고 목회와 교회, 교인들간의 영역이 서로 교차하면서 불분명하고 불명확한 경계선을 형성하게 된다.

대부분의 가정은 일과 일터가 가족과 분명하게 분리되어 있다. 그러나 목회자 가정의 모든 가족들은 교회에 직, 간접적으로 연관이 되어 있다. 교회는 단순히 목회자만의 일터가 아니다. 교회는 사모와 목회자 자녀가 어떤 역할을 해야 할 지를 규정한다. 예를 들어 사모가 직업을 가지려면 그것을 해야만 하는 설득력 있는 이유를 제시하거나 아니면 강력하게 항거해야만 한다. 또한 목회 사역은 목회자 부부와 가정의 사생활을 방해한다. 목사 사택에 사는 모든 사람들은 새벽기도에 나오는 것이 당연하게 여겨진다.

어떤 사모는 남편이 안수를 받을 때 한복을 입고 옆에 서야만 하고, 부교역자로 청빙을 받을 때 함께 인터뷰를 하기도 한다. 사모의 능력이나 독립적 활동과 상관없이 남편의 목회 역량에 따라 정체성이 결정되는 모호한 위치에 있다. 그냥 한 남편의 아내로 불리우길 바라는데 교인은 꼭 사모라고 부른다.

Ⅱ. 가족 응집력과 적응력의 위축

목회자 가정은 가족 구성원들이 서로에게 가지는 애정적인 유대(친밀감)인 가족 응집력이 약화되고, 가족 구성원이 가족체계 내에서 경험하는 가족의 권력, 구조, 역할, 규칙 등을 유연하게 변화시킬 수 있는 개인적인 자율성의 정도(융통성)인 가족 적응력이 제한되기도 한다. 왜냐하면 목회자 가정은 목회자를 교인 또는 교회와 결혼시킨 것과 마찬가지이기 때문이다. 따라서 목회자는 언제나 목회가 우선이 되어야 하고, 가족들은 교인이나 목회 다음으로 2등급 취급을 받는다고 느낀다. 또한 목회자 가족들이 목회나 교회에서 벗어나 독립적인 삶이나 목회와 무관한 활동을 할 수 있는 유연성을 제한한다. 그렇기에 목회자 부부의 갈등, 즉 목회자의 일중독과 사모의 우울증 등이 증상으로 나타나고, 목회자 자녀는 사랑받지 못하고 관심받기에 목말라하는, 인간관계의 문제를 겪기도 한다.

한번은 어떤 교회의 권사님께서 자기 교회 부교역자에 대해서 이해할 수 없다며 필자에게 물었다. 그 부목사는 교회에서 주일 사역을 하면서 때때로 2살짜리 자기 아들을 안고 다닌다면서 목회자에게는 교회가 사역지인데, 교인들 자녀를 안아준다면 몰라도 자기 아들을 안고 다녀서는 안 되는데 하는 생각이 든다는 것이다. 그러면서 "교수님! 그렇게 해도 됩니까?"라고 물었다. 목회자가 교회에서는 자기 자녀보다도 교인들 자녀를 먼저 안아주고 챙겨야한다는 것은 맞는 말일 것이다. 그러나 한편으로 교인들을 섬겨야 하는 목회자는 가족과 배우자와 자녀 사이에서 갈등하며 고민할 수밖에 없다.

III. 목회자 가정의 치유를 향하여

위에서 살펴보았듯이 목회자 뿐 아니라 배우자, 그리고 자녀들까지 목회자 가정의 일원으로 살아가며 겪어야 하는 독특한 과정이 있다. 모호한 경계, 가족응집력과 가족적응력의 약화 등으로 심리적 증상들과 관계의 어려움을 겪을 수 있으며, 목회적 환경으로부터 스트레스를 받기 쉬운 위치에 목회자 가정이 있음을 인정해야 한다. 필자의 상담에 비추어보면 목회자 자녀들의 불안과 정체성의 혼란, 일중독과 친밀감 욕구가 충족되지 않는데서 오는 외도하는 목회자, 남편 목회자를 의심하는 편집 증세와 강박적 태도 등과 함께 우울증을 앓는 사모 등 치유를 필요로 하는 목회자 가정들이 증가하고 있다.

그렇다면 목회자 가정은 어떻게 스스로를 치유해 갈 것인가? 첫째로 목회자 가정은 적절한 경계를 세워 가족과 가정을 보호해야한다.

그렇게 하기 위해서 목회자는 목사이기 전에 한 아내의 남편이며 자녀들의 아버지가 되어야 한다는 것을 기억해야 한다. 사모에게 목사도 필요하겠지만 무엇보다 먼저 남편이 필요하다. 자녀들에게 영적 지도자가 필요하지만 그보다 아버지가 있어야 한다. 목회자 부모는 자녀가 받는 스트레스가 있음을 인식해야 한다. 또한 목회자 부모는 자녀들에게 그들의 능력 이상을 요구하거나 또래 보다 더 성숙함을 강요하지 않아야 한다. 환경적으로 또는 가정적으로 목회자 자녀이기 때문에 특별한 취급을 받지 않도록 목회자 부모는 분명하고도 탄력적인 경계선을 만들어가야 한다. 새벽기도나 모든 교회 모임 등에 참여하도록 강요하기 보다는 스스로 결정할 수 있도록 도와주어야 한다. 부모가 이러한 울타리를 제공해 줄 때 자녀들이 목회자 자녀이기 전에 가정의 일원으로서, 한 사람과 신앙인으로서 건강한 자아 정체성을 형성하며 자라날 수 있을 것이다.

둘째로 목회자는 목회를 위해서라도 배우자와 자녀와 더 친밀한 관계를 만들어가기 위해 노력해야 한다. 가족간의 좋은 유대감을 유지하고 더 좋은 관계를 만들수록 목회에서 더 영향력 있는 역할을 감당할 수 있을 것이기 때문이다. 친밀감과 유대감을 쌓아가려면 목회자와 가족구성원들이 규칙적으로 함께 시간을 보내야 한다. 목회자 가족이 서로의 영적, 정서적, 행동적 필요를 채워 줄 시간을 할애할 때 가족 응집력과 적응성을 배양할 수 있다.

셋째로 따뜻한 의사소통(대화)을 위해 훈련해야 한다. 목회자 자녀들이 건강한 자아 정체성을 형성해 가기 위해서 필수적인 요소로 부모와 친밀감과 유연성을 유지해야 하며, 이것은 상호 의사소통을 통해서 가능하다. 목회자 부부, 부모가 서로 간에 또한 자녀들과의 약속을 중요한 목회로 여기고, 교인들에게 하는 것처럼 가족을 섬기며 겸손하게 다가간다면 대화 시간의 부족함을 극복할 수 있을 것이다.

나가는 말: 목회자 가정은 한 몸(체계)이다

목회자 가정은 한 몸으로 부분과 분리할 수 없는 전체로서의 가족 체계이다. 목회자 가족은 서로 다른 지체로 분화되었지만, 서로에게서 완전히 분리되지는 않는다. 모든 가정이 다 그렇지만 특별히 목회자 가정은 가족 중에 한 지체라도 고통을 받게 된다면 전 지체가 고통을 받게 된다. 목회자 자녀들이 고통을 받는다면 부모 목회자의 목회 역시 고통스러울 수밖에 없다. 그러므로 목회자 가정의 독특한 어려움과 스트레스를 인정하고, 목회와 관계에 건강한 분화와 경계를 세워가며, 가족 대화를 통해서 목회자 가정의 친밀감과 유연성을 키워가고, 목회자 부모는 자녀들이 건강한 정체성을 가지고 긍정의 힘을 극대화할 수 있도록 도와야 한다.

목회자가 되는 것은 개인적 소명에 대한 응답이다. 그러나 목회자 배우자(사모)나 자녀가 되는 것은 그들 자신의 선택이 아니다. 부모가 목회자가 되는 순간부터 자녀들은 목회자 자녀가 된다. 배우자가 목회자가 되면 당연히 사모가 된다. 목회자 가정의 문제는 교인들의 호기심으로부터 보호받지 못한다는 것이다. 성경은 감독, 즉 목사의 자격을 논하면서 단지 목사만을 부르는 것이 아니라 온가족이 같이 응답하여야 함을 강조한다. “사람이 자기 집을 다스릴 줄 알지 못하면 어찌 하나님의 교회를 돌보리요”(딤전 3:4-5) 목회자 가족이 함께 응답할 때 하나님의 교회를 돌볼 수 있다는 선언이다(딛 1:7).

3부

목회자 가정과 성

목사의 성적인 일탈과 불법행위가 끊이질 않는다. 이러한 일들이 발생하면 교회와 성도는 회복하기 어려운 커다란 상처를 받는다. 2015년 경찰청 통계에 의하면 2010-2014년 동안 전문직 군(성직자 · 의사 · 변호사 · 교수 · 예술인 등)의 성범죄가 572건에서 636건으로 11% 증가했고, 지난 5년간 성범죄 총 3,050건 중 성직자가 442건으로 가장 많은 것으로 나타났다. 물론 성직자의 범주에는 다른 종교인들도 포함되었겠지만 개신교 성직자 비율이 가장 높을 것이다.

인간의 문제가 다양하지만 성직자의 성적인 문제는 우월적 지위를 남용하기 쉬운 위치에 있고 힘의 남용을 견제할 수 있는 체계가 별로 없다는 점에서 점점 더 그 위험성이 커지고 있다. 그런데 목회자의 성적인 일탈과 성범죄는 개인적, 성격적 원인과 사회문화적, 체계적 원인들과 무관하지 않겠지만 가장 중요한 부분은 가족, 특별히 배우자와의 관계와 목사가 인간으로서 다른 사람과의 친밀감에 대한 욕구와 연관이 있다는 점이다.

3부에서는 피상적인 목회자의 부부 및 가족 관계가 아니라 진정한 친밀감을 형성하기 위한 방법과 목회자 부부의 건강한 성생활, 그리고 목회자의 성범죄에 대한 교육과 그 대책을 살펴보고자 한다.

| 1장 |

목회자 가정의 친밀감:
거짓 친밀감과 진정한 친밀감

누구나 가족과 친구, 이웃들과 친밀한 관계를 맺으며 살기를 원한다. 어떤 학자는 사람이 태어나서 세 종류의 친밀함을 경험한다고 말한다. 첫째는 부모 및 가족 형제들과의 친밀함, 둘째는 동성 친구들과의 친밀함, 그리고 세 번째는 이성과의 친밀함이다. 그렇기에 친밀함은 꼭 부부의 결혼생활에만 존재하는 것은 아니다. 그러나 부부에게 친밀함이 없다면 건강한 결혼 생활은 거의 불가능하다. 그렇기에 가족상담가인 노만 라이트는 이렇게 말한다.135)

> 친밀함은 결혼 생활 없이도 존재할 수 있으나 친밀함 없는 의미 있는 결혼 생활이란 불가능하다. 두 사람의 마음이 서로 와 닿으려면 반드시 친밀함이 필요한 것이다. 만약 당신이 당신의 배우자가 여러 문제나 또는 관심거리에 대하여 어떻게 생각하고 있는지를 모른다면 그 사람은 당신에게 있어서 조금은 타인과 같은 존재가 될 것이다.

이러한 내용은 부부가 서로에 대한 관심과 그것을 나눌 수 있는 친밀함을 갖지 않고는 의미 있는 부부 관계를 만드는데 실패할 수밖에 없음을 보여준다. 그런데 목회자 부부에게 친밀감은 더 중요한 요소이다. 왜냐하면 목회는 부부의 헌신을 요구할 뿐 아니라 교인들이나 일반인들과의 친밀한 관계 형성이 쉽지 않기 때문이다. 그렇다면 어떻게 목회자 부부의 친밀감을 높이며 부부 생활에 활력과 친밀함을 유지할 수 있을까?

I. 친밀함과 친밀감

결혼생활과 가정생활에서 완전한 부부, 온전한 가정이라고 말할 수 있는 사람은 아무도 없을 것이다. 그렇지만 목회자 부부는 실제 결혼생활과 성경의 완전한 부부 관계 사이에서 더욱 그 괴리가 크다고 느낀다. 늘 하나님의 말씀에 도전 받고 그것을 가르쳐야 하기 때문이다. 따라서 친밀한 관계로 보이기는 하지만 실제적 친밀함을 나누지 못하고 위장된 친밀함에 머물러 있는 목회자 부부들이 종종 있다. 마치 잉꼬부부로 소문난 연예인 커플이 어느 날 갑자기 이혼을 하게 되었다는 소식을 접할 때와 비슷하다. 그들은 위장된 친밀함을 대중 앞에 보였지만 실상은 진정한 친밀감이 결여된 부부생활이었음이 드러난 것이다.

친밀함이 친밀한 관계를 맺고 있는 상태를 주로 의미한다면, 친밀감은 친밀함을 느끼는 정서적 또는 감정적 경험을 뜻한다고 할 수 있다. 그러므로 친밀감은 성적이고 지적인 차원 뿐 아니라 감정적이고 경험적인 것을 포함하는 전인적인간의 연합(고든 맥도날드는 '마음의 연합'

이라 표현)이라고 볼 수 있다. 스턴버그는 친밀감은 다음의 내용을 포함한다고 말한다[136]: 사랑하는 이의 복지를 증진시키려는 바람, 사랑하는 사람과 행복을 경험, 사랑하는 이에 대한 높은 존경, 필요할 때는 사랑하는 이에게 의지, 사랑하는 이와 상호 이해, 사랑하는 이와 더불어 자아와 소유물을 공유, 사랑하는 이로부터 정서적 지원을 보답, 사랑하는 이에게 정서적 자원을 제공, 사랑하는 이와 의사소통을 주도, 자신의 일생에서 사랑하는 이가 가치 있는 것 등이다. 즉 친밀감이란 인간 내면의 깊은 연합 또는 결합과 연관이 있고 그것을 위해서는 자신의 약점과 결점까지도 노출하는 위험을 감수하고, 또한 자기 유익 보다는 다른 사람을 배려할 수 있는 능력을 포함한다. 게다가 친밀감을 나누기 위한 전제로 책임감과 신뢰, 대화 능력 등을 필요로 한다. 그러므로 부부에게 있어서 친밀감은 부부가 육체적, 심리적, 영적으로 둘이 하나 됨을 이루어 가게 만드는 필수 요소이며, 함께함을 느끼게 함으로 결혼의 행복 정도를 측정하는 중요한 척도가 된다.

II. 거짓 친밀감에서 진정한 친밀감으로

사진을 찍을 때 '김치', '치즈'라고 말을 하게 된다. 그래서 가족 사진 속에서는 모두가 웃고 있다. 부부가 아무리 싸웠어도 사진 속에서는 웃고 있다. 사진 속에 웃고 있는 가족들의 얼굴을 보면서 결코 행복한 가족이라고 말하지 않는다. 부부가 목소리를 높여서 싸우다가도 전화를 받을 때는 갑자기 상냥한 목소리로 변한다. 가족의 갈등을 밖으로 드러나지 않도록 위장을 하듯이, 내면에서는 갈등하고 있는데 겉으로는 배우자를 향해 웃으며 아무 일도 없었던 듯이 자신의 역할을 하고 있는 모습은 거짓 친밀감의 전형적인 모습이다. 목회자 부부는 더욱 이런 상황에 쉽게 노출된다. 왜냐하면 목회자 부부의 갈등이나 어려움을 이야기하거나 보였다가는 교인들이 실망하거나 교회를 떠나지나 않을까 두려워하면서 다른 사람들이 기대하는 역할 구조에 머무르려는 경향이 높기 때문이다.

초기 가족치료자 중에 리만 와인(Lyman C. Wynne)과 그의 동료들은 1950년대부터 정신분열증의 가족관계에 대한 연구를 통해서 거짓 친밀성(Pseudomutuality)[가짜 친밀감 또는 의사(擬似) 상호성으로 번역하기도 한다]개념을 소개한다. 이 이론의 핵심 용어로서 거짓 친밀성은 "관계에 속한 사람들 각자의 정체성을 무시하고 함께 결속하는 데만 지나치게 열중함"을 의미한다.[137] 벡버 부부는 잘 기능하는 가족은 분리와 결속(togetherness) 사이에 적절한 균형을 이루는 반면에 거짓 친밀성을 갖고 있는 가족은 "개인의 정체성을 인정하는 것이 전체로서의 가족에 위협"으로 간주하며, "더욱이 유머와 자발성이 부족하며, 융통성 없이 역할이 부여되고 유지되며, 가족원들은 이와 같이 경직된 역할 구조가 바람직하고 적합하다고 고집한다"[138]고 설명한다. 이러한 거짓 친밀성의 위험성은 가족 구성원들에게 환상의 삶을 살도록 하는 것이다. 특별히 목회자 부부는 쉽게 교인들에게 노출되어 있기 때문에 환상 속에 이상적 부부 처럼 위장할 가능성이 높다. 따라서 거짓 친밀감을 넘어서 진정한 친밀감을 키워가기 위해서는 다음과 같은 것들을 실천하여야 한다.

첫째, 에너지와 시간을 투자하라

부부간의 친밀감을 키워가기 위한 지름길은 없다. 즉 친밀감은 어느 한 순간에 이루어지는 마술적인 것이 아니라 이 친밀감이 성장하도록 양육하고 촉진하기 위해 노력하고 시간을 투자하여야 한다. 목회자 부부가 목회나 자녀양육, 교인들에 관한 것들로부터 벗어나서 서로를 알아가고 이해하고 함께할 수 있는 절대적인 시간이 있어야 한다. 따라서 하루에 30분, 일주일에 반나절, 한 달에 하루 정도의 시간은 목회자 부부가 서로를 향하여 비워두어야 한다. 왜냐하면 부부의 헌신을 요구하는 목회 현실에서 부부의 친밀감을 쌓기 위한 노력과 훈련이 있어야 하기 때문이다. 목회자 부부의 친밀감이 높으면 높을수록, 목회에서의 행복감의 정도가 높아질 것이다. 즉 목회 행복은 목회자 부부 관계의 친밀감의 정도에 달려있다.

두 번째, 친밀감을 개발하기 위해 진실함을 담은 정직한 대화를 나누라

성경에서 최초 인간 아담의 첫 번째 말은 아내 하와를 향한 찬사였다. 아담은 “드디어 나타났구나! 내 뼈에서 나온 뼈요, 내 살에서 나온 살이로구나”(창 2:23, 공동번역)라고 외친다. 아담은 하와가 자신의 일부분이자 가장 중요한 핵심이며 처음부터 함께한 배우자라고 선언한다. 그의 첫마디는 배우자에 대한 찬사와 존경의 극치였다. 하나님께서는 부부가 함께함으로 서로의 부족을 보완하고, 친밀함, 즉 하나됨의 연합을 이루기를 원하신다. 그 친밀함의 최고는 서로를 향하여 투명한 것이다. 아담과 하와는 창조의 완전함 속에서 서로 벌거벗었으나 부끄러워하지 않았다(창 2:25). 단순히 옷을 입지 않았다는 의미뿐만 아니라 인간 존재의 가장 깊은 부분까지도 서로를 향하여 개방하였음을 의미한다. 볼스윅 부부는 부부의 친밀함을 설명하면서 가정은 창조의 질서에 속한 유일한 사회적 기관이며 친밀함 즉, 상대방을 아는 것을 강조하며 창세기에서 아담과 하와가 느낀 친밀감은 어떤 꾸밈이나 가식, 거짓도 없이 그들 자신이 될 수 있는 능력이었다고 주장한다.[139] 그들은 자신의 치부를 숨기기 위해 속임수 게임을 할 필요가 없었다.

따라서 하루 세 번 식사 때 마다 기도하듯 친밀감을 위한 정직한 대화는 적어도 하루에 세 번은 배우자에게 찬사, 감탄, 감사, 격려, 칭찬의 말을 하는 것이다. 이것은 거짓으로 하라는 것이 아니라 열심히 찾고 훈련하면 새로운 언어, 새로운 방법으로 함께 살아온 배우자에게 진심이 담긴 고마움을 표현할 수 있고, 감정의 잔고에 긍정이 쌓여가야 친밀감을 느낄 수 있기 때문이다.

셋 째, 친밀감이 넘치는 (가능하면 목회자) 부부와 정기적인 만남을 통해 배우라

하버드 대학과 샌디에고 대학에서 가르치는 크리스태키스와 파울러 교수는 "행복은 전염된다"는 책에서 3단계 영향법칙을 이야기 한다[140]. 1971년부터 2003년까지 12,067명을 종단 연구한 결과 '친구'(1단계)가 행복할 경우 당사자가 행복할 확률은 약 15% 더 높아지고, '친구의 친구' (2단계)가 행복할 경우 당사자가 행복할 확률은 10%가 높아지고, '친구의 친구의 친구'(3단계)가 행복할 경우 당사자가 행복할 확률은 6%가 높아진다고 밝혔다. 한 사람이 행복하면 3단계 떨어진 사람까지도 영향을 미친다는 것이다. 반대의 경우에 있어서도 가능한데 비만, 이혼, 불행 등도 가까운 사람들로 마치 전염성이 있는 것처럼 영향을 받는다. 따라서 친밀한 부부, 행복한 친구 부부, 닮고 싶은 신앙의 선배, 멘토 부부 등과 함께 시간을 보냄으로 어떻게 친밀감을 쌓는지를 배워야 한다.

나가는 말

친밀한 부부 관계는 '한 몸을 이루라'는 하나님의 주례사에 따라 영적으로, 정서적으로, 습관적으로, 육체적으로 서로를 알아가서 전적인 하나됨을 계속해서 이루어가는 과정이다. 목회자 부부는 서로에게 에너지와 시간을 투자하고, 서로가 이해하기 위해 노력하는 배려와 진실한 대화를 나누고, 실제로 행복하고 친밀감이 넘치는 멘토 부부들을 통해 배움을 정기적으로 가짐으로 진정한 하나됨, 부부의 친밀감을 배양해 갈 수 있을 것이다.

| 2장 |

목회자 부부의 **건강한 성생활**

목회자 부부만을 위한 특별한 성생활이 있는 것은 아니다. 왜냐하면 목회자 부부도 일반 부부와 마찬가지일 것이기 때문이다. 반면에 목회자 부부는 주말에 더 바쁘고, 목회에 대한 부부의 헌신 요구가 크다. 그러므로 목회자 부부의 특수성을 고려할 때 목회자 부부가 겪는 독특한 성적인 문제나 어려움이 있을 것이라고 예측하는 것은 어렵지 않다. 한 사례를 살펴보자.

> 목사의 딸과 선교사로 헌신한 목사가 서로 만나 사람들의 축복 가운데 결혼을 하여 가정을 이루었다. 그들은 선교에 헌신했고, 서로 사랑했기에 행복은 보장된 듯 했다. 그러나 그들은 얼마 지나지 않아 상담자를 찾아야 했다. 문제는 서로 성(性)적인 차이였다. 목사의 딸이었던 사모는 남편을 도저히 신뢰할 수 없다며 마치 "짐승같다"고 남편을 표현했고, 남편은 자신은 결혼한 지 몇 개월이 되었지만 "아직도 총각이나 마찬가지"라고 했다. 아내는

말하기를 목사였던 아버지는 저녁 식사를 하시면 늘 교회로 가셔서 철야기도를 하시곤 했는데, 남편은 밤만 되면 성관계를 요구한다며 불평을 했다. 남편은 도대체 부부가 성관계를 갖는 것은 당연한 것인데 아내가 성에 대해서 너무 부정적이라며 한탄을 했다.

이러한 사례는 흔한 것은 아니지만 종종 발견할 수 있는 것이다. 성에 대한 무지와 성에 대한 왜곡된 신학이나 사고는 목회자의 건강한 성생활에 지장을 준다. 또한 목회에 대한 열정과 헌신이 배우자에 대한 헌신이나 애정을 약화시키기도 하고, 다양한 유혹들이 목회자 부부에게 위험을 주기도 한다. 따라서 본 글에서는 샵버그의 통찰력141) 을 중심으로 목회자 부부의 성생활에 장애를 주는 것들을 살펴보고, 목회자 부부의 건강한 성생활을 위한 제안들을 다루려고 한다.

I. 목회자 부부 성생활의 장애물들

목회자 부부에게 성적인 영향을 줄 수 있는 것 중에 목회와 연관된 것이 두 가지가 있다. 하나는 목회자의 목회에 대한 극단적 열정이며, 또 하나는 목회사역에서 오는 성적 유혹들이 있다. 전자는 목회자의 일/사역 중독으로 볼 수 있고, 후자는 목회자의 신분이 성도와 신뢰할만한 관계를 전제한다는 면에서 감정적 결합이 성적 관계로 발전해 갈 수 있다는 위험을 포함하고 있다.

A. 일중독

목회자들이 자신의 가정과 목회를 생각할 때 가장 어려운 점은 "교회에서 보내는 시간 때문에 가정에서 보내는 시간이 부족하다"[142] 는 것이다. 이것은 목회자의 목회에 대한 애정이 크면 클수록 그들의 결혼생활이나 가정에 소홀해 질 수 있다는 것을 보여준다. 팀 라헤이는 엑슬리의 글을 인용하면서 목회자가 사역에 몰두하게 되면 첫째로 목회자 자신이 가족과 아내로부터 멀어지게 되고, 두 번째는 목회자가 항상 지쳐있게 된다고 주장한다.[143] 또한 목회에서의 과도한 사역은 목회자의 피로, 탈진 또는 좌절감에 빠지게 하고 그것은 "목회자를 도덕적 타락에 쉽게 빠지게"[144] 만든다.

목회자들이 일중독에 빠져드는 요인 가운데는 성도들로부터 "인정(認定) 중독"[145]에 빠지거나, 또는 개인적인 "야망"[146] 등이 있다. 목회자가 하나님의 인정보다 사람의 인정을 추구하고, 하나님의 일 보다 개인적인 야심을 좇다보면 점진적으로 일중독자가 되고, 결국은 일에 대한 책임감과 압박감으로 인해 탈진한 상태가 되고 만다. 그것은 결국 목회자로 하여금 내적 능력을 소진시켜서 성적 유혹에 대해 무능력하게 만든다. 필자가 만났던 한 목회자는 교회 사역을 분주히 하다가 큰 프로젝트를 마치고 나면 밀려오는 공허감과 함께 자신도 모르게 가지 말아야 할 곳에 가 있는 것으로 인해 고통을 호소했다. 그는 일에 몰두해야만 유혹을 이길 수 있다고 생각하지만, 목회자가 계속해서 사역만 할 수는 없다. 그러므로 대부분의 유혹은 일을 성취했을 때에, 많은 일을 끝내고 홀로 남았을 때, 밤늦게 집으로 혼자 돌아갈 때 엄청난 힘으로 다가오고 그것에 굴복하여 절망감에 빠지게 된다.

따라서 목회자는 사역의 우선순위를 정할 때 스스로 스트레스를 다루며 휴식을 취할 수 있도록 고려해야 한다. 또한 가족과 함께 시간을 보낼 수 있도록 일정을 짜야 하며, 아내와 함께 정규적으로 시간을 보낼 수 있도록 계획을 세워야 한다.

B. 성적 유혹

교회 성도의 약 70%이상은 여성도들이므로 목회자들은 대부분 여성도들과 목회 시간을 보내게 된다. 여성도들은 목회자를 존경하고 신뢰하기 때문에 목회자가 남성이라는 사실을 때때로 간과한다. 또한 목회자는 성도들에게 자애롭고 이해심이 많은 모습으로 나타나고 그런 모습은 대부분의 여성도들이 바라는 남성상이기 때문에 그러한 감정이 발전해서 목회자와 잘못된 관계로 발전할 수 있다. 따라서 목회자는 유혹받기 쉬운 위치에 있으며, 동시에 타락하기 좋은 위치에 있다는 것을 잊어서는 안된다. 물론 어떤 경우에도 여성도들과의 관계에서 자신을 지켜야할 전적인 책임은 목회자에게 있다.

게다가 목회자들은 종종 여성 성도들과 상담하다가 감정적인 결합을 느끼면서 성적인 타락을 하기도 한다. 목회자는 자신이 원하든 원하지 않든 상담자의 역할을 피할 수는 없을 것이다. 문제는 좋은 상담자가 되느냐 아니냐이다. 따라서 중요한 것은 목회자가 스스로 상담의 전문가로서 접근하지 않으면 유혹에 빠져들기가 매우 쉽다. 이것은 상담공부를 해서 전문 상담을 하라는 의미보다는 목회자도 한 인간으로서 유혹을 받아 넘어질 수 있다는 사실을 명심하면서 상담에 임해야한다는 것이다. 그래서 어떤 목회상담자는 한 여성도와 상담으로 세 번 이상은 만나지 않는다고 한다. 런던과 와이즈먼은 목회자가 이성 상담을 할 때 조심해야함을 이렇게 강조한다.

"자신은 유혹을 받지 않을 만큼 강하다는 어리석은 생각을 버리십시오. 절대 안전이란 없습니다. 스스로 안전장치를 마련하십시오. 유혹을 받는 상황을 잘 처리할 수 있다고 생각하지 마십시오...... 기억하십시오. 여러분이 설 것이라고 믿는 때가 바로 넘어지기 쉬운 때입니다."[147]

II. 목회자 부부의 건강한 성생활을 위한 제언들

위에서 지적한 일중독과 성적 유혹으로부터 목회자가 자신을 보호하면서 자신의 배우자와 어떻게 건강한 성생활을 유지할 수 있는지를 살펴보자.

A. 부부 성에 대한 부정적 사고/신학의 극복

누구나 성에 대해서 말하는 것은 쉽지가 않다. 특별히 목회자는 거룩해야 한다는 것 때문에 성에 대해서 불편함을 느낄 때가 많다. 그러나 성은 하나님께서 창조하신 것이며 좋은 것이다(창 1:27; 딤전 4:4). 하나님께서는 인간의 성을 아름답게 창조하셨다. 따라서 부부의 성은 아름다운 것이며, 부부에게만 주어진 것이다. 하나님의 주례사는 "남자가 부모를 떠나 그 아내와 연합하여 둘이 한 몸을 이룰지로다"(창 2:24)였다. 이러한 한 몸을 이루라는 말씀은 부부의 성적인 연합에 기초하여 육체적, 정서적, 영적인 한 몸을 이루라는 말씀이다. 목회자 부부가 거룩한 것-설교, 기도, 심방, 찬양, 예배-에는 시간을 많이 사용하면서 서로 성적으로 알아가고 건강한 부부생활을 위해서는 투자하지 않는다면 하나님의 말씀인 전인적인 면에서 둘이 한 몸을 이루어가라는 명령에는 순종하지 않는 것이다. 목회자가 부부 관계에서 성공하지 못한다면 목회 관계나 다른 인간관계에서 승리를 유지하기는 매우 힘들다. 반면에 목회자의 건강한 부부 생활은 목회를 정상 궤도에서 벗어나지 않도록 인도한다.

B. 성은 대화이며 커뮤니케이션이므로 배워야 한다

성(sex)은 대화로부터 시작된다. 부부의 성관계는 단순히 성적 결합이 아니다. 부부 사이에 친밀한 감정과 서로의 감정을 나눌 수 있는 대화와 커뮤티케이션이 있어야 부부의 성생활이 가능하다. 성경은 "아담과 그 아내 두 사람이 벌거벗었으나 부끄러워 아니하니라"(창 2:25)라고 기록하고 있다. 타락하기 전 아담과 하와는 서로 온전한 의사소통과 친밀감을 나누었음을 알 수 있다. 따라서 건강한 목회자 부부의 성생활을 위해서는 부부가 함께 노력하며 배워야 한다. 무엇보다도 부부는 남녀의 성차에 관한 것을 배워야 한다. 페너 부부는 다음과 같이 설명한다.[148)]

> 남자와 여자가 서로를 원하면서도 서로의 차이에 대해서는 알지 못한다. 가장 명백한 차이는 남자는 성경험에 있어서 신체적이고 성기적인(보다 외관적인) 반면에 여자는 감정적이고 관계적(보다 더 내향적)이다. 남녀의 생식기가 이를 상징하고 있다. 남자가 자극을 받으면 그의 감정이 성기적인 면에 초점이 맞춰지고 오

르가즘에 이르면서 한 곳에 집중되게 된다. 여자는 자극을 받으면 오르가즘에 이르면서 내적인 면에 초점이 맞춰진다. 덧붙여서 여자는 대개 보호와 사랑을 받고 싶은 욕구가 있다

대부분 성적인 문제를 겪는 부부들은 성에 관해 배우지 못했기 때문이다. 일반적으로 성상담의 책들은 남성과 여성의 성적 반응의 차이가 있기 때문에 남편은 아내를 위해서 좀 더 전희의 시간을 갖도록 해야 하며, 아내는 남편이 쉽게 흥분할 수 있는 존재이므로 좀 더 적극적으로 반응해 주어야 할 필요가 있다고 권면한다. 부부가 상대방을 기쁘게 해 주는데 노력해야한다고 가르치는 말씀(고전 7:3-4, 34-35)과 일치하는 내용이다.

"화성에서 온 남자, 금성에서 온 여자"라는 책으로 우리에게 널리 알려진 존 그레이는 "화성 남자, 금성 여자의 침실 가꾸기"라는 책에서 기독교인들에게는 조금 당황스럽지만 열정적인 섹스의 다양함을 이렇게 묘사한다.149)

멋진 섹스는 열정이 식지 않았음을 보여줄 뿐 만 아니라 관계 속의 열정을 창조하는 중요한 요소이기도 하다. 그것은 우리 가슴을 사랑으로 가득 채우고 우리의 심리적인 욕구를 거의 충족시켜 준다. 애정 어린 섹스, 정열적인 섹스, 감각적인 섹스, 긴 섹스, 짧은 섹스, 급히 하는 섹스, 장난스런 섹스, 감미로운 섹스, 거친 섹스, 부드러운 섹스, 격렬한 섹스, 로맨틱한 섹스, 목표를 향해 돌진하는 섹스, 에로틱한 섹스, 간단한 섹스, 침착한 섹스, 뜨거운 섹스...... 이 모두가 사랑의 열정을 지속해 나가는 데 저마다 중요

한 몫을 차지하고 있다.

위와 같은 표현은 부부가 함께 성적인 결합을 이루어가는 방법이 얼마나 다양한지를 보여주며, 따라서 부부가 부끄러움 없이 성을 나누고 서로를 알아가는 것이 얼마나 중요한지를 가르쳐 준다.

C. 성중독의 위험성을 직시해야 한다 (샴버그의 "거짓 친밀감"을 중심으로)

사람들은 성중독을 개인적인 문제로 본다. 조절과 절제의 문제로 보기도 하고, 그래서 통제 불능 시 중독이라는 단어를 사용한다. 거기에는 자학적 성중독이 있는가 하면 성폭행, 아동 성학대 등 성적 대상에게 범죄 행위를 하는 가해적 성중독이 있다. 이처럼 성중독은 자신만을 파괴하는 것이 아니라 다른 사람들에게 돌이킬 수 없는 치명적인 고통과 아픔을 준다. 그렇기에 성중독은 개인적인 성문제가 아니라 대인관계의 문제다. 그런데 목회자는 영적인 권위를 유지하고 가르치는 위치에 있기 때문에 힘을 남용하는 것에 스스로 경계를 해야 한다. 왜냐하면 돌봄과 심방, 목양하는 목회자의 역할은 교인들과 성적 친밀감이나 잘못된 관계로 발전할 가능성을 내포하고 있기 때문이다.

1. 성 중독은 성문제가 아니라 친밀감(대인관계)의 문제이다.

섐버그는 성 중독은 성문제가 아니라 친밀감의 문제, 즉 관계의 문제로 규정한다. 그는 사람은 누구나 친밀한 관계, 친밀감의 욕구가 있는데 그것을 거짓된 친밀감으로 채우려는 것이 성 중독 형태로 나타난다고 보았다. 섐버그는 친밀감의 정도에 따라 세 가지로 분류한다. 완전한(아담 하와가 타락 이전에 누리던) 친밀감 , 진정한(부부 관계에서 배우자가 누리는 성적, 관계적) 친밀감, 그리고 거짓된(진정한 친밀감에 내재한 한계와 고통에서 벗어나려고 헛된 상상으로 만들어낸) 친밀감 이다. 그런데 성 중독에는 언제나 거짓된 친밀감이 존재한다,

부부 관계에서 진정한 친밀감을 누리기 위해서는 때로 자기 노출, 버림 받음, 통제력 상실, 각자의 성욕 등에 대한 두려움을 경험하는데 그 고통을 회피하고 만족감을 얻고자 하면, 결국 어느 시점에서 성적 행동에 대한 자기 통제력을 상실하게 된다. 그것이 성 중독이다. 섐버그는 "성적 관계가 주는 만족감에 정신이 팔려 건강이나 가정이나 직업에 미칠 결과에도 아랑곳없이 성적 행동에 대한 통제력을 잃는다면, 그 사람은 성 중독에 걸린 것이다"150)고 말한다.

벡버 부부는 잘 기능하는 가족은 분리와 결속(togetherness) 사이에 적절한 균형을 이루는 반면에 거짓 친밀성을 갖고 있는 가족은 "개인의 정체성을 인정하는 것이 전체로서의 가족에 위협"151)으로 간주한다. 이러한 거짓 친밀성의 위험성은 가족 구성원들에게 환상의 삶을 살도록 하는 것이다.

친밀감 또는 친밀성의 개념을 어떻게 이해하든 거짓 친밀감의 위험성은 가족 구성원들로 하여금 환상의 삶, 상상 속의 삶으로 이끄는 것은 분명하다. 어떻게 보면 목회자 부부는 환상의 삶, 상상 속의 삶을 살아가는, 또는 살아가려하는 유혹이 크다고 볼 수 있다. 교인들과 남들에게 이상적으로, 그래서 때로는 거짓 친밀성으로 보여주는 삶을 요구받기 때문이다. 그러다 보면 친밀함의 욕구가 잘못된 성관계와 성문제로 발

전하게 된다. 따라서 목회자 부부의 성 중독과 성문제를 다루려면 무엇보다 진정한 친밀함의 욕구를 인식하는 것이 매우 중요하다.

2. 성 중독은 관계의 문제이며 동시에 내면적, 영적 문제이다.

섬버그는 성 중독의 증거들을 주체할 수 없는 욕망, 비참한 결과들, 통제할 수 없는 상태, 그리고 행동의 심각성을 부인하는 것 등 네 가지로 설명한다. 그리고 결론적으로 이렇게 말한다. "그러므로 성 중독은 그저 섹스나 외적 행위의 문제가 아니다. 성 중독은 외로움과 고통에서 벗어나려는 욕구, 결과야 어찌됐든 무조건적인 사랑과 수용을 받고 싶어 하는 자기중심적 욕망, 하나님과의 살아있는 관계를 잃어버린 상태에서 생겨나는 부산물이다."[152] 따라서 이러한 개인의 내면의 문제가 성 중독으로 나타난다.

성 중독자들은 관계의 고통과 상처로부터 벗어나고자 다양한 성적 중독 방법들을 사용한다. 섬버그는 섹스를 극단적으로 피하려는 성적 혐오증이나 어떻게 해서든지 섹스를 통해 성적 욕망을 충족시키려는 성적 강박증 행위의 중심에는 내면에 섹스가 자라잡고 있다고 본다. 따라서 성 중독은 친밀감, 즉 관계의 문제에 뿌리를 두고 있지만, 치료를 위해서는 그 관계에 대해 이해하고 있는 그의 내면세계로부터 시작해야 한다. 성 중독의 내면의 문제를 다루기 위한 시작은 12단계의 첫 단계처럼 먼저 자신이 성 중독자임과 변화가 필요함을 인정하는 것이다. 나아가 자신의 상처를 직시하면서 자신을 스스로 치유할 수 없기에 하나님을 의지해야 한다. 그것은 회개의 필요성을 인식하고 하나님 앞에서 죄를 자백하며 하나님의 말씀과 성령, 하나님의 사람들(믿을만한 상담자, 목회자, 친구들)에게 도움을 청하고 교제하는 것을 포함한다. 그리고 성 중독 문제를 전문적으로 다루는 자조그룹 또는 재활그룹 모임에 참여를 고려하며 건강한 관계를 추구해야 한다.

성 중독에서의 해방은 반드시 내면의 문제를 다루어야 하며 신앙적, 영적 접근은 필수적이다. 그러나 영적, 신앙적 방법에서 좀 더 구체적 대안은 "중독과 은혜"의 저자 제랄드 메이가 강조하였듯이 '은혜'다. 제랄드 메이는 모든 사람이 중독에 빠져있고, 스스로 헤어 나올 수 없는 중독에서 해방되는 길로 하나님의 은혜를 제시하며 이렇게 고백한다. "비록 나 자신이 종종 중독 앞에서 무력함을 느끼지만, 나는 어느 정도 중독을 이해하고 있으며... 중독을 이해한다고 해서 중독에서 해방되는 것은 아니지만, 중독에 대한 이해는 우리로 하여금 은혜를 깨닫도록 도와줄 것이다. 은혜는 세상에서 가장 강력한 힘이다. 은혜는 억압과 중독 그리고 그 밖의 모든 인간 내면의 자유를 억압하는 내적 혹은 외적 힘들을 능가할 수 있다. 은혜에 우리의 희망이 있다."[153]

성 중독의 내면의 문제를 다루는 셤버그의 제안은 상담심리적 측면에서 과거의 경험을 다루는 심리역동적 치료와 그 경험과 사건에 대한 해석의 재구성을 위한 인지적 치료, 그에 따른 새로운 행동의 학습을 위한 행동주의 치료, 그리고 부모-자녀 관계의 변화를 추구하는 가족 치료적 접근 등 다양한 접근에 대한 통합적 방식을 활용해야 한다고 주장한다. 덧붙여서 신앙적, 영적 치료 방법으로 기독교적인 자산(성찬, 예배, 찬양, 기도, 말씀 묵상, 침묵, 섬김, 성경공부, 소그룹, 공동체 등)을 적극 활용해야 할 것이다.

3. 성 중독의 문제로부터 소중한 가정과 교회를 지켜야한다

거룩한 교회를 성 중독으로부터 지켜야 하며, 동시에 성 중독으로 해방되도록 성도들을 돌보아야 한다. 회복을 위해서는 가장 먼저 자신을 돌아보는 것부터 시작해야하며, 교회를 거룩하게 보존하기 위해서는 교회 안의 성적 죄악의 누룩을 제거해야 한다. 또한 교회의 지도자들을 공격하는 악한 영적 세력에 대해서 경계심을 늦추지 말아야 한다, 사실 성 중독의 문제는 치료보다 예방이 더 중요하다. 그러나 늘 문제가 드러나고 나서야 알게 되고, 문제에 대한 사후 처방을 하느라 에너지를 소진하게 된다. 교회적으로나 가정적으로 예방적 차원에서 교육과 정보제공, 대처방안 등에 대한 것들을 정기적으로 다루어야 한다.

4. 성 중독은 다루기가 쉽지는 않지만 치료 불가능한 것이 아니며 변화의 과정이다

목회자 부부간에 성 중독자가 있을 경우에 부부를 함께 상담하는 것이 필요하다. 왜냐하면 성 중독의 중심에는 부부간의 친밀감의 문제가 있기 때문이다. 매우 힘든 과정일지라도 그 길을 걸어야 하는데 섬버그는 이것을 추구하기 위해서 경건한 용기가 필요하다고 주장한다. 그 경건한 용기로 회복의 길을 걸어가는 데는 슬픔, 감사, 깨어진 마음에서 비롯되는 열정, 그리고 그것을 지탱시켜주는 겸손의 네 가지 요소를 필요로 한다. 그는 성 중독의 행위, 즉 무엇을 했느냐 보다 더 중요한 것은 존재, 자신이 어떤 사람이냐는 근본적 질문을 한다.

나가는 말

목회자 부부는 과중한 목회의 요구와 또한 목회에서의 성공을 위해서 가정을 희생하고 부부 관계를 소홀히 할 가능성이 매우 높다. 그러나 가정에서의 실패는 목회에서의 실패를 초래 한다. 따라서 목회자 부부는 건강한 성생활을 방해하는 요소들을 제거하고, 성적인 친밀함을 유지하기 위해서 부부의 성적인 차이와 성적인 즐거움을 부끄러움 없이 나눌 수 있도록 진지하게 배워가며 성장해 가야 한다. 왜냐하면 부부관계에서의 건강함이 곧 목회에서의 즐거움을 배가하게 할 것이기 때문이다.

| 3장 |

목회자의 성폭력과 그 대책

미국의 유명한 리더십 잡지 [Leadership Journal, 1999년 봄]의 통계에는 사역 기간 중에 배우자 아닌 사람과 성관계를 가진 적이 있는가? 라는 질문에 미국 목회자들의 88%가'그런 적이 없다'고 답했다. 또한 사역 기간 중 배우자 아닌 사람과 성관계 외의 성적 접촉을 가진 적이 있는가? 라는 질문에 82%가'아니다'라고 응답했다.[154] 결혼한 남자의 50%, 결혼한 여자의 40%가 혼외 정사 경험이 있다는 하버드 대학의 한 통계와 비교해 볼 때[155] 이것은 아직도 대부분의 목회자들이 성적인 문제에서 정직함을 유지하고 있음을 보여주는 것이다. 그럼에도 불구하고 12-18%의 목회자들이 배우자 외에 사람과 부적절한 성적 관계를 가졌다는 것을 뜻하며, 높은 도덕적 탁월성을 요구받는 목회자들에게는 결코 낮은 수치가 아님을 간과해서는 안 될 것이다. 비록 세상과 비교하면 도덕적 순결의 우위를 보이고 있지만 동시에 무시할 수 없는 정도로 성적인 문제가 교회에 가까이 있음을 경고하는 것이기도 하다. 한국 목회자에 관한 정확한 통계는 없지만 필자의 상담 사례

가운데 교회 내에 성적 문제는 점점 증가하고 있고 심각해지고 있다. 이것은 단순히 무자격 목회자들이 너무 많이 양산되었기 때문만은 아니다. 급증한 목회자 수에 따라 생겨난 부작용이라고 치부하기에는 그 피해와 빈도가 너무 심각하기 때문이다.

인터넷에서 목회자 성추행, 성범죄 등에 관한 기사를 발견하는 것은 흔한 일이다. 검찰청 통계에 따르면 2010년부터 2014년까지 강간, 강제추행 등 성범죄를 가장 많이 저지른 전문직 직업군 1위는 성직자(전체 발생 건수 3,050건 중 성직자가 5년간 442건)였다. 전체 전문직 인원수를 고려하지 않고 단순히 발생건수만을 비교하는 것은 종교인 입장에서는 억울하다고 할 수 있을 것이다. 예를 들어 전체 변호사 또는 전체 의사 중에서 성범죄가 일어난 발생 건수를 비교해야 좀 더 통계적으로 의미가 있다는 것이다. 실제로 개신교, 천주교, 불교 등을 포함하는 전체 성직자수에서 발생한 성범죄 빈도로 본다면 다른 전문 직업군에 비해서 결코 많은 편은 아니라고 볼 수도 있다. 그럼에도 불구하고 특별히 남성 성직자는 우월적 지위를 이용해 여신도들에게 성적으로 치명적 피해를 줄 수 있기 때문에 그 발생건수와 상관없이 반드시 근절되어야 한다.

사실 목회자를 포함하여 그 누구도 성적 유혹과 죄로부터 완전히 면역된 사람은 없을 것이다. 그러나 어떤 사람들은 유혹에 더 쉽게 노출되며 성적으로 잘못된 관계로 발전하는 경향이 높을 수 있다. 이러한 성적 타락은 신뢰가 전제되고 어느 한 쪽이 더 우월한 힘을 갖는 불균형 관계의 일을 하는 사람들에게 종종 일어난다. 예를 들면 의사, 교수(교사), 목사 등이다. 환자들은 자신의 고통과 아픔을 해결하기 위해 의사를 신뢰해야하며, 자기 자신의 치부를 노출해야 도움과 치료를 받을 수 있다. 교수(교사)는 배우는 학생들에게 신뢰를 받을 뿐 아니라 보다 더 우월한 위치에 있어서 영향력을 행사할 수 있기 때문에 부적절한 성적인 요구를 하기 쉽다. 목회자는 영적 문제의 진단이나 영적 지도를 하는 차원에서 의사처럼 신뢰의 관계에 있어야 하며, 동시에 성경을 가르치고 설교하는 역할에서 교수처럼 우월적 위치에 있으므로 자신의 힘을 남용하여 성도와 성적인 부도덕한 관계로 발전할 위험성이 높다. 남, 녀 목회자 모두에게 성폭력 대책이 필요하지만 본 글에서는 주로 남성 목회자에 초점을 맞추어서 다룰 것이다.

I. 성폭력 정의와 목회자의 성폭력 실태

1999년은 성폭력, 성희롱 문제에 있어서 원년(元年)으로 볼 수 있다. 왜냐하면 1999년 1월부터 〈남녀고용평등법〉 에 직장 내 성희롱 조항이 신설되고, 7월부터 〈남녀차별금지 및 구제에 관한 법률〉 이 시행되면서 직장 내 성폭력, 특히 성희롱 피해에 대한 인식의 전환이 일어난 한해였기 때문이다. 또한 1999년은 교회 내 성폭력 문제가 수면위로 떠오른 중요한 한 해이기도 했다. 왜냐하면 한국여신학자협의회를 비롯한 기독교여성단체를 중심으로 교회 내 성폭력문제를 사업 주제로 정하고 공론화하면서 그 동안 '선교에 방해가 되지 않기 위해서' 라는 미명하에 덮어두었던 많은 목회자 관련 성폭력들이 드러났기 때문이다.

A. 성폭력의 정의

일반적으로 성희롱이란 "상대방이 원하지 않는 행위의 부과를 통해

혐오감 또는 굴욕감을 느끼게 하는 것"이며 성폭력은 "상대방의 의사를 침해하여 이루어지는 성적 접촉"[156]으로 정의한다. 이러한 이해에 기초해 보면 성희롱이나 성폭력은 거의 동일한 의미로 사용되는 것을 알 수 있다. 따라서 한국성폭력상담소의 성폭력 예방지침서 (1998)는 "성폭력이란 강간 뿐만 아니라 성추행이나 성희롱 등 상대방이 거절하는데도 불구하고 가해지는 모든 신체적, 언어적, 정신적 폭력을 말한다"고 정의한다. 즉 광범위한 개념으로 성폭력이나 성희롱은 성 (sexuality)을 매개로 한 성(gender)에 대한 성적 폭력(sexual violence)이라는 면에서 같은 의미로 사용될 수 있다. 결국 "상대방의 의사에 반하여 육체적, 심리적, 혹은 경제적 압력을 가하여 행하는 성행위나 성 접촉, 또는 상대방이 성 결정 능력이 없거나 (어린이, 장애인 등) 의사표현력이 없는 것을 이용하여 행하는 성행위나 성 접촉" 등을 성폭력으로 정의할 수 있다. 이러한 정의에 비추어 보면 건강치 못한 목회자는 목회자의 권위를 이용하여 성행위를 강요하고나 성 접촉 또는 성폭력을 행사할 수 있는 가능성이 매우 높다. 왜냐하면 목회자의 지위나 이미지가 신뢰관계를 전제하고 있고, 영적인 권위와 존경을 받는 위치에 있기 때문이다.

B. 목회자의 성폭력 실태

2011년 차세대 목회자로 불리던 J목사의 성추행 사건으로 사회적으로 교회적으로 큰 이슈가 되었다. 오래전 통계이지만 '한국성폭력상담소'(소장 최영애)의 1999년 통계를 보면 직장 내에서 일어난 강간이 192건, 성추행이 173건, 성희롱 205건 총 570건으로 전체 성폭력 사건 2,564건의 22.2%를 차지했는데, 전체 성폭력 총 2,564건 중 32명 (1.2%)

이 목회자에 의한 성폭행으로 드러났다. 비록 일반인과 비교하면 높은 도덕적 우위를 보이고 있지만 동시에 무시할 수 없는 정도의 수치임을 인식해야 한다. 왜냐하면 성과 연관된 범죄는 피해자의 낮은 신고율을 감안해야 하기 때문이다.

이러한 현실은 결코 교회도 성폭력에 안전한 곳이 아니며, 목회자의 권위를 이용한 교회 내 성폭력이 점점 증가하고 있다는데 그 심각성이 있다.

II. 목회자의 성문제와 그 원인들: 왜 그런가?

아키발트 하트는 목회자의 성적 타락에 영향을 끼치는 요인들로 목회자와 교인간의 친밀감을 필요로 하는 상담관계, 이성 성도에게 매력적인 목회자의 이미지, 성적 충동을 부인함, 불행한 결혼생활 같은 가정의 상황, 그리고 인생의 생활 주기 등을 설명한다.[157] 팀 라헤이는 성 범죄에 빠질 수 있는 요인들을 성적매력이라는 영향력, 유혹하는 여성의 영향력, 감정 결합의 영향력 등 세 가지를 지적한다.[158] '성적매력의 영향력'이라는 것은 목회자는 성도들을 상담하고, 돌보고, 이해해주는 자애로운 역할을 하기 때문에 여성도들이 쉽게 목회자에게 매료되고 따라서 목회자는 유혹받기 쉽고 타락하기 좋은 위치에 있다는 것이다. '유혹하는 여성의 영향력'이라는 것은 목회자와 상담을 하는 2-4%의 여성 중에는 순수하지 못한 동기로 목회자에게 접근하는 경우가 있다는 것이다. '감정 결합의 영향력'은 상담을 통해서 성도와의 감정적인 결합은 간음으로 가는 첫 번째 단계로서 목회자가 아내와의 감정적 결합이 결핍되었을 경우에 많이 일어날 수 있다고 주장한다. 또한 팀 라헤이는 도덕적 타락의 요인이 되는 자세로 영적 자만, 감독받는 것에 대한 저항, 분노, 목회 성공에 대한 강박관념 등으로 인한 일 중독 등을 설명한다.[159] 이러한 요인들 외에도 목회자가 어렸을 때의 성경험이나 포르노 탐닉 등에 노출 또는 중독되었을 경우에 성적인 문제가 발생되는 것을 쉽게 추측할 수 있다.

다윗은 왕들이 출전할 때가 되었지만 군대와 함께 있지 않고 홀로 왕궁에 있을 때 유혹이 찾아왔다(삼하 11:1-5). 삼손은 미녀 들릴라의 유혹을 이기지 못하여 "날마다 그 말로 그를 재촉하여 조르매 삼손의 마음이 번뇌하여 죽을 지경이라"(삿 16:17)고 성경은 기록한다. 그러므로 성경은 "이는 세상에 있는 모든 것이 육신의 정욕과 안목의 정욕과 이생의 자랑이니 다 아버지께로 좇아온 것이 아니요 세상으로 좇아온 것이라"(요일 2:16)고 경고한다.

결국 목회자가 영적으로 둔감하거나, 스스로를 적절하게 조절할 수 없는 성격적, 심리적 취약성을 갖고 있거나, 어린 시절 성적인 유혹에 노출되었거나 가정적으로 불행 또는 배우자와 감정적인 결합이 결핍되어 있거나, 또는 교인, 목회자라는 신뢰할 만한 관계에 대한 과신이 유혹적 상황에 쉽게 빠져들게 한다고 볼 수 있다. 그러나 어떤 경우에도 목회자의 성적 타락은 정당화될 수 없으며, 그 책임은 목회자 당사자의 몫임을 잊지 말아야 한다. 왜냐하면, 조금만 정직하다면, 타락은 스스로 선택했기 때문이고 그 누구도 성적인 것을 강요하지 않았기 때문이다. 다음의 사례를 살펴보자.

사례 1: 외진 곳에 사는 가정을 심방하고 돌아오다가 비를 피해 있는 여성을 차에 태워준 이후 불륜의 관계로 발전한 목회자 사례 2: 어려움에 처해있는 교인을 상담하다가 안타까운 마음이 점점 연민의 정으로, 그리고 신체적 접촉으로 발전해서 결국 성적인 관계까지 갖게 된 상담 목회자

사례 3: 교회 사무 간사에게 목회적 도움을 받다가 성적인 친밀한 관계로 발전하게 된 중년의 목회자

사례 4: 대형교회에서 부목회자로 일하면서 큰 프로젝트 등을 끝내고 나면 밀려오는 허탈한 마음에 자신도 모르게 단란주점을 찾고, 성을 파는 여성들과 가까이 하면서 서서히 몸과 마음이 파괴되어 가는 목회자

사례 5: 여성 청년들을 개인적으로 은밀하게 만나고 성적인 관계를 반복하는 청년부 지도 목회자

사례 6: 도움을 청하는 여교우를 방문했다가 성적인 유혹을 받고 넘어진 목회자

위의 사례들에서 발견할 수 있는 몇 가지가 있다. 첫째는 목회자는 누군가를 도와야한다는 면에서 자신들의 경계를 넘어서는 위험성에 대한 경고이다. '사례 1'은 남을 도와야하는 것은 분명하지만 사려 깊지 못한 행동이 불륜으로 발전하게 된 경우이다. 목회자는 스스로 보호할 수 있어야 하기 때문에 혼자 운전할 경우 부득이 동행해야 한다면 이성은 뒷좌석에 태워야한다.

‘사례 2’도 같은 비슷한 경우인데 상담 목회자가 어디까지 관여하고 도와야할 지에 대한 분명한 경계를 세워야 한다. 좋은 의도로 교인들을 돌보고 상담하지만 그렇게 하기 위해서는 목회자 혼자서 움직이는 것을 조심해야한다. 상담의 특성상 단 둘이 만나야 하는 경우에는 반드시 자신의 위치를 알리고 보호받을 수 있는 공개된 장소 등을 선택해야 한다. 왜냐하면 심방이나 상담 등을 통해서 감정의 교류가 일어나고, 이러한 감정의 결합이 경계심을 약화시켜 성적 욕망의 결합으로 발전할 수 있기 때문이다.

둘째는 환경적 요소와 가족생활주기에 대한 인식이 필요하다. ‘사례 3’의 경우이다. 자녀들은 학업에 전념하고 아내는 아이들에게 신경을 쓸 때 목회자는 사역이 점점 증가하는 일중독 시기일 때가 많다. 목회자가 성공지향적일수록 점점 사역 중심의 삶이 되고 따라서 아내나 가족과 함께할 시간은 줄어들게 된다. 동시에 일에 대한 집중은 신체적인 피곤과 내적 공허감을 증대시킨다. 이렇게 되면 주위에 가까이 있고, 더 많은 시간을 함께 보내는 이성들, 예를 들면 사역자들이나 간사, 목회도우미 등과 친밀하게 되고, 성적 타락으로 쉽게 연결되어질 수 있다.

셋째는 과거의 상처나 성격적 문제로 일회성이 아닌 성적 부도덕이 계속 반복되거나 성적인 탐닉에 빠지는 경우이다. ‘사례 4’에서는 내적인 공허감과 허탈감이 목회자의 역할이나 사역을 무너뜨릴 정도로 공공연히 파괴적인 성적 행동을 주기적으로 하게 되는 경우이다. 이러한 사람은 단순히 자기조절의 문제라기보다는 중독적 경향성이나 과거력과 연관이 있다. 자신의 삶에 피할 수 없는 공허감을 때로는 포르노로, 때로는 술로, 때로는 성관계 등 부적절한 중독성 대치물 (addictive agent)을 통해 해결하려는 것이다. 또한 ‘사례 5’에서처럼 성적 타락이나 스캔들이 반복적으로 일어나고, 여러 성도들과 성적인 관계를 맺는 목회자는 인격 장애자일 가능성이 높다. 따라서 '사례 4'와 '사례 5'에 해당하는 목회자들은 상담치료가 필요하다. 가능한 한 빨리 목회에서 격리하고, 자기 스스로의 문제를 인식할 수 있도록 전문적인 도움을 주어야 한다.

넷째는 악한 사탄의 활동에 대한 경각심을 가져야 한다. '사례 6'의 경우와 같이 때로는 목회자를 유혹하는 여성도 있기 때문에 심방할 때는 혼자서 집을 방문하지 말아야 한다. 또한 남성 목회자는 여성들과 함께 하는 시간이 많고, 함께 일하는 경우가 많다. 그런데 이 여성들 중에는 부부생활의 불만이나 갈등으로 고통을 받고 있거나, 이혼 또는 사별로 인해 혼자되어진 여성들이 목회자를 통해 성적이고 정서적인 대리 만족을 추구할 수 있다. 그리고 사탄은 그러한 환경을 교묘하게 이용하여 목회자가 의식하지 못하면 깊은 수렁에 빠지듯 성적 타락으로 가게 된다.

위의 사례들을 통해서 배울 수 있는 것은 목회자의 성적 타락을 예방하기 위해서 몇 가지를 고려해야 한다. 사탄은 여전히 하나님의 일을 방해하며 교회, 특별히 목회자의 파멸을 위해서 성을 사용하고 있음을 상기해야 한다. 목회자의 사역은 다른 사람들을 돌보고 상담하고 대화하는 일이 중요하기 때문에 자신의 인간적 한계를 넘어 과도하게 관여하거나 능력의 부족으로 죄의식을 갖게 되면서 감정적 결합의 상호작용이 성적 친밀감으로 발전할 수 있다.

III. 성적인 문제에 대한 목회자의 회복과 예방

A. 성적인 문제에 빠진(노출되어 있는) 목회자: 어떻게 대처할 것인가?

성적인 범죄에 연루된 교회지도자는 어떻게 해야 하는가? 먼저 성적인 범죄는 하나님 앞에서 범죄한 것이다. 왜냐하면 "성적인 범죄는 대개 다른 죄들을 동반한다. 간음한 사람은 최소한 십계명 중 다섯 가지 이상을 범하게 된다. 그는 하나님보다 자신이 욕망을 더 우위에 두고, 도적질하고, 탐하고, 거짓 증거하고, 간음하지 말라는 분명한 계명을 깨트리는 것"이기 때문이다.[160] 성경은 "... 쾌락사랑하기를 하나님 사랑하는 것 보다 더하며... 이 같은 자들에게서 네가 돌아서라. 저희 중에 남의 집에 가만히 들어가 어리석은 여자를 유인하는 자들이 있으니..." (딤후 3:5-7)고 가르친다. 잘못된 성적 타락에 대해서 "돌아서라"고 말씀하신다. 성적 타락은 영적인 회개가 먼저 있어야 한다.[161] 또한 적절한 영적 멘토(Mentor)의 도움을 받아 일정 기간 회복의 기간을 가져야 한다.[162] 진정한 회개는 영적 12단계에서 지적하듯이 하나님과의 화해 뿐 아니라, 자신과의 화해, 피해자와의 화해, 가족, 공동체, 이웃과의 화해를 포함하는 긴 과정이기 때문이다.

반면에 혼외의 부적절한 성관계는 갖지 않았지만 그러한 유혹이나 상황에 노출되어있는 목회자들은 "형제들아 사람이 만일 무슨 범죄한 일이 드러나거든 신령한 너희는 온유한 심령으로 그러한 자를 바로잡고 네 자신을 돌아보아 너도 시험을 받을까 두려워하라"(갈 6:1)는 말씀을 기억해야 한다. 잘못된 형제들을 바로잡아 회복하도록 도와야 하며,

자기 자신을 돌아보아 영적인 각성과 민감함을 유지하도록 힘써야 한다. 이 일을 위해서 몇 가지 제언을 한다면 첫째는 자신의 결혼 생활에 우선순위를 두고 가정에 열정이 식지 않게 하여야 한다. 둘째, 성적인 것과 연관된 취약성을 갖고 있는 사람은 도움을 청하여야하며 기도의 동지를 만들어야 한다. 셋째, 자신을 돌아볼 수 있는 책임 있는 (account-able) 동료들과 교제를 나누며 점검을 받아야 한다. 넷째, 마귀는 속이는 영이기 때문에 최악의 상태를 가정해야 한다.[163] 왜냐하면 마귀는 그 정도는 괜찮다고 속삭이며 아무도 모를 것이라고 속이기 때문이다. 다섯째, 정욕은 대적해야할 것이 아니며 요셉처럼(창 39:13) 피하여야 한다(딤전 6:11-12). 여섯째, 진짜 남자는 책임을 질 줄 알기 때문에 추문거리를 만들지 말아야 한다.[164] 따라서 스스로 적절한 울타리를 만들어야 한다. 마지막으로 하나님 앞에서 자신의 영적 상태를 정직하게 점검해야 한다. "선 줄로 생각하는 자는 넘어질까 조심하라"(고전 10:12)고 성경은 경고하기 때문이다.

B. 목회자의 성적 타락 방지: 어떻게 예방할 것인가?

목회자와 성도가 서로의 연약함을 나누다 보면 정서적, 성적으로 쉽게 가까워질 수 있다. 또한 신뢰를 전제로 한 관계이기 때문에 유혹과 위험을 무시할 수 있다. 게다가 목회자와 성도의 힘의 불균형 때문에 호의나 배려를 성적 매력이나 관심으로 착각하거나 오해할 수 있다. 목회자의 가족생활 주기와 목회성공지향적인 과도한 사역 활동이 부부 관계를 소원케 함으로 친밀감에 대한 욕구가 이성과의 성적 타락으로 진행될 수도 있다.

성적 유혹이 많은 세상에서 성경은 우리가 어떻게 대처해야 할지를 가르쳐 준다(잠언 6:20-35). 하나님의 말씀에 순종하면 그 말씀이 다닐 때 인도하며 잘 때 보호하며 깰 때에 더불어 말씀하겠다고 약속하신다(22절). 또한 하나님의 말씀이 악한 여인으로부터 지킬 것이므로 여인의 아름다움을 탐하지 말고 안목의 정욕을 조심하라(23-25절)고 명령하신다. 결론은 "사람이 불을 품에 품고서야 어찌 그의 옷이 타지 아니하겠으며 사람이 숯불을 밟고서야 어찌 그의 발이 데지 아니하겠느냐 남의 아내와 통간하는 자도 이와 같을 것이라 그를 만지는 자마다 벌을 면하지 못하리라"(잠 6:27-29) 이다. 목회자의 성적 타락은 어렸을 때의 상처나 낮은 자존감 등 인격 장애, 일 중독, 부부갈등, 목회자에 대한 과도한 요구와 성공 지향적 목회 환경, 사탄의 유혹과 유혹하는 이성 등 다양한 원인으로 설명할 수 있지만 그럼에도 불구하고 그것은 목회자의 선택이며 따라서 전적으로 목회자의 책임일 수밖에 없다.

C. 성적으로 타락했던 목회자: 목회 복귀를 위한 절차는 어떻게?

목회자가 성적으로 타락했을 경우 목회로 돌아갈 수 있느냐의 회복에 관한 많은 논쟁이 있다. 왜냐하면 성적 실패의 결과가 너무나 파괴적이기 때문이다[165]:

> 성(性)은 우리의 생활 속에서 뗄 수 없는 친밀한 부분이지만, 일단 이 문제에서 실패하면 반드시 죄책감과 수치심이 따르게 된다. 간음의 경우에는, 다른 사람의 생애에 끊임없이 죄의 결과들을 상기하게 하는 요소를 낳게 한다.

> 성적인 범죄는 대개 다른 죄들을 동반한다. 간음한 사람은 최소한 십계명 중 다섯 가지 이상을 범하게 된다. 그는 하나님보다 자신이 욕망을 더 우위에 두고, 도적질하고, 탐하고, 거짓 증거하고, 간음하지 말라는 분명한 계명을 깨트리는 것이다.

다윗은 부하 우리아의 아내 밧세바와 불륜의 관계를 맺고 나서 후에 회개하면서 쓴 시편 51편에서 "내 죄가 항상 내 앞에 있나이다"(시편 51:3)라고 고백한다. 성적인 범죄를 한 목회자는 죄책감과 수치심으로 자신을 용서하는데 많은 고통을 받고, 그의 목회에 치명적 제한을 받으며, 가족들과 성도들에게도 엄청난 아픔을 주게 된다. 다시 말하면 성적 타락 이전과 이후의 삶은 완전히 달라지고, 타락 이전의 상태로 돌아가는 것은 거의 불가능하다는 것이다. 교회 역사에 보면 성적 타락을 경험한 후에 회복한 목회자는 거의 알려져 있지 않다. 이것은 성적인 문제의 파괴력이 그 만큼 절대적이라는 것이다.

그러나 형제들 중에 잘못된 자를 바로 잡아야 하고(갈 6:1-2), 성적으로 타락해서 나실인의 서약을 깨고 수치를 당하는 삼손에게 두 번째 기회를 주셨던 하나님이시기에 성적으로 넘어진 목회자에 대한 목회 회복의 가능성을 열어두어야 한다. 그러나 타락한 목회자가 설령 회개와 하나님의 용서, 그리고 재 헌신 등을 통해서 목회로 복귀해도 이전의 남편, 아버지, 목회자로서의 리더십에 큰 손상을 입었기 때문에 그의 사역은 제한적일 수밖에 없다. 그렇다면 문제는 어떠한 절차와 단계가 필요한가이다.

첫째, 복귀 이전에 진정성이 있는 회개와 목회 현장에서 떠나는 유예기간이 있어야 한다. 죄는, 특별히 성적인 타락은 드러나기 전 까지는 숨기려하기 때문에 자발적 회개는 거의 없다. 따라서 발각되고 난 후에 회개의 절차를 어떻게 갖느냐가 목회 회복의 전제 조건이다. 어떤 목회자는 하나님께 회개하였기 때문에 이미 용서받았다고 하며, 스캔들 일 주일 만에 다시 목회로 돌아갔다가 다시 같은 죄를 반복한 슬픈 사례가 있다. 회개에는 충분한 기간이 필요하다. 또한 유예기간은 사안에 따라 달라야 한다. 예를 들어 부적절한 관계의 기간(지속성), 일회성 또는 반복성 여부, 그리고 성적 타락의 치명성(여러 사람과 관계, 동성애, 미성년자 성학대, 직업 여성) 등에 따라 심리치료나 정신과 치료, 증상에 따른 약물 치료 등을 병행할 수도 있다. 하나님 앞에서의 회개 뿐 아니라 자신을 전인적으로 도와줄 수 있는 신뢰할 만한 영적 지도자나 전문 상담자와 회개와 회복의 시간을 함께 해야 한다.

두 번째, 회개는 당사자들(피해자, 교회, 성도, 가족 등)에 대한 용서구함을 포함하고 있기 때문에 시간이 필요하다. 동시에 회복의 과정에서 가족과 공동체의 도움을 받지 않고서는 회복이 불가능하기 때문에 진정으로 타락한 목회자를 위하여 함께 아파하고 품고 지지해 주고 회복의 길로 이끌어 줄 수 있는 안전한 공동체나 지지 그룹이 있어야만 한다.

세 번째, 부부 사이의 회복이 우선되어야 한다. 성적 무너짐을 경험했던 고든 맥도날드는 목사 사임 후에 어떻게 다시 결혼생활을 정상적인 관계로 회복시킬 수 있었느냐는 질문에 이렇게 답한다. “우리는 함께 사역하는 시간을 가졌습니다. 목회자들에게 일은 끝이 없으며, 따라서 원만한 결혼생활을 위해서는 함께 사역하는 시간을 갖는다는 것이 무엇보다도 필요하다고 저는 생각합니다."[166] 물론 아무 일도 없었던 것처럼 부부가 성적 타락 이전으로 돌아가는 것은 불가능할지 모른다. 그러나 부부가 함께 사역에 동참하면서 서서히 회복의 계단을 오를 수 있다.

네 번째 회복에 가장 중요한 단계는 교회로부터의 회복과 사역지에서의 재청빙이다. 목회자로서의 부르심은 개인적인 소명과 신학적 훈련 등이 있어야할 뿐 아니라 반드시 교회(성도)의 부르심이 있어야 교단적 안수를 받아 공식적 목사로 활동하게 된다. 마찬가지로 일정한 유예기간을 거쳐서 철저한 회개, 상담과 영적 지도, 부부관계의 회복 등이 있다고 해도, 그의 연약함에도 불구하고 교회가 그를 사역자로 청빙하는 과정이 있어야만 목회 복귀가 성경적이라 할 수 있다.

그럼에도 불구하고 선행되어야 할 것은 목회로의 복귀를 논하기 전에 교단에서 성문제를 일으킨 목회자에 대한 처리법을 먼저 제정하고 회복 절차나 단계에 관한 지침을 만드는 것이다. 또한 사회 기관이나 기업, 학교 등에서 매년 의무적으로 실시하고 있는 직장 내 성희롱 교육을 노회나 총회 차원에서 정규적으로 실시하여 성과 연관한 문제를 예방하고 목회자의 성윤리에 관한 경각심을 고취시켜야 한다.

IV. 목회자의 성폭력과 그 대책

A. 가해자인 목회자를 위한 대책

교회 역사를 볼 때 성폭력을 행사한 목회자가 스스로 죄를 고백하고 회개한 것은 그 유래를 찾아보기 힘들다. 죄의 특성상, 특별히 목회자의 성범죄는 어떻게 하든지 숨기려는 것이 그 특징이다. 한 기자는 목회자의 성폭행에 대해서 통탄하면서 "건전한 목회자들이 초교파적으로 '목회 감사원'이라도 하나 만들어 이같은 부도덕한 종들이 더 이상 발붙이지 못하도록 조치를 취해야 합니다."[167)]라고 고언(苦言)을 한다. 성폭력을 행사한 목회자는 교회의 법에 의해서 교단과 노회가 당연히 처벌을 받게 해야 하며,또한 사회법을 어긴 범죄 행위에 해당하는 사회적 처벌을 받게 해야 한다. 이 일을 위해서 교단 내에 성직자 윤리 강령을 만들고, 남녀 목회자 동수의 목회자 성폭력방지 위원회를 구성하여 실정법을 어겼을 때와 목회자의 성윤리에 어긋나는 행동을 했을 때에 즉각적 조치를 취할 수 있어야 한다.

선교를 빙자한 무조건 덮어두기나, 용서를 주장하며 진상을 은폐하거나, 피해자에게 침묵을 강요하는 것은 더욱 목회자의 성폭력 범죄를 조장하는 것이다. 왜냐하면 그 범죄가 드러나 알려지기 전까지는 계속해서 진행되어 제 2, 제 3의 피해자가 생길 수 있기 때문이다. 필자의 상담 사례 가운데 15년 동안이나 성폭력을 해온 목회자가 있다. 사모 모르게 10여년을 외도한 남편 목회자가 있다. 죄는 미워하되 죄인은 사랑하라는 말이 있다. 맞는 말이다. 그러나 그 말이 가해자가 스스로 죄를 고백하고 용서를 구하지 않는데도 피해자가 덮어주는 것이 용서라는 의미는 아니다. 진정으로 죄를 돌이키는 자는 자신이 한 일에 대해서 시인하며 그에 상응하는 벌을 기꺼이 받으려는 자세를 가질 것이며 그런 사람에게 용서가 해당된다. 죄를 드러내지 않는 한 치료도 없고, 가해자 스스로 돌이켜 회개하는 것도 거의 불가능하다. 따라서 목회자의 성폭력이 일어나지 않도록 예방하는 것이 가장 중요하다. 따라서 신학교에서 목회자 후보생에 대한 성희롱, 성폭력에 관한 교육이 있어야 하며, 일선 목회자들의 재교육에 반드시 포함시켜야 한다. 만약 목회자의 성폭력이 일어났을 경우에 사회적 처벌과는 별도로 교회법으로는 성폭력 목회자는 파면하고 목회지에서 떠나게 해야 한다. 반면 타락한 목회자도 돌봄이 필요함으로 본인 스스로 범죄로 인정하고 회복하기를 원한다면 전문가(존경받는 교회지도자들과 상담전문가들로 구성)와의 상담과 회복을 위한 프로그램 등에 자발적으로 참여하여 일정한 회복의 기간(restoration period)과 충분한 검증을 거쳐서 제한적으로 허용할 수 있어야 한다. 이것을 위해 교단적 차원에서 목회자를 위한 회복과 상담 프로그램을 개발하고 전문가를 위촉해야할 것이다.

B. 피해자인 교인을 위한 대책

일반적으로 교회 내 성폭력 피해자들은 일반 사회의 피해자들에 비해 훨씬 더 정신적 문제를 겪게 된다. 왜냐하면 신뢰하고 존경하던 목사에게 성폭력을 당했을 경우에 신앙적 혼란과 함께 하나님에 대한 원망과 의심마저 생기기 때문이다. 그러므로 그 정신적 후유증이 더욱 크고, 어렵게 진상을 밝힌다고 해도 교회 안의 파벌싸움에 악용되거나 오히려 목사를 유혹했다('아니 땐 굴뚝에 연기나랴' 라는 식)는 비난과 함께 피해자로서의 인권을 침해당하거나 보호가 안되는 경우가 종종 있다. 따라서 성폭력의 경우에 피해자가 안전하게 신고할 수 있도록 교회적으로 제도가 뒷받침 되어야 한다. 또한 피해자는 성폭력 피해로부터 정상적인 개인생활, 가정생활, 그리고 신앙생활로 회복될 수 있도록 피해자 집단 상담 프로그램이나 회복의 과정을 거칠 수 있어야 한다. 이 일을 위해서 교회적으로 성폭력 피해자를 위한 전문상담기관이나 쉼터가 운영되어야 할 것이다.

나가는 말: 자성에서 회복으로?

"하나님의 은사와 부르심에는 후회하심이 없다"(롬 11:29). 하나님께서는 비록 성적으로 타락한 목회자라 할지라도, 하나님께서 부르신 한, 후회하시지 않는다. 이 뜻은 하나님의 부르심은 우리의 연약함과 부끄러움, 성적 범죄에도 불구하고, 우리가 진정으로 돌이키면 다시 두 번째 기회를 주어서 후회하지 않으실 하나님의 꿈을 이루어가시겠다는 하나님의 약속이다. 그러나 그것은 성도로서의 회복이지 목회자로서의 목회 회복은 이루어지지 않을 수도 있다. 따라서 목회자들은 스스로 돌아보아 유혹의 단계를 거쳐 간음으로 가는 과정을 분명히 인식해야 한다.[168]

또한 목회자를 포함한 모든 성도가 "늙은이를 꾸짖지 말고 권하되 아비에게 하듯 하며, 젊은이를 형제에게 하듯 하고, 늙은 여자를 어미에게 하듯 하며, 젊은 여자를 일절 깨끗함으로 자매에게 하듯 하라"(딤전 5:1-2)는 말씀을 실천해야 한다. 나아가 성경은 목회자와 교인 모두에게 "음행과 온갖 더러운 것과 탐욕은 너희 중에서 그 이름이라도 부르지 말라. 이는 성도의 마땅한 바니라"(엡 5:3)고 말씀하신다. 이 마땅한 말씀에 목회자가 두렵고 떨림으로 순종할 때 성도와 교회의 순결함은 유지될 것이다. 그 때에 성문제로 갈등하고 분열됨이 없는 교회, 하나님께서 기뻐하시는 목회자와 성도의 진정한 교제가 회복될 것이다.

4부
목회자의 역할

목회자는 다양한 역할을 요구받는다. 교회의 5가지 중요 기능인 예배, 교육, 봉사, 친교, 선교 중에 목회자는 예배에서는 설교자로, 교육에서는 가르치는 교사로, 봉사에서는 섬기는 자로, 친교에서는 돌봄과 나누는 자로, 그리고 선교에서는 문화 소통을 하는 복음전도자의 역할을 감당해야 한다. 그 외에도 때로는 행정가, 상담가, 찬양인도자, 건축전문가, 재정관리자, 화해 중재자 등 여러 가지 역할이 부여 된다. 그런데 이러한 역할들은 목회자 준비과정에서 배울 수 있기보다는 실제 목회 현장에서 경험을 통해 더 많이 배우게 된다는 점에서 시행착오를 겪는 경우가 종종 있다.

4부에서는 목회자의 가장 중요한 역할인 가르치는 자, 설교자로서의 자신과 가족에 대한 이해와 목회상담자로서의 목회자, 그리고 목회자 자신 뿐 아니라 교인 가정에서 발생할 수 있는 가정 폭력을 예방하는 목회자로서의 역할을 다루고자 한다.

| 1장 |

설교자로서의 목회자 **자신 이해하기**

설교자가 설교를 준비하는 데는 두 영역이 있다. 하나는 설교자가 전달할 설교의 내용을 준비하는 것이다. 또 다른 하나는 설교를 전달하는 설교자 자신을 준비하는 것이다. 때때로 설교자들 가운데는 전달할 설교 내용은 준비되었지만, 그 말씀을 전달할 설교자 자신이 준비가 되지 않아서 고민하는 경우가 종종 있다.

체급 경기 선수는 경기를 하기 전에 몸무게를 조절하고 시합 전에 체중 검사를 통과 하여야 한다. 권투 선수가 그렇고, 유도선수가 그렇고, 레슬링 선수가 그렇다. 아무리 실력과 기술이 좋고 훈련양이 많더라도, 경기에 나설 수 있는 몸 상태가 되어야 한다. 마찬가지로 좋은 설교자는 설교 강단에 서기 전에 말씀을 전할 수 있도록 설교자 자신이 준비되어야 한다. 본 글에서는 설교자가 자신과 가정의 건강성을 유지하여 어떻게 '성언 운반자'(聖言 運搬者)로서의 준비를 할 수 있는지를 다루려고 한다.

1. 설교자와 자기 이해

루보스키(Luborski)와 그의 동료들의 연구 결과에 의하면 상담의 성공률은 상담자에 따라 차이가 있으며, 동일한 상담자라 하더라도 자기가 맡은 사례마다 상당한 차이가 있고, 성공률의 차이는 상담치료 방법 때문이라기보다는 상담자 때문에 일어난다고 본다.[169] 즉 상담의 효율성은 내담자의 특성과도 상관이 있지만 보다 중요한 요인은 상담자(또는 치료자)의 특성에 달려 있다는 것이다. 이것은 그대로 설교자에게도 적용되는 말이다. 설교의 효율성은 설교의 테크닉이나 청중도 중요하고, 전달방법에 대한 이론의 숙지도 필요하겠지만 더 중요한 것은 그것을 전달하는 설교자의 특성에 달려있다고 해도 과언이 아닐 것이다.

사실 좋은 설교자가 된다는 것이 단순히 좋은 사람이 되는 것만은 아닐 것이다. 그렇다면 질문은 설교자의 좋은 특성은 무엇이며, 그 특성은 훈련이나 연습을 통해서 얻어질 수 있는가 일 것이다. 그것을 위해서는 설교자가 자신을 점검하고 평가하며, 어떤 부분에서 성장해 가야 할 것인지를 알아야 한다. 따라서 설교자가 설교자로서의 자신을 준비하기 위해서는 무엇보다 자신은 어떤 특성을 가진 사람인지를 먼저 인식해야 한다.

"감성의 리더십"의 저자 다니엘 골만은 감성지능의 네 가지 차원을 이야기 한다.[170] 첫째는 자기인식 능력, 둘째는 자기 관계 능력, 셋째는 관계 인식 능력, 그리고 마지막으로 관계 관리 능력이다. 그는 자기 인식능력이 있어야 자기 관리가 가능하고, 그 후에 관계를 다스리는 사회적 관계 능력을 발휘할 수 있다고 본다. 설교자는 분명한 목적을 가지고, 준비된 내용을 청중에게 효과적으로 전달하는 '관계를 만들어 가는 사람'이다. 청중에게 영향력을 미치는 리더(leader)로서의 설교자는 따라서 자기 인식과 자기 관리가 설교 내용의 준비보다 선행되어야 한다.

A. 설교자와 자기 인식

신학교 교수들이 싫어하는 말 중에 하나는 "강의가 설교 같다(은혜롭다)"라는 말이다. 왜냐하면 강의 내용이 학문적이지도 않고, 그래서 신앙만 강조했다는 말처럼 들리기 때문이다. 반면 설교자들이 싫어하는 말은 "설교가 강의 같다"라는 말이라고 한다. 왜냐하면 "설교가 지루하고, 딱딱하다"라는 말처럼 들리기 때문이다. 그런데 목사나 교수가 그러한 반응에 대해 민감해져 있다면 먼저 고려해야 할 것이 있다. 그것은 자기 인식이다. 청중이 무엇이라 평가하는가, 학생들이 어떻게 반응을 보이는가 보다 더 중요한 것은 그들의 평가나 반응 전(前)에 설교자와 교수가 자신을 어떻게 인식하고 있는가 이다. 즉 그들의 평가의 말에 설교자나 교수가 동의하기 전까지는 그것에 의해 상처를 받지 않는다. 자기 인식이 어떠하냐에 의해서 그들의 평가가 치명적일 수도, 일상적일 수도 있다.

그렇다면 자기 인식 능력이란 무엇인가? 다니엘 골만은 감성적 자기인식 능력(자신의 감정을 읽고 그것의 영향력을 깨닫는 것)과 정확한 자기 평가 능력(자신의 장점과 한계를 아는 것) 그리고 자기 확신 능력(자신의 가치와 능력에 대해 긍정적으로 생각하는 것) 등을 설명한다. 감성의 리더는 자기 감정을 읽고 그 영향력을 파악하며 정확한 자기 평가와 자기 확신 능력을 가진 사람이다.

마찬가지로 설교자는 자신의 감정을 읽고 그것의 영향력을 알아야 한다. 또한 남에 의해서가 아니라 스스로 장점과 한계를 정확하게 평가할 수 있어야 한다. 그리고 자신의 가치와 능력을 신뢰하고 그것에 대한 긍정적 사고를 가져야 한다. 설교자가 감정적으로 준비가 되지 않아서 자신의 문제를 성도들에게 투사(投射)하고 전이(轉移)하는 경우가 종종 있다. 일상의 삶에서는 내성적이고 조용한 사람이 강대상 위에서는 공격적으로, 때로는 화를 내듯이 큰 소리로 설교할 수 있다.

또한 설교자가 자신에 대한 평가를 할 수 있는 능력이 있는가도 매우 중요하다. 그렇지 않으면 설교자가 자신의 평가를 청중의 반응에만 의존하기 때문에 청중을 너무 의식하며 설교하게 된다. 심지어는 청중의 반응을 살피다가 설교 중에 설교 내용을 바꾸기도 하고, 때로는 준비한 내용을 그대로 전달하지 못하기도 한다. 나아가 좋은 설교자는 자신이 설교자로서 잘 감당할 수 있을 것이라는 가치와 능력에 대한 긍정적 생각을 하는 사람이다. 실제로 설교자로서 자신의 능력을 신뢰하지도 않고, 하나님의 말씀의 가치를 인정하지 않는 사람은 불가지론자가 되거나 위선적이 되거나, 아니면 부정적 생각에 매몰될 가능성이 높다. 왜냐하면 성경에서 말씀하는 설교자의 긍정적 이미지가 손상되기 때문에 그가 전달하는 메시지도 약화될 수밖에 없기 때문이다. 그러므로 리차드 백스터(Richard Baxter)는 '참 목자상'이라는 글에서 "정말로 믿는 바를 전하는 설교자는 설교한 대로 행동할 것"[171]이라고 설파했다.

그렇다면 어떻게 자기 인식 능력을 확장해갈 수 있을까? 첫 번째는 자신의 감정을 말로 표현하면서 객관화하는 훈련을 하는 것이다. 그렇지 않으면 억압된 감정이 갑작스럽게 폭발하거나 또는 조절할 수 없이 원하지 않는 때에 드러나게 된다. 아니면 설교 시 자신도 모르게 감정에 북받쳐 준비하지 않은 예나 용어가 튀어나올 가능성이 높다. 또한 대화의 한 가지 방법으로 "나 전달법"(I-message) 등을 사용할 수도 있다. 자신이 느끼고 생각하고 행하고 원하는 것을 "자신을 주어"로 정확하게 표현하는 것이다. 요즘 상담이나 설교에서 내러티브(이야기) 치료와 1인칭 내러티브 설교 등이 관심을 끌고 있다. 특별히 '1인칭 내러티브 설교'는 설교의 방식을 바꿈으로 전달의 신선함과 효과성을 가져다준다는 장점 외에 설교자 자신의 이야기가 1인칭 설명을 통해 용해되어 자신에게 먼저 설교하고 치유하는 좋은 도구가 될 것이다.

두 번째로 설교자는 자신의 설교를 아내 또는 신뢰할 사람들에게 모니터링(monitoring) 하게하여 피드백(feedback)을 받는 것이 필요하다. 때로는 스스로 자신의 설교 녹음이나 동영상 등을 분석해 볼 수도 있다. 즉 설교자는 끊임없이 자신에 대한 연구자의 자세를 유지해야 한다. 필요하다면 자신을 이해하기 위해서 심리검사나 인성검사, 능력검사, 어학평가시험 등을 받아 볼 필요가 있다. 왜냐하면 자신의 장점과 한계를 명확하게 이해하도록 객관적인 데이터(data)를 제공해 주기 때문이다. 성경은 "또 어떤 임금이 다른 임금과 싸우러 갈 때에 먼저 앉아 일만 명으로써 저 이만 명을 거느리고 오는 자를 대적할 수 있을까 헤아리지 아니하겠느냐 만일 못할 터이면 그가 아직 멀리 있을 때에 사신을 보내어 화친을 청할지니라"(눅 14:31-32)고 말씀한다. 영적 전쟁터로 나아가는 설교자들 역시 점검하고 평가를 해야 한다. 그렇게 하면 이 싸움에서 승리하기 위해서 자신은 무엇을 위해서 기도하며 준비해야 할지를 깨닫게 된다.

세 번째로 설교자는 자신의 가치나 능력에 대해 긍정적으로 생각하며 해 낼 수 있다는 자기 확신(self confidence)이 있어야 한다. 그런데 설교자에게 자기 확신은 배우는 삶을 통하여 능력을 쌓고, 자기의 신앙이나 가치관에 대한 자부심을 가질 때 긍정적인 면을 보면서 가능하게 된다. 자기 성장과 개발을 통하여 자기 자신에 대한 확신을 가지게 된다는 것이다. 이것은 외부에서 누군가에 의해 주어지는 것이 아니다. 예를 들면 자전거를 어떻게 타는지 많이 배우더라도 실제로 타 보아야 하고, 처음에는 넘어지지만 점점 경험이 늘어나게 되면 자전거를 잘 타게 되는 것과 같은 이치이다. 어느 정도 타면 핸들을 잡지 않고도 몸으로 자전거의 방향을 조절할 수 있게 되고, 그 다음에는 일정한 거리에 소요되는 시간 기록을 단축해 갈 수 있다. 이것이 잘 할 수 있음과 실제로 잘하는 것에 근거한 긍정적 자기 확신이다.

B. 설교자와 자기 관리

자기 평가와 자기 확신에 근거하여 건강한 자기 인식을 갖게 되면 그 다음으로는 자기를 관리할 수 있는 능력이 있어야 한다. 다니엘 골만은 자기 관리 능력에는 감성적 자기 제어 능력(파괴적인 감정과 충동을 제어하는 것), 솔직할 수 있는 능력(솔직히 있는 그대로를 보여주는 진실함), 적응력(상황의 변화에 적응하고 장애를 극복하기 위해 유연하게 대처하는 것), 성취력(나름대로 정해놓은 최선의 기준을 충족시키기 위해 노력을 아끼지 않는 것), 진취성(주도적으로 먼저 나서고 기회를 포착할 수 있는 능력), 그리고 낙천성(모든 사물을 긍정적으로 보는 능력) 등이 있다고 말한다.

설교자의 자기 관리 능력은 설교 전에 준비되어야 한다. 맥아더는 "설교자의 설교 배후에는 설교자의 인격이 있다. 설교자는 세속적인 일로부터 성별되고, 세상적인 목적과 야심에서부터 벗어나, 하나님을 섬기는 일에 전적으로 헌신되어야 한다"[172]고 주장한다. 골만이 말하는 솔직성(진실함)은 설교자의 인격과 영성과 연관이 있다고 볼 수 있다. 또한 고든 앤더슨은 다음과 같이 말한다.[173]

> 나는 바리새인적인 종교성에 대한 유혹이 내 안에 늘 있다는 것을 발견했다. 그래서 만나 원칙을 존중할 필요가 있다. 매일 새로운 빵과 새로운 기름과 새로운 물이 필요하다. 어제 쓰고 남은 음식은 딱딱하고 냄새가 난다.
>
> 나는 또한 일상생활의 분주함으로 인해 정서적, 육체적으로 성령에게서 멀리 떨어져 있음도 알게 되었다. 정말로 나쁜 일을 하지 않는 이상 늘 성령 안에 거한다는 생각과 반대되는 생각으로 설교 준비를 시작한다.
>
> 이런 이유 때문에 설교만큼 설교자도 준비되어야 한다. 설교자를 준비하는 나의 철학은 사람의 본성에 기초한다. 성경은 우리의 가슴과 마음과 영혼과 힘을 다하여 하나님을 사랑하라고 한다. 그래서 나는 설교하기 전에 사귐의 네 개의 부분- 즉 몸, 감정, 의지, 지성- 이 준비되어야 한다. 사람은 이러한 특성으로 구성되어 있다.
>
> 설교하기 전에 하나님이 나의 모든 부분, 즉 마음, 감정, 몸과 의지에 역사하실 수 있도록 하나님께 충분한 시간과 기회를 드리는 것이 필요하다. 주석적, 신학적, 설교학적 작업이 설교 준비의 주가 된다. 그러나 설교자의 몸, 감정, 의지의 준비도 설교를 잘 준비하기 위해 필요하다.

골만이 강조하는 자기관리 능력은 앤더슨이 말하는 감정, 의지, 지성 등을 포함한다. 감정 조절 능력이 있어야하고, 의지와 연관된 적응력, 성취력과 진취성 등이 있어야 한다. 이 모든 것을 사고하고 긍정적 면을 발견할 수 있는 지성이 요구된다. 그러나 앤더슨이 주장하듯이 몸의 관리를 무시할 수는 없을 것이다. 한번은 한 청년이 "목사님! 아무리 자기 전에 기도해도 새벽기도 가기 위해 일어날 수가 없어요!"라고 하였다. "몇 시에 잠을 자냐?"고 물었더니 "1시 넘어 잔다"고 답을 했다. 그래서 이렇게 말해 주었다. "새벽기도에 오려면 아침에 일찍 일어나게 해 달라고 기도할 필요가 없단다. 그냥 일찍 자면 된다." 몸이 피곤하면 아무리 원해도 새벽기도에 갈 수가 없다. 마찬가지로 설교자가 피곤하고 잠이 부족하면 아무리 좋은 설교 원고라도 제대로 전달할 수 없다. 따라서 설교자는 충분한 쉼과 체력이 뒷받침 되도록 몸 관리도 게을리 하지 말아야 한다.

사실 자신의 장점을 관리 못해서 문제가 생기는 경우가 많다. 약점에 대해서는 늘 긴장하고 조심하기 때문에 오히려 문제가 되는 경우가 적다. 예를 들면 초보 운전자일 경우에 자잘한 접촉 사고는 있겠지만 대형 사고는 별로 없다. 반면에 베테랑 운전자는 운전하며 여유부리고 전화 받고 딴 짓 하다가 큰 사고를 당한다. 따라서 설교자는 감정과 의지, 지성, 영성 등 자신이 돌아봐야할 영역 가운데 약점 관리 뿐 만 아니라 장점 관리도 해야 함을 잊지 말아야 한다. 그렇기에 그랜드 마틴은 "좋은 것도 중독될 수 있다"[174)]라는 책에서 장점을 남용하게 되는 것에 대한 위험성을 경고하고 있다.

나가는 말

설교자가 강대상에 서기 전에 자신을 먼저 준비해야 하는 것은 너무나 당연하다. 준비의 첫 단계는 자기 평가와 자기 확신에 근거한 건강한 자기 인식을 하는 것이다. 그리고 자기를 통제하고 관리할 수 있는 감성적 자기 제어 능력, 솔직할 수 있는 능력, 변화에 적응할 수 있는 능력, 목표에 도달할 수 있는 성취 능력, 주도적으로 일을 해내는 진취성, 긍정적으로 사물을 보는 능력(낙천성) 등을 성장시켜가야 한다.

위와 언급한 훌륭한 목회자의 자질과 인격을 모두 갖춘, 완벽하게 준비된 유능한 설교자는 없을 것이다. 그러나 훈련과 경험을 통해서 전문성을 갖춘 탁월한 설교자로 성장하기도 하고, 청중에게 희망을 주는 치료적 설교자가 될 수도 있을 것이다.

결국 유능한 설교자의 가장 중요한 특성은 성령께서 사용하실 수 있는 유능한 매개자가 되어 다른 사람들과 관계를 맺고 인도하는 일을 감당하는 것이다. 왜냐하면 성경에서 말하는 기독교 영성은 하나님과 이웃과 자신과의 사랑 관계를 형성하고 지탱할 수 있는 능력의 재 강화를 뜻하며(마 22:36-40) 그것은 결국 "관계성 능력"이기 때문이다. 따라서 영성을 갖춘 설교자는 하나님과의 영적인 관계 뿐 아니라, 설교자 자신과 청중과의 의미 있는 관계를 형성하여, 그 관계를 통해 하나님의 말씀의 전달을 가능케 하는 사람이다.

| 2장 |

설교자로서의 **목회자와 가족(부모)**

"사람은 가족(부모)에서 태어나 (핵 또는 대)가족에서 성장하고, 결혼을 통해 자신의 가족(부부관계)을 이루며, 자녀를 생산하여 양육(부모/자녀관계)하다가 죽음으로 가족을 떠나는 존재"(홍인종)이다. 이러한 가족 제도는 하나님께서 결혼을 통해서 가정을 조직하게 하신 가장 오래된 제도이며, 가장 기본적인 사회집단이다.

설교자도 예외는 아니다. 설교자도 부모에게서 태어나 성장하고, 결혼을 통해(독신의 경우도 있지만) 자신의 부부 및 가족관계를 이룬다. 그렇기에 가족치료자 버지니아 새티어(Virginia Satir)는 그녀의 책 "사람 만들기"(People making)에서 "가정은 사람을 만드는 공장"으로, 어른(부모)은 사람을 만드는 사람으로 비유한다.[175)]

데이브 시몬즈는 "가정의 코치, 아버지"[176)]라는 책에서 좋은 아버지(10%), 평범한 아버지(15%), 극복하는 아버지(20%), 퇴보하는 아버지(15%), 무관심한 아버지(25%), 학대하는 아버지(15%) 등 6종류의 아버지에 대해 설명한다. 그러면서 그는 6 종류의 아버지 유형 가운데 단지 좋은 아버지, 평범한 아버지, 극복하는 아버지 등 45%만이 그저 평범하게 그리고 좀 더 나은 방법으로 아이들을 양육하고, 나머지 퇴보하는 아버지, 무관심한 아버지, 학대하는 아버지 등 55%의 아버지는 역기능적인 가정을 만들고 그곳에서 자녀들에게 부정적 영향을 끼치고 있다고 주장한다. 새티어의 표현대로 "가정은 사람을 만드는 공장"이라고 볼 때, 만약 어떤 공장에서 45%만이 괜찮은 물건을 만들고 55%가 불량품을 만드는 노동자라면 과연 이 공장은 미래가 있을까?

설교자로서의 첫 준비 단계는 자기 평가와 자기 확신에 근거한 건강한 자기 인식이다. 유능한 설교자는 탁월한 "관계성 능력"이 요구되고 그것은 자기 자신에 대한 제어와 통제를 전제하기 때문이다. 그 다음에 설교자로서 성장하는데 중요한 영향을 미치는 부모와의 관계를 살펴보고자 한다. 이러한 가족의 중요성을 강조하는 주된 이유는 가족, 특별히 부모와의 관계를 통해서 자기인식도, 대인관계도 형성되기 때문이다.

I. 설교자와 건강한 가정

좋은 설교자는 건강한 사람이어야 한다는 것은 의문의 여지가 없다. 그 건강성이 무엇이냐에는 논란의 여지가 있지만 시작은 건강한 자기 인식, 즉 자존감으로부터이다. 건강한 자기 인식, 자존감(self-esteem)의 형성은 가정에서 부모로부터 얼마나 인정받고 사랑 받았으냐의 여부에 달려있다. 이러한 면에서 새티어는 역기능적 가정과 건강한 가정을 네 가지 측면에서 다룬다.

첫째로 역기능적 가정에서 자라나는 자녀들은 비난과 인정받지 못함으로 낮은 자존감을 갖는 반면에 건강한 양육적인 가정에서 성장하는 자녀들은 충분히 인정받고 사랑을 받음으로 높은 자존감을 갖게 된다. 자존감은 그들이 무엇을 성취했느냐, 이루었느냐에 의한 객관적인 평가라기보다는 자기 자신에 대한 주관적인 평가이기 때문에 자기상(self-image)에 대한 부모의 긍정적 반응이 매우 중요하다.

두 번째로 의사소통에 따라 역기능적 가정과 건강한 가정이 달라진다. 역기능적 가정은 의사소통이 모호하고 간접적인데 비하여 건강한 가정은 명확하고 분명하게 대화를 나눈다. 대부분의 부부 갈등, 부모 자녀 갈등은 의사소통 문제라고 해도 과언이 아니다. 대화에 문제가 있는 아내는 "남편과 말하느니 벽보고 말하는 것이 낫다"고 하고, 부모와 대화가 통하지 않는 청소년들은 "집이 아니라 감옥이고, 부모가 아니라 간수"라고 말한다. 진실을 말할 때에 혹시나 거절 받지 않을까 하는 두려움이 진정한 소통을 방해한다. 따라서 역기능적인 가정일수록 가족 간에 상호 진실한 의미를 교환하는 의사소통이 부족하다.

셋째로 각 가족들은 가족 내에 규칙들이 있는데 역기능적 가정은 규칙이 경직되어 있어서 바꿀 수 없는 반면에 건강한 가족의 규칙들은 유연하고 융통성이 있어서 필요에 따라 바꿀 수 있는 있다. 가족생활 주기에 따라 가족 구성원들이 성장하면서 때로는 정해진 귀가 시간이 바뀌어야 하고, 부모의 역할이나 양육태도 등이 변화되어야 함에도 계속 규칙만을 고집하여 역기능적이 될 수 있다. 또한 가족 구성원들이 새로운 환경에 맞도록 유연하게 규칙을 바꾸거나 새로운 규칙을 만들어 내는 건강한 가정이 있다.

마지막으로 외부 사회와의 관계가 폐쇄적이냐 개방적이냐에 따라 가정의 건강성을 분류할 수 있다. 외부 사회와 고립되고 단절되어 폐쇄적으로 살아가는 가정은 역기능적인 가정이며, 외부 사회와 개방적으로 연결되어 배려하고 더불어 살아가는 가정은 건강한 가정이다.

위에서 살펴본 네 가지 영역을 점검해 봄으로서 가정의 건강성을 진단할 수 있다. 설교자의 가정에 있어서도 마찬가지이다. 부모와의 관계에서 건강한 자존감 형성, 가족 간 의사소통의 투명성, 가족 규칙의 유연성과 융통성, 그리고 외부 환경과의 자연스러운 연계성 등을 살펴보면 설교자 가정의 건강성을 알 수 있다. 자라날 때 원 가족과의 관계에서 역기능적이라고 여겨진다면 현재의 가정에서 역기능적 증상들이 나타날 수 있다. 따라서 설교자는 현재 가족원들과의 관계에서 이 네 가지 면에서 건강성을 유지하고 있는지 살펴보아야 할 것이다. 새티어(Satir)는 가정을 진단하는 세 가지 질문을 제시한다.[177]

1. 당신은 현재의 가정에서 살고 있는 것을 행복하게 느끼는가?
2. 당신은 당신이 좋아하고 신뢰하며, 당신을 좋아하는 사람들과 함께 살고 있다고 느끼는가?
3. 당신은 당신 가족의 일원이라는 것이 재미있고 즐거운가?

만약 설교자가 이러한 질문에 "아니오"가 정직한 대답이라면 역기능성을 갖고 있음을 인정해야 할 것이다. 설교자가 과거의 가족, 그리고 현재의 가족 간에 건강한 가정을 만들어가고 있지 못하다는 증거이기 때문이다. 그렇다면 그의 전달하는 메시지는 약화될 수밖에 없다. 존 맥아더는 목사의 삶에 대해서 이렇게 말한다.

> 목사의 삶이 그의 메시지를 상쇄시킨다면 얼마나 비극적인 일

인가. 아무리 훌륭하고 능력 있는 강해 설교라 하더라도 설교자의 삶에 의가 결여되어 있다면 아무 효과가 없다. 하나님의 사람은 하나님의 말씀에 순종하는 삶을 살아야 한다. 그는 모든 사람 가운데서 누구보다도 자기가 전하는 것을 실천해야 한다. 만약 그렇지 않다면, 그 누가 실천하겠는가? 주께서는 오직 의로운 사람만이 그리스도를 통한 하나님의 의의 메시지를 전할 수 있도록 허락하신다.[178]

이러한 그의 지적은 개인적의 삶에 의만 강조하는 것이 아니다. 설교자의 가정생활에서도 그의 메시지의 의가 실천되어야 함을 의미한다.

II. 설교자와 역기능적인 가정

그렇다면 설교자가 역기능적인 가정에서 자라났다면 어떻게 대처해야할까? 설교자가 원치는 않았지만 역기능적인 가정에서 자라났다면 그의 삶과 대인관계에서 뿐 아니라 가족 관계에서도 몇 가지 증상들이 나타날 수 있다. 사실 가족 중에 술, 마약 중독자가 있다든지, 어렸을 때 성적, 신체적 학대를 받았다든지, 가족 중에 주요 우울증 장애 등 정서적 질병이 있다든지 해야 역기능 가정이라고 부른다. 다시 말하면 심각한 증상이 세대 간에 연관성을 가지고 드러날 때 역기능적이라고 보는 것이다. 그러나 좀 더 넓은 의미에서 (새티어가 지적하는 대로) 자신과의 관계, 가족과의 관계, 사회와의 관계를 점검한다면 누구든지 역기능적 가족의 일면을 갖고 있음을 부인할 수는 없을 것이다.

역기능적 가정에서 자라난 사람들의 특징 [이들을 보통 성인아이(adult child)라 부름] 중에 몇 가지를 살펴보면, 자존감이 낮고, 권위적인 사람과의 관계를 매우 불편해 하고, 자신에 대한 부정적인 평가나 비난에 예민하고, 지나치게 헌신적이고 책임감이 강하거나 아니면 상식 밖의 무책임한 행동을 하고, 자신을 돌볼 줄 모르고, 충동적인 행동을 하고, 사람들이나 상황들을 자기 뜻대로 통제하려 하며 자신의 통제를 거부하면 불쾌하게 생각하거나 노골적인 화를 내는 등 관계적 측면에서 어려움이 나타난다. 목회자 중에 역기능적 가정에서 성장하여 하나님의 부르심을 받았지만 동시에 자신의 역기능적 문제를 극복하는 과정 가운데 목회자로서의 부르심에 헌신하는 경우가 종종 있다.

한양대 부총장을 역임했던 김광일(신경정신과) 박사는 아내 구타에 연관된 목회자들에 대한 필자와의 인터뷰에서 그런 목회자들은 본래 공격성향을 갖고 있으나 그것을 극복하는 과정에서 성인(saints)으로 승화하는 방어기제를 사용했을 수 있다고 이야기 한다. 전적으로 동의할 필요는 없겠지만 여전히 시사하는 바가 크다. 즉 목회자들 가운데 역기능적 장애를 가지고 목회 현장으로 들어오는 이들이 종종 있는데 문제는 그것을 대면하거나 치유 받은 경험이 없이 목회현장으로 나선다는 것이다. 그럴 때에 설교자는 강대에서 메시지를 전할 때에도 그의 상처와 성격적인 취약성들이 방해 요소가 되곤 한다.

어떤 설교자는 원고 설교를 함에도 불구하고 불쑥불쑥 준비하지 않은 말들이 튀어나오고, 게다가 민감한 교회 내의 갈등 사건이나 갈등 인물을 언급하여, 설교 후에 난감해 하는 이야기를 종종 듣는다. 어떤 목회자는 강단에서 성경에 근거한 영감 있는 말씀을 전하지만, 그 후에 당회나 제직회에서 분을 참지 못하고 폭발하여 일순간에 그 쌓은 신뢰를 잃어버리곤 한다. 간과하지 말아야 할 것은 이러한 상황을 사탄은 즐기고 조장한다는 것이다. 관계와 신뢰를 깨트리는 일을 주 업무로 하는 사탄의 궤계에 경각심을 가져야 한다. 그렇지만 설교자에게 일어나는 이러한 일련의 일들을 사탄의 원인이나, 개인적 인격 수양의 부족이나 성격 이상으로만 치부해서는 안 된다. 왜냐하면 부모와의 관계와 가족 간의 관계가 대인관계 및 성격 형성과 밀접하게 연결되어 있을 뿐 아니라 가족의 역기능성은 자신도 모르는 사이에 치명적 영향을 미칠 수 있기 때문이다.

III. 설교자와 역기능적 가정의 극복

최현주는 "위장된 분노의 치유"라는 책에서 섬마을에서 알콜중독자 아버지와의 관계에서 성인아이로 자라난 자신의 가정 배경을 자전적으로 그리고 있다.[179] 그는 성장해서 목사가 되었지만 수치심, 열등감, 분노, 불안, 죄책감, 낮은 자존감 등으로 고통을 받으며 자식을 학대하고 심지어는 아내를 구타하는 등 힘든 가정생활과 개척 목회를 하다가 상담자를 만나 역기능적 가족과 성인아이에 대한 인식을 갖게 되었고, 말씀 연구와 독서치료를 병행하면서 회복하는 과정을 설명하고 있다. 이러한 예는 좀 과격하다 할 지 모르지만 어느 정도 역기능적 가정에서 한두 가지의 성인아이 특징을 갖지 않고 자란 사람이 누가 있겠는가? 문제는 설교자로서 원치 않는 행동이나 감정으로 인해 고통을 받고, 대인관계에서 반복적으로 문제가 발생한다면 그것은 다루어야 할 시점이 되었다는 것을 알려주는 것이다. 그렇다면 역기능적인 가정에서 자라나면서 부정적 영향을 받은 설교자들은 어떻게 그것을 극복할 수 있을까?

첫 번째는 현재 자신의 성인아이 성향은 어린 시절에 있었음을 인정하는 것이다. 물론 부모를 탓하거나 책임을 전가하기 위해서가 아니라 그 고통에 직면하여야 치유가 가능하기 때문이다. 최현주 목사는 자신의 문제를 해결하기 위해 15일간 금식기도를 하며 울부짖었지만 성인아이로부터 벗어나지 못했다. 그것은 기도의 능력이 부족해서라기보다는 자신의 문제에 대한 정확한 통찰이 부족해서 문제의 핵심을 다루지 않았기 때문이다.

두 번째로 자신의 죄는 철저히 고백하고 연관된 사람(가족)들을 용서해야 한다. 요셉은 형들의 미움을 받고 팔려가서 온갖 배신과 어려움을 겪지만 그것이 그의 삶을 분노로 이끌지 않도록 하였다. 오히려 동생을 판 형들은 두려워하고 죄책감에 시달리고 서로 책임 전가를 하며 싸운다. 아버지 야곱이 죽자 형들은 동생 요셉이 자신들을 미워하여 악을 갚지 않을까 두려워한다. 그들은 아버지의 용서하라는 유언을 다시 언급하며(창 50:15-18) 자신들은 요셉의 종이라고 말한다. 그 때 요셉은 "두려워하지 마소서 내가 하나님을 대신 하리이까 당신들은 나를 해하려 하였으나 하나님은 그것을 선으로 바꾸사 오늘과 같이 많은 백성의 생명을 구원하게 하시려 하셨나니 당신들은 두려워하지 마소서 내가 당신들과 당신들의 자녀를 기르리이다 하고 그들을 간곡한 말로 위로"(창 50:19-21)하였다고 성경은 기록한다. 요셉은 역기능적 가정의 전형적 모델에서 자랐지만 그것을 직면하고 하나님의 선하신 뜻을 바라보며 용서하므로 그 쓴 뿌리가 자라서 꽃을 피우고 열매를 맺지 않도록 하였다.

세 번째는 부모로부터 건강한 분화(differentiation)를 시작하여야 한다. 하나님께서는 "부모를 떠나 아내와 연합하라"(창 2:24)는 부부 분화의 명령을 주셨다. 문제는 부모와 충분한 유대관계를 경험하지 못했으면 부모를 떠나는 분화가 불가능하고 또한 친밀한 경험이 가정에서 없었던 사람은 자신의 결혼관계에서 친밀감을 형성하는 방법을 모르게 되어 역기능적 가정을 만들게 된다는 것이다. 따라서 지나치게 부모로부터 이탈되었거나 의존적이지 않은지 살펴보고 경제적, 정서적, 그리고 이성적으로 건강하게 분화를 시작해야 한다. 그것을 위해서는 분화를 가로막는 삼각관계(부부의 문제를 자녀에 투사하거나, 목회자 부부 경우에 성도와 삼각관계를 형성)에 빠지지 않도록 해야 한다. 특별히 가족불안이 다음세대에 연결되어 역기능적 가정과 성인아이가 반복되지 않도록 하여야 한다.

네 번째는 도움을 받을 수 있는 멘토, 상담자, 코치, 소그룹 등 책임질 수 있는 그룹과 계속적인 소통을 통해서 배우고 성장하고 지지를 받아야 한다.

과거에 자라난 역기능적 가족관계를 건강한 가정으로 바꿀 수는 없을 것이다. 그러나 그것을 방치하면 현재의 가정도 역기능적 가정의 주기를 반복하게 된다. 따라서 건강한 설교자가 되려면 원가족으로부터 건강성을 회복하고 현재 가정의 건강함을 유지할 수 있어야 한다.

나가는 말

위대한 설교가이며 전도자인 존 웨슬리는 첫사랑에 실패해서 평생 동안 독신으로 살려고 하였다. 그는 48세에 말에서 떨어졌을 때 치료해 준 미망인 파질 부인(41세)과 사랑에 빠져 결혼을 한다. 그러나 아내의 변태 행각과 질투 등으로 매우 불행한 결혼생활을 하다가 별거를 하고 얼마 후 아내는 병사한다. 웨슬리는 결혼 생활 중 심지어는 사람들이 보는 앞에서 머리채를 잡히는 수모도 당하지만 굽히지 않고 세계를 교구 삼아 하나님의 말씀을 전하여 교회사에 기념비적인 인물이 되었다. 이처럼 가정적 불행이나 결혼 생활의 어려움이 사역을 멈추게 할 만큼 치명적인 것은 아닐 수도 있다.

밥 러셀은 "나는 결혼에 대해 설교하는 것은 쉽지만 결혼 생활을 잘하는 것은 어렵다는 것을 발견했다"[180]고 말한다. 이것은 결혼에 대한 설교말씀을 성도들이 그들의 삶에 적용하기 힘들어 한다는 말처럼 보이지만 동시에 목회자 자신에게도 예외가 아니라는 뜻이다. 결혼과 부부관계에 대해 설교하는 것은 쉬울 수도 있지만 설교자가 설교한 대로 그 삶을 살아내는 것은 매우 어렵다. 위대한 영적 거성도 넘어지고 쓰러지는 것을 볼 때, 이러한 유혹과 갈등은 목회자 누구에게나 있을 수 있다. 그렇기에 설교자가 더 나은 부부 관계를 위하여 건강한 경계선 설정, 함께함, 공감적 대화와 친밀함을 나누는 것은 설교 내용보다도 먼저 준비되어야할 조건이다.

그러나 설교자든 아니든 모든 사람은 가정에서 자라면서 부모와의 관계에서 성역할과 삶의 태도와 가치를 배운다. 부모로부터 충분한 정서적, 감정적 지지와 지원을 받고 자라지 못했다면, 정도의 차이는 있겠지만 가정에서 대인 관계에서 역기능성과 성인아이의 성향들이 나타날 것이다. 그것을 방치하면 자신의 결혼을 통해 자녀들을 역기능적 자녀로 키워갈 가능성이 높다. 설교자도 예외가 아니어서 행여 역기능적 부모 관계 때문에 하나님께서 주신 목회적 은사들을 발휘하지 못하는 일이 일어나서는 안 될 것이다. 따라서 설교자는 자신을 돌아보고, 부모세대의 부정적 고리를 끊기 위해서 가족 문제를 대면하고, 어렸을 적 상처와 연관된 이들을 용서하고, 부모로부터 건강한 독립을 시도하면서 계속적으로 성장하고 배울 수 있는 모임(지원 그룹)과 함께 한다면 더욱 영력과 영향력이 넘치는 설교사역을 감당할 수 있을 것이다.

| 3장 |

목회상담자로서의 **목회자**

필자가 처음 목회상담 과목을 가르친 학교는 미국 L.A.에 있는 베데스다 신학교였다. 1994년 가을학기였는데, 한 사례에 대해서 열심히 설명하고 상담적 접근에 대해서 의견을 나눌 때 중년을 넘긴 한 목사님께서 손을 들어서 이렇게 조언을 하였다. "교수님! 왜 그렇게 복잡하게 문제를 해결하려고 합니까? 그냥 귀신을 내어 쫓으면 되는데..." 그러면서 그 분은 자신이 귀신을 내쫓아 한 성도를 온전케 했던, 자신의 축사 테이프를 필자에게 주었다. 그 신학교는 순복음 교회에 속한 신학교로 방언, 축사, 병고침 등에 익숙한 신학을 가진 사람들이 대부분이었다. 이러한 신학적 특징은 신학의 적용인 사역과 목회상담에서 그대로 나타난다. 따라서 목회자의 신학적 관점과 신학적 훈련, 인간이해 등이 목회상담의 방법론과 그 효과에 직간접적으로 연관이 있음을 유추할 수 있다. 사실 목회자는 원하든 원하지 않든 교인들로부터 자주 상담 요청을 받는다. 문제는 목회자가 목회상담자로서의 훈련과 준비가 되어있는지의 여부에 따라 효율적 또는 비효율적 목회상담을 하게 된다는 점이다.

I. 목회상담과 일반상담

힐트너(Hiltner)는 목회상담과 일반 상담의 차이점이 별로 없는 것으로 본다. "목회상담은 상담에 대한 기본 입장과 접근 원리, 그리고 방법에 있어서 다른 상담법과 크게 다를 바가 없다. 다만 다른 점이 있다면 목회상담은 상담의 전개 과정과 종교적 자료의 활용, 인간의 문제와 성장 가능성에 대한 목회자의 관점 등에서 일반 상담과 다를 뿐이다."[181] 이러한 주장은 논란의 여지가 다소 있지만 적어도 기독교 자원의 활용 여부와 목회자의 관점(신학, 세계관과 가치관)이 일반상담과 구별되게 하는 요소라는 점에서는 다른 목회상담자들과 일치하는 견해라고 볼 수 있다. 다시 말하면 목회상담자의 신학적 배경, 신앙 생활 등이 일반 상담과의 차이점을 가져오며, 그것은 너무나 당연한 것이기도 하다. 그러므로 필자는 기독교적 자원과 특성을 포함하여 목회상담을 다음과 같이 정의한다. "목회적 차원(교회와 신앙)을 고려하면서 목회자(상담자)가 교인(내담자)의 내적(영적, 정서적, 인지적, 행동적) 그리고 관계적(자신, 가족, 타인, 또는 하나님) 문제를 성경적 진리(권위)를 손상시키지 않으면서 기독교적 세계관을 가지고 다양한 상담적 이론과 실제적 기법들을 사용하여 해결하려는 모든 과정"[182] 이다.

이러한 목회상담의 정의는 일반상담과 구별되는데 그것은 교회, 성경, 기독교 자원 등을 활용하는 여부와 관계가 있다. 그렇다면 목회상담이 목회상담자와 어떤 연관이 있는지 살펴보자.

II. 목회상담자의 특성

제라드 이건(Gerard Eagn)은 루보스키(Luborski)와 그의 동료들의 연구 결과를 인용하면서 이렇게 결론을 내린다.[183] 치료의 성공률은 치료자에 따라 차이가 있으며, 동일한 치료자라 하더라도 자기가 맡은 사례마다 상당한 차이가 있고, 성공률의 차이는 치료 방법 때문이라기보다는 치료자 때문에 일어난다고 보아야 한다는 것이다. 즉 상담의 효율성은 내담자의 특성과도 상관이 있지만 보다 중요한 요인은 상담자(또는 치료자)의 특성에 달려 있다는 것이다. 그렇다면 유능한 상담자는 어떤 특성들을 갖고 있을까?

A. 유능한 일반 상담자

유능한 상담자는 인간적 특성을 갖고 있을 것이다. 그런데 효율적이고 유능한 상담자가 된다는 것이 단순히 좋은 사람이 되는 것만은 아니다. 이건은 "내담자의 가진 문제의 심각성을 무시하거나, 내담자와의 인간관계에 문제가 있거나, 좋지 않은 상담 기법을 사용하거나, 특정 기법만 고집하거나, 내담자가 바라지 않는 상담 방법을 고집하는 상담자의 경우 오히려 역효과를 낼 수도 있다"[184]고 말한다.

이러한 지적은 코리(Corey)가 지적했듯이 상담자의 신념과 행동을 강조하는 최근의 경향과 무관하지 않은 것 같다.[185] 코리는 콤스(Combs, 1986)의 글을 인용하면서 효율적 상담자와 비효율적인 상담자의 분명한 차이를 공감, 자기, 인간본성, 자신의 목표 등에 대한 생각의 차이에서 온다고 주장한다. 즉 상담자가 인간(내담자)과 자기 자신을 어떻게 주관적으로 이해하고 믿느냐에 따라서 효율성의 차이를 가져온다는 것이다. 코리의 효율적이고 유능한 상담자의 특성을 요약한다면 먼저 상담자는 진실성을 가진 인간이어야 하며 치료적 인간으로서의 상담자의 특성을 가지고 있어야 한다[186]: 1. 정체감을 가지고 있다 (현재 미래의 어떤 사람, 무엇을 원함, 중요함); 2. 자신을 존중하고, 자기를 높이 평가한다 (자신의 가치, 장점, 도움을 주고 받음); 3. 자신의 힘을 인식하고 수용할 수 있다 (남들과 함께 있기를 좋아하고 영향력); 4. 변화에 개방적이다; 5. 자신과 타인에 대한 인식을 넓히려 한다; 6. 불확실성을 잘 견디어 낸다; 7. 자신의 독특한 상담 양식을 개발한다; 8. 내담자의 세계를 경험하고 이해하지만, 비소유적으로 공감한다; 9. 활기가 있으며, 생명 지향적 선택을 한다; 10. 진실하고, 성실하고, 정직하다; 11. 유머를 쓸 줄 안다; 12. 실수를 기꺼이 수용한다; 13. 주로 현재에 산다; 14. 문화의 영향을 인식하고 있다; 15. 자신을 재창조할 수 있다; 16. 자신의 삶을 자신이 선택한다; 17. 타인들의 복지에 대한 진정한 관심을 가지고 있다; 18. 일을 열심히 하며 일에서 의미를 찾는다.

위와 같은 특성들을 모두 갖춘 유능한 상담자는 없을 것이다. 그러나 훈련과 경험을 통해서 전문성을 갖춘 유능한 상담자로 성장하기도 하고, 상담자 자신이 내담자에게 치료적 존재가 되어질 수 있을 것이다. 그렇기에 스코브홀트(Skovholt)는 프로이드(Freud), 피아제(Piaget), 에릭슨(Erickson)의 발달 단계와 같이 상담자의 발달 단계 모델을 제시한다.[187] : 1. 인습적 단계; 2. 전문적 훈련기로 이행 단계; 3. 대가 모방단계; 4. 조건적인 자율단계; 5. 탐구 단계; 6. 통합단계; 7. 개별화 단계; 8. 통합단계. 이러한 특성은 목회상담자에게도 동일하게 요구되는 것임에 틀림없다.

B. 유능한 목회 상담자

그러나 유능한 목회 상담자라면 일반 상담자의 특성 외에 필요한 영적 자질이 요구된다. 필자는 『상담의 기초』라는 책에서 목회(기독교) 상담자의 영적 자질, 심리적 자질, 인격적 자질을 다루었다.[188] 심리적 자질과 인격적 자질은 위에서 언급한 유능한 상담자의 특성과 중복되는 부분들이 많기에 여기서는 영적인 특성만을 요약하여 소개하려 한다.

영적인 특성을 가진 목회상담자로 준비되기 위해서는 먼저 가장 탁월하시고 훌륭한 상담자(모사: Wonderful counselor, 이사야 9:6)이신 예수 그리스도를 모델로, 예수님으로 인하여 죄의 속박으로부터 해방을 입고, 상처가 치유됨을 먼저 경험하며 그분의 인격과 성품을 닮아가는 사람이어야 한다. 또한 목회상담자는 함께 하시는 보혜사(위로자) 성령님(요한 14:16; 26; 15:26; 16:7)의 도우심을 구하면서 하나님의 속성과 권위 앞에 자신을 굴복시키는 헌신이 있는 사람이어야 한다. 즉 영적인 특성을 가진 목회상담자는 성자 하나님 예수 그리스도, 성부 하나님, 성령 하나님을 통해서 죄에서 구속함을 입고 성삼위 하나님과 인격적으로 만나고 경험을 하면서, 하나님의 속성을 닮아 예수 그리스도께서 이 땅에서 보여주는 본을 따라 항상 성령의 인도하심을 받는 자라고 볼 수 있다. 이러한 특성을 갖추었을 때 목회상담자는 기독교적 자원(성경, 기도, 성례전, 찬양...)과 기독교적 세계관과 가치관을 활용하여 내담자(성도)를 효율적으로 도울 수 있을 것이다. 게리 콜린스는 좋은 목회상담자(기독교상담자)를 이렇게 정의한다.

"헌신되고 성령의 인도를 받는(그리고 성령으로 충만한) 예수 그리스도의 종으로서 하나님이 주신 능력, 기술, 훈련, 지식, 통찰력을 다른 사람들을 돕는 일에 적용하여 그들로 하여금 온전함에 이르고, 대인 관계에 있어서 자신감을 갖게 해주며, 정신적인 안정과 영적인 성숙을 이룰 수 있도록 돕는 사람이다. 기독교 상담자는 헌신된 신자로서 하나님의 도우심을 입어 다른 사람들을 돕는 데 최선을 다하는 사람이다. 이 정의에 따르면 결국 기독교 상담자는 얼마든지 서로 다른 신학적 관점을 가질 수도 있고, 서로 다른 상담 방법을 사용할 수도 있으며, 서로 다른 차원의 훈련 및 경험을 가질 수도 있음을 알 수 있다"[189]

C. 목회상담자는 관계치료자

박윤수는 상담의 특성을 설명하면서 상담은 인간관계(human relationship)라고 강조한다.[190] 즉 그러한 인간관계는 일반적 인간관계와는 구별되는 관계로서 신뢰(trustworthy)의 관계, 수용(acceptance)의 관계, 공감(empathy)의 관계의 특성을 가지고 있다고 설명한다. 따라서 상담자는 그가 목회상담자이든지 일반 상담자이든지 치료적이며 진정한 인간관계 형성을 할 수 있는 특성과 자질을 갖추어야 한다. 그리고 가장 중요한 요소는 따라서 내담자와 관계를 형성하면서 그 관계를 치료할 수 있는 관계 치료자가 되어야 한다. 그러므로 목회상담자는 관계 치료자이다. 성장상담을 주장했던 클라인벨도 목회상담자는 자연스럽게 관계상담자가 된다고 주장한다.[191] 그런데 목회상담자가 내담자의 관계 문제를 돕기 위해서는 먼저 내담자와 관계를 어떻게 형성하느냐가 첫 번째 관건이다.

1. 목회적 상담관계

치료적 관계 형성이 상담의 필수 요소이기에 목회상담자는 목회적 상담관계를 어떻게 만들 것인가를 진지하게 고민해야 한다. 사실 상담의 출발과 상담의 성공 가능성은 어떻게 상담자가 내담자와 라포르(rapport, 친밀한 관계)를 형성하느냐에 달려있다. 모든 상담과 심리치료에서 관계 형성은 이토록 중요하기 때문에, 목회상담자로서의 목회자가 사역을 감당할 때 역시 어떻게 성도들과 관계를 맺느냐가 결정적 요소이다. 그러므로 데이링거는 "관계는 목회자에 의해 수행되는 상담의 핵심이다. 분명히 그러한 상담에는 다양한 방법과 기술이 사용되지만 문제의 해결에 있어서 필수적인 요소는 목회자와 내담자 사이의 치료적 관계다"[192]라고 주장한다. 목회상담자가 상담을 요청하는 내담자과 어떠한 치료적 관계를 맺느냐에 상담의 질과 성공이 달려있다는 것이다. 따라서 상담자와 내담자 사이의 관계가 심리치료의 효과성을 결정하는 가장 중요한 요인이며, 상담에서 관계의 질이 인격적인 변화의 본질뿐만 아니라 상담이 지속될 것인지도 결정한다.[193]

일반 상담에서의 이러한 발견은 여전히 목회상담에서도 유용한 주장일 것이다. 목회자가 성도와의 어떤 관계를 형성하느냐에 따라 성도의 신앙생활(계속 교회를 나올 것인지 아닌지) 지속 여부가 달려있고, 또한 성도들의 인격과 삶의 변화를 촉진시키는데 기여할 수 있다.

2. 관계치료자로서의 목회상담자에게 필요한 특성

목회상담자가 효과적인 관계 치료자 역할을 수행하기 위해 필요한 특성이 있다. 왜냐하면 상담의 성공률의 차이는 치료 방법보다도 치료자 때문에 일어나기 때문이다.[194] 상담 문헌에서 치료적 관계의 특성을 설명하는 단어들을 요약하면 수용, 신뢰(confidence), 일치(congruence), 대화, 공감, 성장, 관심, 호감(likableness), 한계, 상호성, 허용, 친밀 관계(rapport), 존중, 감수성, 이해 등 15 가지이다.[195] 다시 말하면 관계 중심 목회상담자는 내담자와 공감할 수 있고 그들을 이해하며, 정확하게 의사소통하고, 상호 신뢰하며 존중하여 비밀보장의 분위기에서 자유롭게 말하도록 허용한다. 그렇다면 어떻게 목회상담자가 내담자와 친밀한 관계를 만들어갈 수 있을까? 목회상담자는 관계 치료자가 되어야 하는데 어떻게 가능할까?

첫째는 목회상담자가 하나님과의 관계를 회복해야 한다. 왜냐하면 목회상담자는 하나님의 형상을, 하나님과의 관계를 표현하는 사람이어야 하기 때문이다. 따라서 하나님과의 관계를 회복한 목회상담자만이 내담자를 하나님과의 관계 회복으로 초청할 수 있다. 바울 사도는 "우리의 모든 환난 중에서 우리를 위로하사 우리로 하여금 하나님께 받는 위로로써 모든 환난 중에 있는 자들을 능히 위로하게 하시는 이시로다" (고후 1:4)고 말씀한다. 즉 하나님께서는 먼저 목회상담자를 위로하시고 상담자가 그 받은 위로로써 환난 중에 있는 자들(내담자)을 능히 위로하도록 하신다.

둘째는 목회상담자가 적절하게 자기인식 능력이 있어서 자신의 관계 문제를 해결한 경험이 있어야 한다. 그렇지 않으면 내담자의 이야기를 제대로 경청할 수 없을 뿐 아니라 오히려 상담자의 역전이를 통해서 치료관계에 부정적 영향을 미치기 때문이다. 성경은 "우리가 그를 전파하여 각 사람을 권하고 모든 지혜로 각 사람을 가르침은 각 사람을 그리스도 안에서 완전한 자로 세우려 함이니 이를 위하여 나도 내 속에서 능력으로 역사하시는 이의 역사를 따라 힘을 다하여 수고하노라"(골 1:28-29)고 말씀한다. 이 말씀은 다른 사람들을 돕는 목회상담자들은 자기 자신을 살피고 돌아볼 수 있는 자기인식과 수고를 계속해야한다는 점을 강조한다. 왜냐하면 목회상담자도 인간이여서 유혹과 시험으로부터 자유롭지 않기 때문이다.

셋째는 목회상담자가 좋은 관계 치료자가 되기 위해서는 개인 상담 이론 뿐 아니라 주로 관계 치료를 다루는 가족치료 이론 등을 계속적으로 배워야한다. 관계의 변화는 개인적 결단이나 의지도 중요하지만 가족과 대인관계의 다양한 역동성을 이해할 때 가능하기 때문이다. 또한 관계를 치료하기 위해서는 개인 상담보다는 가족 또는 연관된 구성원들을 함께 상담해야할 경우가 있고, 그것은 가족치료, 또는 집단 치료 등의 임상적 경험과 훈련이 필요하기 때문이다.

마지막으로 목회상담자는 관계치료사로서 예수님의 모범을 통해서 배울 수 있다. 예수님께서는 치유사역자였다. 성경은 "예수께서 모든 성과 촌에 두루 다니사 저희 회당에서 가르치시며 천국 복음을 전파하시며 모든 병과 약한 것을 고치시니라. 무리를 보시고 민망히 여기시니 이는 저희가 목자없는 양과 같이 고생하며 유리함이니라"(마 9:35-36)고 기록한다. 예수님께서 가는 곳에는 언제나 병든 자 약한 자들이 있었는데 예수님께서는 불쌍히 여기고 긍휼히 여기셨다. 그러나 예수님의 치유 목회는 때로는 대화를 통해 라포르(친밀한 관계)를 형성하고 그것을 지렛대로 영적 지도나 구원의 초청을 하신다. 예수님께서는 나다나엘을 보면서 무화과나무 아래서의 그의 영성생활을 이야기하시면서 관계를 만들고, 그는 예수님을 "하나님의 아들"로 고백한다.(요 1:46-51) 또한 예수님께서는 예수님의 죽음을 경험하고 낙심하고 엠마오로 내려가던 두 제자를 찾아가셔서 동행하시며, 그들이 무슨 이야기를 나누는지 관심을 보이시고 관계를 만드신 후, 그들이 예수님의 죽음에 대해 질문할 때 드디어 영적인 각성으로 이끄신다.(눅 24:13-31) 예수님께서는 사마리아 우물가에서 수가성 여인과의 대화를 나누실 때 우물가에 어울리는 "생수"로부터 시작해서 관계를 쌓고, 영적인 도전을 주고 결국 그 여인은 예수님은 메시아라는 신앙고백까지 하게 된다.(요 4장) 이처럼 예수님께서는 관계를 어떻게 쌓는지를 알고 계셨고, 그 관계를 지렛대로 하나님나라 전파 사명을 감당하셨다. 마찬가지로 관계 중심 목회상담자로 부름 받은 목회자들은 각 개인의 필요와 요구 수준에 따라 적절한 친밀한 관계를 만들어 구원으로 인도하셨던 예수님의 모범을 배워야 한다.

III. 목회상담자와 성역할

일반상담에서 유능한 상담자와 비효율적인 상담자가 있듯이, 목회상담에서도 효율적 목회상담자와 비효율적인 목회상담자로 분류할 수 있다. 그런데 이러한 특성은 과연 상담자의 성역할과는 무관할 것일까? 남성 목회상담자와 여성 목회상담자와의 차이는 없는 것일까? 남성의 특성과 여성의 특성이 상담의 효율성과는 무관한 것일까? 남성이 남성을, 여성이 여성을 상담할 때와 남성이 여성을 또는 여성이 남성을 상담할 때의 차이점이나 구별되어지는 특징이 없는지 살펴보자. 여기서는 "유능한 목회상담자는 관계치료자"라는 측면에서 남성성과 여성성이 어떻게 연관이 되는지를 살펴보고자 한다.

A. 성과 연관된 용어들

목회상담자는 효율적 목회상담자와 비효율적인 목회상담자로 분류할 수 있다. 그런데 이러한 특성은 과연 성역할이나 성차(gender)와는 무관한 것일까? 동성을 상담할 때와 이성을 상담할 때의 차이점이나 구별되어지는 특징은 없는가를 살펴보자.

목회상담자는 남성성과 여성성을 다룰 때 타고난 성의 차이 뿐 아니라 사회화와 양육 과정 속에서 문화적으로 규정하는 성적 정체성이 어떻게 연결되어지는지에 관심을 가져야 한다.

선천적(타고난) 성(natal sex)은 태어날 때 남자인지 여자인지를 정해주는 신체적, 생물학적 특성과 연관이 있고, 성 정체성(sexual identity)은 한사람이 자신을 성적 존재로서 어떻게 보는가하는 성적 자아개념을 지칭한다. 또한 성역할(gender role)은 특정한 문화에서 규정하는 사회적 차원의 성적 정체성을 뜻하며, 성적 지향(sexual orientation)은 한 개인이 누구에게 성적 매력을 느끼는가 하는 방향성으로, 그것은 이성(이성애)이나 동성(동성애) 혹은 양성 모두(양성애)가 될 수 있다.[196]

B. 목회상담과 성

에반스(Evans)와 그의 동료들은 상담에서 문화와 성별 문제를 다루면서 각 문화 안에서 여성과 남성이 다르다고 주장한다.[197] 즉 상담자와 내담자와의 관계에서 경청기술에서 시선접촉, 신체 언어와 간격, 경청과 반응 등이 각 문화에 따라 차이가 있으며, 특별히 남성이냐 여성이냐에 따라서 중요하게 여기는 것이 다르다는 것을 강조한다.

짐 스미스는 "남자들과 여자들간의 차이는 대개 모호하며 판에 박은 전형을 따르지 않는 경우도 종종 있다. 하지만 고정 관념들이 존재하는 이유가 있으며, 그것은 곧 상담자들이 그 고정 관념들을 알아야 할 이유가 된다"고 주장한다.[198] 그는 남자들을 대상으로 하는 상담과 여자들을 대상으로 하는 상담의 차이점을 설명한다. 말하는 여성들과 말없는 남성들, 남성은 직업, 여성은 가정에 우선순위를 두는 경향, 상담에 대한 기대와 두려움에 대한 차이, 여성의 감정과 남성의 사고 등 일반적인 특성이 상담에서 목회상담자가가 고려해야할 점이라고 강조한다.[199]

또한 노만 라이트(Wright)는 그의 책 "여성을 위한 카운슬링"에서 전문가들의 설문조사를 분석하여 상담 시 남성들이 주로 묻는 질문과 여성들이 주로 묻는 질문을 요약하였다. 그에 의하면 여성들은 약 3,500여 질문을 정리하면 300개 정도로 요약되는 반면 남성들은 94개의 질문으로 여성에 비해 훨씬 질문의 내용이 적게 나타난다.[200] 이것은 여성들에게 있어서 생물학적 성과 또한 성역할과 연관된 질문들이 남성에 비해 훨씬 많다는 것이다. 이러한 결과들은 내담자의 성에 따라서 목회상담의 방법이나 목회 상담자의 접근이 달라져야 함을 보여준다.

1. 과거 여성성의 왜곡

게이 허바드는 브로버맨(Broverman)과 그의 동료들의 연구를 인용하여 건강성을 설명한다.[201] 그들은 활동 중인 남녀 치료자들에게 122개의 성격 특성 목록을 나누어주고, 각각 목록 중에서 성숙하고 건강한 성인 남성의 성격 특성과 성숙하고 건강한 성인 여성의 특성을, 그리고 성숙하고 건강한 성인(성은 언급하지 않았다)의 특성을 표시하도록 했다. 자료를 분석한 결과 건강한 성인 남성과 건강한 성인의 특성 간에는 높은 상관이 나타났으나 건강한 성인 여성과 건강한 성인 간의 상관관계는 낮게 나타났다. 이것이 의미하는 것은 한 여성이 건강한 여성이 된다는 것은 건강한 성인이 될 수 없음을 뜻한다. 남성은 건강한 성인과 건강한 성인 남성이 되는 것은 동시에 가능하지만, 여성의 경우는 동시에 둘 다 될 수는 없다는 것이다. 이러한 연구는 많은 비판에도 불구하고 상담자의 성역할이 어떻게 내담자의 성에 따라 왜곡될 수 있는지를 시사해 준다.

일반적으로 생물학적 차이에서, 즉 성에 따른 인간의 좌뇌와 우뇌의 발달의 차이가 의사소통의 차이를 가져온다고 알려져 있다. 남자는 여자에 비해 시각, 공간 능력이 뛰어나서 논리적, 분석적인데 비해서 여자는 언어 능력이 더 뛰어나고 감성적이며 직관적으로 본다. 그리고 이러한 남녀의 차이는 대뇌피질의 차이에서 오는 것임을 증명하려 하였다. 예를 들면 좌뇌는 주로 언어, 사유, 분석, 평가, 수학 또는 추상적 사고를 주장하고, 우뇌는 인식, 상상, 통합 형태, 자각을 총괄하는 경향이 있다. 따라서 전자는 논리적이고 직설적이며 개별적인데 비해 후자는 직관적이며 은유적이고 통합적이다.[202] 이러한 좌뇌와 우뇌에 의한 남녀의 차이를 설명하려는 시도는 여전히 많은 논쟁을 불러일으킨다. 왜냐하면 "여자가 좌반구 발달로 인해 논리적이고 분석적인 반면에, 남자는 이해를 잘하고, 직관적인 사고를 잘 한다고 해야 일관성이 있을 것"[203]이라고 지적하고 있고, 이에 대한 많은 연구들이 진행되고 있기 때문이다.

이기춘은 이러한 입장을 목회자의 영역에 적용하면서 기능적으로 좌뇌의 기능을 부성적 기능으로 우뇌의 기능을 모성적 기능으로 나누었다.[204] 예를 들면 부성적 기능으로 복음 선포(설교가), 사회 참여(예언가), 교회 행정(행정가), 기독교 교육(교사)을 보았고, 모성적 기능으로 목회 상담(상담가), 예배집례(제사장), 지역사회 봉사(봉사자), 세례와 성찬(양육자)을 보았다. 즉 목회적 영역에서 모성적 기능에 속하는 것으로 상담 목회 또는 목회 상담을 분류한다. 상담 목회 또는 목회상담은 어떤 면에서 목회의 모성적 기능을 담당하는 것으로 여성들이 보다 효율적으로 기능할 수 있다고 보여 진다. 왜냐하면 목회상담자의 특징은 관계 치료자이며 관계 형성에 있어서 여성적인 성품과 특성들이 중요한 부분을 차지하기 때문이다.

2. 목회상담자로서의 남성성과 여성성

효과적인 상담자는 여러 가지 심리적 특성들을 갖고 있다. 프로이드(Freud)는 유능한 상담자는 "자기 영혼의 무의식층을 꿰뚫어 볼 수 있는 통찰력"[205]이 필요하다고 보았다. 게리 콜린스는 효과적인 상담자의 특성 중에서 가장 중요한 것은 "이해심과 용납, 적절한 거리를 두는 것, 사람들과 어울릴 수 있는 친화력, 그리고 경험"으로 보았다.[206] 이러한 남을 경청해주고 반응해 주는 이해심과 인격으로 순수하게 존중하고 관심을 가져주는 용납, 객관성을 유지할 수 있는 적절한 거리 유지, 사람들을 좋아하고 어울릴 수 있는 능력과 많은 임상적 경험들이 좋은 상담자가 되도록 하는 것은 분명하다. 또한 이러한 심리적인 특징들 대부분은 통칭 여성적 특성이라고 부르는 것과 밀접하게 연관이 있다.

이기춘은 "여성 회중과 상담 목회"라는 장에서[207] 여성 목회자만이 할 수 있는 상담 목회를 다음과 같이 설명한다.

> 오늘의 여성들은 시시각각으로 신체적 기능과 관계된 위기들을 맞고 있다. 자연유산이나 출산, 불임 수술, 자궁절제 수술이나 폐경, 성적 부조화와 성차별 등 헤아릴 수 없는 위기들을 겪고 있다. 아직도 한국의 문화풍토에서는 신자와 친근감을 유지하고 있는 목회자라도 여성의 신체와 관계된 부분들을 스스럼없이 대화하기가 힘들다. 이런 분야들은 여성 교역자로 하여금 동질적 친근감을 가지고 상담적 대화를 나눌 수 있도록 배려하여야 한다.

이러한 언급은 여성들의 문제를 여성 목회상담자가 여성적인 동질감 가운데 다루어져야할 필요가 있음을 설명하는 것이다. 물론 이러한 접근에 반론을 제기할 수도 있다. 샬롯 홀트 클라인벨은 오히려 훌륭한 상담자를 양성적인 또는 해방된 상담자로 보면서 해방된 상담자는 여성적인 것과 남성적인 것을 똑같이 소중히 여기며 다른 성을 가진 사람과 작업하면서 자기의 한계를 끊임없이 의식한다고 정의한다.[208] 이것은 해방된 상담자라면 남녀의 성 차이에서 오는 한계를 극복해 가면서 상담 역할을 잘 할 수 있음을 보여준다. 그럼에도 불구하고 여성적인 섬세함과 여성들만이 갖는 여성의 고유한 문제들에 대해서는 여성 목회상담자가 더 효과적으로 도움을 제공할 수 있을 것이다. 뿐만 아니라 관계를 형성하는데 여성적 특성들이 더 요구된다는 점을 고려한다면 여성 목회 상담자가 더 효과적일 수 있을 것이다. 종전에 목회상담은 주로 남성 목회자들에게 의해서 주도되었다는 점에서 상담의 효율성에 대한 재평가가 필요하고, 여성 목회자가 증가하면서 여성 목회상담자들의 역할도 점점 늘어나는 추세이다.[209]

게리 스맬리와 존 트렌트는 남성은 두 능력의 검을 갖고 있다[210]고 말한다. 그것은 은검과 황금검인데, 은검은 남자의 "위치적 능력"으로 남자가 일함으로 얻은 권력, 권세, 특권이며, 곧 그가 하는 일의 종류이다. 반면에 황금검은 "인격적 능력"으로 의미 있고 충만한 관계를 이루는 능력을 일컫는다. 즉 인격적 능력은 "우리가 어떤 사람이 되어야 하는가" 하는 내면적 성품을 더 강조한다. 따뜻한 마음, 사려 깊음, 의존, 결단, 순수한 동정, 애정, 보호 등과 같은 단어는 모두 남자의 힘과 가치를 반영하는 말이다.[211] 이렇게 보면 목회상담자에게 필요한 여성성과 남성성은 서로 보완적 관계에 놓여 있다. 어떤 사람이라는 측면에서는 여성성이, 어떤 일을 해야 하느냐는 측면에서는 남성성이 더 필요하다고 볼 수 있다. 잊지 말아야 할 것은 그 힘의 남용이다. 밴 르우윈은 그의 책 "남성과 여성"에서 남자의 남용은 다스림(dominion)이 군림(domination)이 되는 것이고, 여자의 남용은 사회성이 밀착관계가 되는 것이라고 지적한다.[212] 이것은 남녀의 특성 모두 목회 상담자라서 비효율적 관계를 만들 수 있는 위험성을 갖고 있다는 것이다.

C. 목회상담자의 자기 성장

좋은 상담자의 역할을 하는데 갖추어야 할 가장 중요한 인격적인 면은 자기 이해(self-understanding)또는 자기 인식(self-knowledge)이다. 이것은 자신의 장점과 약점을 객관적으로 볼 수 있는 능력이다. 게리 콜린스는 자기 이해의 중요성을 이렇게 말한다.[213)]

> 자기이해(self-understanding)가 상담자의 바람직한 특성이라는 사실은 일반적으로 공인되어 있다. 우리에게 억압된 적대감이나 불안정, 이상적(異常的)인 성욕, 용납에의 강력한 욕구, 또는 기타 '장애물'이 있다면, 이런 것이 상담 중에 표출되어 남을 도울 수 있는 우리의 능력을 감소시킬 수 있다.

사실 자신이 어떤 상태에 있는지 모르고 있으면 상담자가 자신의 문제들을 다른 사람들에게 투사(project)하거나 역전이(Countertransference)할 가능성이 높다. 목회자 또는 목회상담자가 성도들이나 아동들을 성추행하거나 또는 편애하거나 과도한 적대감을 표출하는 경우는 그들 자신의 문제를 어떻게 다룰지 몰라서 일어나는 일들이 대부분이다. 즉, 목회상담자가 자기 자신을 제대로 파악하지 못한다면 상담 중에 그들의 필요나 요구에 민감하기 보다는 자신의 필요와 문제에 사로잡혀서 충동적인 행동을 저지를 수 있는 경향이 높아진다. 특별히 남성 목회상담자는 성적 유혹에 대한 경각심을 늘 갖고 있어야 한다. 레버만(Leberman)은 "두 사람이 가까이서 공통의 목표를 향해서 함께 일할 때는 흔히 둘 사이에 우정과 온정이 생긴다. 두 삶이 서로 비슷한 배경을 가졌거나 특히 이성간일 때, 온정 속에는 거의 언제나 성적인 요소가 들어있다"[214)]고 말한다. 목회 상담자와 성도(내담자)가 서로 성적으로 끌릴 위험한 요소를 가지고 있다는 것이다. 그러므로 좋은 목회상담자가 되기 위해서는 자기 분석과 자기 이해를 위한 훈련이 요구된다.

IV. 유능한 목회상담자를 지향하며

상담자는 자신을 위한 상담, 다시 말하면 다른 사람을 상담하기 전에 인간적 성장을 위한 상담이 필요하다. 대부분의 임상 전문 훈련을 받는 사람들은 전문적 상담을 시작하면서 개인 교육 분석이나 집단 상담을 지속적으로 받는다. 그 이유는 자기 자신의 문제를 역전이 하지 않기 위해 역전이를 다룰 수 있는 방법을 배워야하기 때문이다. 또한 목회상담관계에서 자신을 건강하게 다루는 것을 배우지 못한다면 오히려 목회 상담자가 상처받고 탈진할 가능성이 있기 때문이다.

A. 남성 목회상담자는 여성성에 대하여 배워야 한다

게이 허바드는 남성 목회상담자들이 상담자로 훈련을 받으면서 여성심리학이나 여성성에 대해서 배울 기회가 거의 없다고 지적한다.

> 치료 전문가의 수련이나 목회 상담자 훈련에 여성 심리학이 포함돼 있지 않고 여성치료와 관련된 문제를 구체적으로 다루고 있지 않기 때문에, 치료자의 여성에 대한 신념 체계는 아무런 검토 없이 전문가 수련 체계 내에 그대로 존재하게 된다. 그래서 치료자들은 어떤 여성을 치료할 때는 자기들이 상담했던 여성 내담자

> 들과 유사한 상황에서 치료를 하게 된다. 그리고 치료자들(남녀모두)은 종종 자기도 모르는 신념 체계, 아무런 검증도 거치지 않은 신념 체계의 영향을 받는다.
>
> 여성들에게 도움을 줄 수 있는 유능한 치료자라면 치료 시작에 앞서 이러한 잘못된 신념 체계를 구성하고 있는 요소들을 검토해 보는 것이 올바른 시작점이며 또 반드시 필요하다고 생각한다.[215]

따라서 목회상담자가 유능한 치료자가 되려면 남성성과 여성성에 대한 고정관념에서 합리적인 이해를 가질 수 있도록 배움의 기회를 가져야 한다.

B. 목회상담자의 생활 주기와 전인 발달

가족 생활 주기와 인생의 계절에 따라 남성 상담자는 달라질 수 있다. 레빈슨은 남성 성장의 가능성을 보면서 남성이 겪는 인생의 사계절을 다룬다.[216] 그가 말하는 인생의 계절은 "인생 과정이 어떤 형태를 가지고 있으며, 연속된 일정한 양식을 통해 진화된다는 것"을 의미한다. 그는 남성의 계절을 네 단계로 나누고 각 단계에서 다음 단계로 넘어가는데 전환기가 있음을 강조한다: 1 아동기와 청소년기 (성인 초기 전환기); 2. 성인 초기 (중년의 전환기); 3. 성인 중기 (성인 후기 전환기); 4. 성인 후기.

남성 목회상담자 뿐 아니라 여성 목회상담자도 인생의 계절에 따라서 생의 관심이 다를 것이며 이에 따라 상담자로서의 접근이 달라질 것이다. 특별히 가족 생활 주기 이론에서 목회 상담자의 생활주기가 어디에 있는지에 따라서 가족 구성원의 역할이나 이해도 달라질 것이다.

나가는 말

목회상담자는 가치중립적인 입장을 취할 수는 없다. 왜냐하면 자신의 가치관을 숨기거나 제거한 채 상담관계를 지속할 수는 없기 때문이다. 또한 목회상담은 목회상담자의 가치를 성도나 내담자에게 주입하는 것이 아니다. 상담관계를 어떻게 형성하느냐에 따라 목회상담자는 효율적이냐 비효율적이냐가 판가름 난다. 효율적인 목회상담자는 관계치료자이기도 하다. 왜냐하면 목회상담자를 통해서 내담자의 변화가 일어난다면 그것은 치료적 관계를 통해서 일어나기 때문이다. 그렇기에 상담 격언 가운데 "관계가 치유한다"는 말이 있다. 목회상담자는 관계의 친밀함이 빚어내는 치유의 기적을 신뢰하는, 관계 치료자로 부름받은 사람이다. 목회상담자는 먼저 내담자와 친밀한 관계를 형성하고 그에게 힘을 부여(empowering)하여 스스로 문제해결을 하도록 도와야 한다. 나아가 내담자가 목회상담자를 통하여 그의 깨어진 인간관계와 가족관계가 회복될 수 있다는 희망을 발견하고, 관계회복의 주체자가 되도록 도와야 한다. 이런 효율적인 관계치료자로서의 목회상담자가 되기 위해서는 하나님과의 관계 회복을 통한 자기 치유 경험과 자기 자신에 대한 인식 능력, 관계 치료에 기본이 되는 상담이론(가족치료)에 대한 이해, 그리고 관계치료사로서의 예수님의 모범을 통해 끊임없이 배우며 공부해야한다. 또한 유능한 목회상담자가 되기 위해서는 여성성과 여성심리에 대한 이해와 함께 목회와 신학, 인간이해 등을 목회상담에 적용할 수 있어야 한다.

| 4장 |

가정폭력예방을 위한 목회자

"가정폭력 범죄의 처벌 등에 관한 특례법"과 "가정폭력 방지 및 피해자 보호 등에 관한 법률"이 통과되어 1998년 7월 1일을 기해서 시행되었다. 이 법안들의 가장 중요한 내용은 누구든지 (제 3자라도) '가정 폭력' 가해자를 수사기관에 신고할 수 있다는 것이다. 또한 신고 되었을 때에 피해자를 보호하며, 가해자에게는 집행유예와 함께 사회봉사, 벌금, 접근 금지 명령, 친권 행사의 제한, 그리고 의료기관 등 기타 요양소 또는 상담소등에 위탁할 수 있고, 경찰관서 유치장 또는 구치소에 유치할 수 있도록 한 것이다. 이러한 법안이 제정되어지기 까지는 오랫동안 여성단체들과 인권 단체들의 노력이 있었고, 동시에 사람들 가운데 '가정 폭력' 문제의 심각성에 대한 인식과 '가정 폭력'은 법적인 제재가 없이는 해결이 힘들다는 것에 대한 인식의 확산이 가능하게 하였다.

그렇다면 이러한 문제가 기독교 가정과는 연관이 없는 것일까? 부인하고 싶지만 가정폭력은 기독교 가정에서도 여전히 일어나고 있다.

기독교 가정은 결코 가정폭력으로부터 안전한 장소가 아니다. 그렇다면 '왜 이런 일이 기독교 가정에서도 일어나고 있는지, 그리고 하나님께서 과연 이러한 폭력을 허용하시는가?'에 대한 신학적인 질문을 다루어야 한다. 또한 기독교 가정에 영향력을 행사하는 교회와 목회자들의 역할과 신학을 점검해 보지 않고서는, 기독교 내에서 일어나고 있는 가정폭력에 대해 대처 방안을 모색할 수 없다. 따라서 우리의 신앙과 신학이 어떻게 가정폭력과 연관이 있는지와 이러한 문제에 대한 교회와 목회자들의 인식이 어떠한가에 대한 점검이 필요하다.

본 장에서는 현재 목회에 임하고 있는 목회자들의 가정폭력에 대한 설문 조사의 분석을 통해서 가정폭력의 현황을 살펴보고 목회자와 교회가 학대하는 남편과 매 맞는 아내를 어떻게 다룰 것인가와 어떻게 하면 그러한 가정폭력을 예방할 수 있는지에 초점을 맞추려고 한다. 이 일을 위해서 첫 장에서는 가정폭력의 현황과 이해를 위해서 간단한 용어정리와 기독교 가정에서의 가정폭력의 통계들, 그리고 어떻게 '가정 폭력'이 발생하는지에 대한 통합적 이해를 제시하고자 한다. 두 번째 장에서는 종교적 신앙과 '가정 폭력'이 어떻게 연결될 수 있는가에 대하여 왜곡된 신학(Bad theology)의 영향에 대해서 살펴볼 것이다. 즉 학대하는 남편을 정당화시켜주는 신학과 여성들을 억압하는 폭력과의 사이에 어떤 상관관계가 있는지를 다룰 것이다. 셋째 장에서는 목회자들의 '가정 폭력'에 대한 기초 설문 조사들의 결과를 분석하여 목회자들이 가정폭력에 대해서 어떻게 이해하며 대처하는지의 자료를 제공할 것이다. 마지막으로 목회자가 매 맞는 여성들을 상담할 때 보이는 상투적인 반응들을 지적하고 기독교내에서 가정폭력을 근절하기 위해서 목회자들이 적극적으로 해야 할 역할들을 제안할 것이다.

I. '가정폭력'의 현황과 이해

A. '가정폭력'의 정의

'가정폭력'은 포괄적인 용어이다. 즉 배우자 학대(폭력), 아동 학대, 노인 학대, 가족 중에 정신지체자 또는 장애자 학대 등 가족 간의 폭력 및 학대 관계를 모두 포함한다. '가정폭력'은 모든 가족 구성원 사이에 일어나는 폭력을 일컫는 것으로 '가족폭력'이 보다 정확한 표현이다. 본 글에서는 '가정폭력'을 부부 관계에서 일어난 것으로 아내 폭력/구타, 배우자 구타, 또는 아내 학대 등과 동일한 뜻으로 부부간에 일어난 폭력이나 학대라는 제한적 의미로 국한하여 사용할 것이다.

'가정폭력 방지법[217]'에서는 "가족 구성원 사이의 신체적, 정신적 또는 재산상 피해를 수반하는 행위이다"로 가정폭력을 정의한다. 이러한 정의를 부부 관계에 적용하면 부부 사이의 신체적, 정신적 또는 재산상 피해를 수반하는 모든 행위로 볼 수 있는데, 피해를 수반하는 행위는 너무 포괄적이어서 적용하기에는 모호한 경향이 있다. 미국 캘리포니아 검찰청에서 발간한 가해자 치료 프로그램 지침서에 의하면 '가정폭력'을 "성인들간에 또는 데이트하는 십대들의 친밀한 관계 속에서 일어나는 학대적인 행동"(abusive behavior which occurs within an intimate relationship between adults or dating teens)으로 보면서 폭력적 관계는 "두려움, 억압 그리고 조절로 특징지어진다"(Charaterized by fear, oppression, and control)고 정의한다.[218] 이러한 정의에 의하면 폭력의 정도보다는 폭력의 사용이 무엇을 의도했느냐와 상관이 있다. 상대방을 조절하기 위해서 억압하는 행위, 그리고 그 피해자가 두려움을 느끼는 관계는 얼마나 많은 폭력을 당했느냐의 정도와 상관없이 학대 또는 폭력으로 간주된다는 것이다.

좀 더 '가정폭력'의 형태를 세밀하게 언급할 수 있다. 하나는 신체적 폭력(신체적인 힘/무력을 상대방에게 사용하는 것)이다. 여기에는 치는 것, 손으로 찰싹 뺨을 때리는 것, 발로 걷어차는 것, 꽉 쥐는 것, 감금하는 것, 세게 미는 것, 밀어 넘어뜨리는 것, 목을 조르는 것, 할퀴는 것, 주먹으로 때리는 것, 잡아당기는 것, 물건으로 때리는 것, 총을 쏘는 것, 뾰족한 무기/물건으로 찌르는 것, 그리고 자산이나 애완동물에 피해를 입히는 것 등을 포함한다. 둘째는 성적인 폭력인데 이것은 친밀한 관계에서 상대방의 의지와 상관없이 성행위를 하도록 강요하거나 위협을 가하는 것이다. 셋째는 심리적 폭력인데 이것은 상대방의 행동이나 활동을 조절하려는 목적으로 강렬하고 계속적인 정신적 고통을 주는 것이다. 여기에는 공갈 협박, 위협, 교묘하게 조작하는 것(manipulation), 또는 세뇌시키는 것 등을 포함한다.[219] 물론 이러한 규정은 미국 지침서에 포함된 것으로 한국 가정에서 자주 일어나는 것 중에 포함되지 않은 것은, 상대방의 머리카락을 자르는 것, 담뱃불로 지지거나 문신을 새기는 것, 상대방에게 물건 집어던지기, 불 지르는 것, 옷이나 앨범 등 상대방이 아끼는 물건을 찢어버리는 것 등이 있다. 결국 가정폭력은 친밀한 관계에서 상대방을 자신이 원하는 대로 조절하기 위해서 행사하는 모든 폭력적인 언어나 행동을 포함한다.

B. 기독교 가정에서 '가정폭력'의 통계들

1983년도에 1100명의 남녀를 조사한 한국 갤럽 조사 연구소에 의하면 남자의 62%가 신체적인 폭력을 아내에게 과거에 사용한 적이 있다고 한다. 1989년 한국 갤럽 조사 연구소에서 735명의 남편들에게 "결혼 이후 배우자나 아내를 때리거나 물건을 집어던진 일이 있는가?"를 질문했는데 57.5 %가 "있다"고 응답을 하였다.[220] 그렇다면 적어도 두 가정 당 한 가정의 아내는 결혼 이후 남편으로부터 한번이상 폭행을 경험했다고 가정할 수 있다.

한국에 거주하는 한인가정과 미국 일반 가정과의 아내 구타 빈도를 비교 조사한 연구가 있다. 미국에서 사용된 똑같은 아내 구타에 대한 질문지를 사용해서 얻은 자료를 비교 분석한 바, 설문지에 답한 한국의 결혼생활 2년 이상 된 부부 중에 약 30.9 %가 아내 구타를 보고했는데 반면에 미국의 부부는 8.4 %였다고 한다. 따라서 미국에 거주하는 미국의 일반 부부에 비해서 한국에 거주하는 결혼한 부부가 약 3배 이상 아내 구타 발생 빈도를 보이고 있다고 볼 수 있다.[221] 이 연구결과의 타당도와 신뢰도를 인정할 때 적어도 미국인 일반 부부보다 훨씬 많은 (3배 이상) 한국인 부부에서 아내 구타가 일어나고 있는 것으로 보인다.

그렇다면 최근의 통계는 어떠한가? 매 3년 마다 실시되는 가장 최근의 가정폭력 실태보고 (2013, 한국여성정책연구원)[222]에 의하면 지난 1년간 만 19세 이상 65세 미만 기혼남녀의 부부폭력률(통제를 제외한 신체적 폭력, 정서적 폭력, 경제적 폭력, 성학대, 방임을 포함)은 45.5%였다. 2010년 보다는 8.3% 감소하였으나 2007년에 비하면 2013년 조사결과는 5.2% 증가하였다. 여성의 경우 부부 폭력이 처음 시작된 시기가 결혼 후 1년 미만이 22.2%, 5년 미만인 경우가 62.1%였다. 또한 여성 응답자가 배우자로부터 정서적 폭력을 경험하였다고 응답한 경우는 28.6%였고, (경하거나 중한)신체적 폭력은 4.9%, 방임은 17.8%, 통제는

36.5%, 경제적 폭력은 3.5%였다. 그러나 이 실태조사에서는 종교에 관한 질문은 없기 때문에 일반가정과 기독교 가정에서 가정폭력의 발생에 관한 정보를 찾을 수가 없다.

그렇다면 기독교 가정에서는 어떠한가? 기독교 가정 사역 연구소에서 기독교 기혼 여성 254명을 대상으로 실시한 설문조사 응답자 가운데 23%가 남편으로부터 직간접적인 가정폭력을 당한 적이 있다고 응답을 했다.[223] 워커 (Lenore Walker)는 "종교적인 신념이 학대를 예방할 것이다"라는 것은 신화에 불과하다고 지적한다. 그는 자신의 연구에서 "가톨릭, 개신교, 몰몬, 유대교, 동방정교, 그리고 어떤 다른 종교의 여성들도 그들의 종교적인 신앙이 폭력적인 남편으로부터 여성들을 보호하지 못했다"[224]고 설명한다. 또한 다른 연구에서 그는 아내를 구타하는 남편들의 종교 가운데 개신교(400명 중 147명)와 가톨릭(400명중 110명)이 많다고 말한다.[225] 대부분의 연구가들은 '가정폭력'은 종교와 무관하게 모든 가정에서 일어나고 있으며, 일반 가정에서 일어나는 것 만큼 기독교 가정에서도 일어나고 있다고 주장한다.[226]

지금까지 '가정폭력'의 현황을 살펴보았다. 가정폭력방지법이 시행된 지 18년이 지나고 있지만 대체적인 통계는 가정에서 경제적, 성적, 신체적, 정서적, 언어적 폭력 등이 계속되어지고 있고, 기독교인으로서 믿고 싶지 않은 결과이지만 '가정폭력'과 신앙은 무관하게, 기독교 가정에서도 거의 비슷한 정도로 발생하고 있다고 볼 수 있다. 그렇다면 왜 가정폭력이 일어나는가? 특별한 남성들에 의한 배우자 폭력은 계속되어지는 것일까? 라는 질문을 하지 않을 수 없다.

C. '가정폭력'에 대한 통합적 이해

'왜 남성들은 아내를 때리는가? 때리는 이유는 무엇일까?' 라는 질문에 대해 여러 가지 이론이 있다. 이들 가운데 개인내적 이론(Intra-individual theories), 사회-심리학적 이론(Social-psychological theories), 사회-문화적 이론(Socio-cultural theories), 생태체계적 접근(Ecosystemic approach) 등이 주요 이론들이다. 홍인종은 "남성 폭력자: 한인 이민 가정에서의 가정폭력에 대한 생태체계적 분석"이라는 논문에서 생태체계적 모델을 통해서 한인 이민 폭력 남성 51명을 분석하였다.[227] 이 논문의 공헌은 어떤 한 가지 요인에 의해서 '가정 폭력'의 정도가 결정되기 보다는 다양한 요인들이 서로 복합적으로 상호 영향을 주고받는다는 사실을 밝힌 것이다. 이것은 '가정 폭력' 가해자와 연관된 다양한 체계들을 변화시켜야 폭력 행동의 변화를 일으키고 새로운 행동 패턴을 배울 수 있음을 시사해 준다.

'가정 폭력'은 단순히 한 가지 요인에 의해서 발생되지 않는다는 것을 전제한다면 기독교인에게 있어서 '가정 폭력'의 정도가 가해자의 가치관, 신념, 또는 종교나 신앙관과 연관이 있을 것이라는 추측이 가능하다. 즉 가해자가 어떤 신학적 배경을 갖고 있느냐가 폭력의 정도나 학대행위와 상관이 있을 것이라는 가정이다. 만약 목회자가 신학적으로 학대행위를 지지할 수도 있는 신학적 입장을 가지고 있다면 그 성도들 가정에서 폭력의 가능성은 더 높아질 것이라고 가정할 수 있다. 따라서 다음 장에서는 '가정폭력'이 일어나도록 방치하거나 조장하는 왜곡된 신학은 없는지, 아니면 폭력을 허용하는 신학은 없는지 살펴보고자 한다.

II. '가정폭력'의 신학적 배경

아내 학대는 동서양을 막론하고 긴 역사를 가지고 있다. 남녀의 불균형적인 관계로 이끄는 가부장제는 문화적으로 윤리적으로, 경제적으로 그리고 사회 구조적으로, 심지어는 종교적으로 지지를 받았었다. 몬휄콘(Monfalcone)은 기독교 가정에서 '가정폭력'이 일어날 뿐 아니라 어떤 상황에서는 "기독교인들은 종교를 학대하는데 사용하거나, 적어도 학대를 정당화하는데 이용한다"고 말한다.[228] 또한 리한(Leehan)은 "너무 자주, 종교적 표현과 성경적 구절들이 '가정폭력'을 정당화하는데 사용되었다. 심지어는 농부들 가운데는 종교적 가르침이 '가정폭력'을 일으키도록 지지한다"고 지적한다.[229] 문제는 어떤 성경 구절도 아내 학대나 폭력을 직접적으로 지지하지 않는 것이 분명하지만, 그럼에도 불구하고 폭력을 지지할 목적으로 종교적인 글귀나 성경을 잘못 인용할 가능성은 충분히 있다는 것이다. 그렇다면 학대하는 남편을 지지해 주는 교회의 신학과 매 맞는 여성들을 통제하는 폭력과의 사이에 연관성을 살펴보기로 하자.

A. 복종과 남편의 머리됨의 신학

가정폭력을 예방하고 상담하는 일에 종사하는 사람들 중에는 종종 교회가 긍정적인 영향을 미치지 못한다는 생각을 한다. 필자의 경우의 예를 들면, 한번은 상담소에 30대 초반의 한 여성이 찾아왔다. 필자가 목사인 줄 몰랐던 여인은 "목사님처럼 이야기를 하려면 그냥 가겠다"며 이야기를 시작했다. 그 여성은 남편의 계속된 폭력으로 교회에 도움을 요청했는데 그 보수적인 교회에서는 계속 참고 기도하라고 했다면서 교회의 가르침대로 1년 반을 더 기다렸지만 이제는 몸에 병도 들고 정신적으로도 점점 혼란해져 간다고 했다. 사실 많은 학자들은 유대교-기독교적 전통은 가부장적 제도를 지지하면서 남성은 여성보다 우월하다는 입장을 견지했다고 본다. 살즈먼(Saltzman)은 다음과 같이 지적한다[230]:

> 유대교-기독교 유산은 여성은 태어날 때부터 악하고 남성보다 열등하다는 신념을 펼치는데 지대한 역할을 해왔다. 여성에 대한 유대교-기독교 주제는 남성의 쾌락과 즐거움을 위해서 여성은 창조되었고, 여성의 성은 유혹의 근원이며, 악하다는 것이다. 또한 본래적으로 제한적이고 생물학적으로 열등하고.... 유대교-기독교 교리는 자연적 질서아래서 여성의 중요한 기능은 종족의 번식을 수행하는 열등한 존재라는 것을 남성 뿐 아니라 여성들에게도 확신시켜왔다.

이러한 입장에서 좀 더 진행한다면 논쟁적인 주제는 '여성의 복종과 남성의 머리됨'에 대한 성서적인 가르침이 어떻게 아내 학대와 연관되는지를 살펴보는 것이다. 남편이 아내의 머리된다는 것은 아내를 종처럼 여기라던가, 그녀를 열등한 존재로 대우하라는 것은 아니다.

매 맞는 여성들은 그들이 충분히 복종적이 된다면 하나님께서 그녀의 결혼 생활을 변화시켜주실 것이라고 믿는다. 이러한 가정(assumption)은 기독교 여성의 가장 중요한 책임은 남편이 무엇을 하든지 또는 어떤 행동을 하든지 상관없이 그녀의 남편에게 절대적인 복종을 해야 한다는 것이다. 그리고 이것은 별 의심 없이 모든 기독교인들이 받아들이는 것이다. 이러한 신념 하에서는 아내가 남편에게 복종적이라면 모두 좋은 관계를 유지할 것이라고 믿는다. 즉 아내의 복종과 남편의 머리됨의 신학은 의식적으로든 무의식적으로든 아내 폭력에 영향을 미친다.

역사적으로 보면 1세기 로마 시대에 아내는 남편의 소유물이었다. 죤 맥아더는 그의 책에서 바울 시대에 남성들은 아침에 일어나 "하나님! 제가 이방인이 아니며 노예가 아니며 여성이 아닌 것을 감사합니다"라고 기도했다고 말한다.[231] 그럼에도 불구하고 바울서신에서 "너희는 유대인이나 헬라인이나 종이나 자주자나 남자나 여자 없이 다 그리스도 예수 안에서 하나이니라"(갈 3:28)라고 선언한다. 그렇기에 에베소서 5장 21절, 22절, 그리고 31절에 보면 남편이나 아내나 모두가 '서로 복종'하라고 요구한다. 아내의 복종이 거부된 것이 아니라 남편의 복종이 첨가된 것이다. 남편과 아내의 상호 복종의 원리는 결혼에 대한 하나님의 본래 의도를 보여주신 창세기 2장 24절에 이미 언급된 것이다. "이러므로 남자가 부모를 떠나 그 아내와 연합하여 둘이 한 몸을 이룰지로다"

결국 기독교 가정은 아내의 절대적 복종에 근거한 남편의 머리됨의 불균형적 신학에서 부부간에 보완적이고 균형적인 상호 섬김/복종의 신학(theology of mutual servanthood/ submission)에 기초해야 한다. 부부가 평등한 존중과 상호 이해를 바탕으로 하는 건전한 신학을 수용한다면, 기독교 가정에서 '가정폭력'을 멈추게 하는데도 좋은 영향을 미칠 수 있을 것이다.

B. 고난의 신학

기독교인에게 있어서 고난의 신학만큼 아름답고 고귀한 것은 없다. 의를 위한 고난은 거룩하고 영광스러운 것이다. 그런데 때로는 이러한 고난이 기독교 가정에서 학대를 설명하거나 정당화시키는 것으로서 여성들에게 경험되어지기도 한다.

남편의 폭력에 순복함으로써 아내는 기독교인인 남편이 그의 잘못을 볼 수 있도록 주님께로 인도할 수 있다고 가르친다. 그러나 임상적인 많은 증거들은 매 맞는 아내의 가장 잘못된 대처 방법은 폭력적인 남편에게 복종하는 것이라고 밝힌다.[232] 한 여성은 남편의 폭력에 의해 결국은 이혼하게 되었지만 이혼한 후 복음을 듣고 예수 그리스도를 만나게 되었다. 그녀는 그녀의 전 남편도 예수를 영접하고 새로운 삶을 살기를 원해서 다시 그와 결혼했다. 문제는 그 다음이었다. 또 다시 폭력이 시작된 것이다. 많은 기독교 여성들이 미성숙하고 폭력적인 남편에 대하여 영적인 책임감을 느낀다. 그래서 매 맞는 여성들은 만약 그녀의 남편이 진정으로 기독교인이 된다면 폭력은 멈출 것이고 문제는 해결될 것이라고 생각한다. 그러므로 아내들은 그들이 충분히 고난을 견디기만 한다면 폭력적인 남편은 변할 것이라고 잘못 믿게 된다. 이러한 매 맞는 여성의 역할을 소위 "선교사로서의 희생자"(The victim as missionary) 또는 "구원자 증후군"(The salvation syndrome)이라고 부른다. 그러나 불행하게도 이러한 선교사로서 또는 메시아로서의 아내의 역할은 때리는 남편을 상담 없이 변화시키기는 힘들다는 것이다.

따라서, 비록 고난의 신학은 위로와 희망의 상징이며 기독교인들에게 매우 의미 있고 신성한 것이기는 하지만, 가정폭력에 있어서는 그것으로 충분하지가 않다. 버서트(Bussert)는 "우리는 학대받는 여성에게 인내에 대한 자원 보다는 능력(strength)에 대한 자원을 지지하는 신앙을 제공할 필요가 있다"[233]고 지적한다. 여성으로 하여금 스스로의 힘으로 일어설 수 있는 '능력 함양'(empowering), 즉 다른 사람이 힘을 얻을 수 있도록 하는 의도적이고 능동적인 과정이 필요하다. 고난의 신학에서 '능력 함양의 신학'(theology of empowerment)로 바뀌어야 학대받는 여성들이 자신과 자기 자녀들의 문제를 좀 더 효과적으로 다룰 수 있게 될 것이다.

C. 이혼의 신학

학대와 관련하여 중요한 신학적 주제 중에 하나는 이혼에 관한 것이다. 매 맞는 아내들이 결혼 관계를 유지하는 이유 중에 하나는 그들의 종교적 신앙이 이혼을 저주하는 것을 지지하기 때문이다. 그들은 "죽음이 우리를 갈라놓을 때까지"라는 이상을 가지고 있다. 이혼은 죄악이다. 목회자들에게 상담을 의뢰할 때, 그들은 종종 말라기 2장 16절의 "나는 이혼하는 것을 미워한다"는 말씀을 인용한다. 특별히 교회에서는 다른 모든 죄보다도 이혼의 죄를 가장 큰 것으로, 나쁜 악으로 여기고 있다. 기독교인들은 이혼은 받아들일 수 없는 것으로 여긴다. 사실 이혼에 대한 가르침은 분명하고 확실하며, 하나님의 의도는 사람들이 이혼하지 않고 서로 한 몸을 이루며 사는 것을 경험하는 것이다.

그러나 말라기 2장의 16절을 전체로 보면 "이스라엘의 하나님 여호와가 이르노니 나는 이혼하는 것과 학대로 옷을 가리우는 자를 미워하노라 만군의 여호와의 말이니라 그러므로 너희 심령을 삼가 지켜 궤사를 행치 말지니라"고 말씀하신다. 하나님께서는 단지 이혼만을 미워하시는 것이 아니라 학대도 똑같이 미워하신다. 따라서 그 다음의 문제는 과연 그렇다면 남편이 아내를 때렸을 때에 '무엇이 결혼생활에 발생할 것인가?'와 목회자는 '남편의 폭력으로 고통받는 여성에게 이혼을 제안할 수 있느냐?'는 것이다. 결혼은 영원한 언약의 관계이지만 하나님께서는 동시에 이혼을 허용하신 적이 있다(신 24:1). 그러므로 남편이 사용하는 폭력, 학대, 위협 하에서는 이미 결혼의 영원한 계약과 상호 관계는 깨어진 것이고 더 이상 하나님께서 본래 의도하신 결혼의 관계를 유지하고 있는 것이 아니다. 이러한 결혼에서는 오히려 폭력의 정도가 이혼의 위험성 보다 훨씬 더 해롭고 죄 된 것일 수 있다. 따라서 이혼의 신학이 법적인 결혼 상태를 유지하는 것만을 강조하면서 심리적, 영적 이혼 상태에 대해서 침묵한다면 그것은 잘못된 것이다. 또한 폭력의 정도나 위험성에 대한 고려 없이 무조건 이혼을 반대하는 것 역시 지혜롭지 못한 것이다. 그러므로 단순히 '이혼만은 안 된다'는 이혼의 신학에서 전인적인 관계와 희생자의 전인 건강을 고려하는 '생명의 신학'(theology of life)으로 전환되어야 한다.

D. 왜곡된 신학(Bad theology)의 결과들

기독교 여성들 가운데 폭력을 당하는 경우는 비기독교인의 경우와는 또 다른 문제를 갖게 된다. 그들은 그리스도 안에서 이상적인 결혼에 대한 기독교적 가치를 가지고 있기 때문에, 예수님께서 그들의 삶을 바꿀 수 있고 또한 바꾸시리라 기대를 한다. 다른 말로 하면 그들의 이상적인 결혼에 대한 신학(견해)과 현실 사이의 모순은 해결책을 찾지 못할 때 더욱 죄책감과 수치심에 빠져들게 만든다.

왜곡된 신학은 기독교 가정에서 가정폭력이 계속 일어나도록 영향을 미칠 뿐 아니라 또한 그들을 상담하는 목회자들에게도 영향을 미친다. 일반적으로 이러한 이혼과 결혼 역할에 대한 모호함이 목회자들에게 가정폭력을 별로 중요하지 않은 문제로 취급하거나 비효율적인 응답으로 이끌 수 있다. 따라서 목회자와 교회 상담자들이 폭력과 학대에 대한 건강한 신학과 함께 성경적으로, 사회적으로 더 효과적인 (매 맞는 여성들이 수용할 만한) 대답을 제공하지 못한다면, 교회는 기독교 가정에서의 '가정 폭력'에 대한 문제를 다루는 데는 희망이 없다. 그렇다면 목회자들은 교회에서 가정폭력을 얼마나 경험하고 있으며 그러한 문제들에 대해 어떻게 대처하고 있는지를 설문조사의 결과를 통해서 살펴보자.

III. 목회자들이 경험한 가정폭력 (설문 조사 결과 분석)

목회 현장에서 일어나고 있는 '가정폭력'의 실태를 파악하기 위해서 "목회자들을 위한 가정폭력에 대한 기초자료" 설문조사(1999)를 실시하였다. 그 내용은 다음과 같다.

A. 조사 대상자

조사 대상자는 장로회신학대학교 신대원, 목회 연구 과정, 대학원, 교역 대학원에 재학 중이면서 전임으로 있는 전도사, 목사들(1999년 6

월 현재)이었다. 그 중에 남자는 163명이었고, 여성은 38명, 성별을 기재하지 않은 사람 8명으로 총 209명이 응답하였다.

남성 응답자는 35세 미만이 62명, 36-40세가 36명, 41-45세가 33명, 46-50세가 19명, 51세 이상이 13명이었다. 거주 목회 지역은 87명이 대도시, 49명이 중·소도시, 그리고 25명이 농·어촌 지역이었다.(무응답 2명) 또한 목회하는 교회의 교인 수는 100명이하가 55명, 101-200명은 25명, 201-300명은 15명, 301-500명은 18명, 501-1000명은 21명, 1000명 이상은 21명이었다.(무응답 10명)

한편 여성 응답자는 35세 미만이 12명, 36-40세가 5명, 41-45세가 13명, 46-50세가 5명, 51세 이상이 3명이었다. 거주 목회 지역은 31명이 대도시, 5명이 중·소도시, 그리고 1명이 농·어촌 지역이었다.(무응답 1명) 또한 목회하는 교회의 교인 수는 100명이하가 9명, 101-200명은 6명, 201-300명은 4명, 301-500명은 3명, 501-1000명은 3명, 1000명 이상은 10명이었다.(무응답 3명)

B. 설문 조사 결과 분석

목회자들의 가정폭력의 심각성에 대한 이해도를 파악하기 위해서 '가정폭력은 얼마나 자주 일어나고 있는가?'라는 질문을 했다. 이에 대해서 남성 응답자 중에 9명이 '자주 일어난다', 54명이 '가끔 일어난다', 15명이 '잘 일어나지 않는다', 53명이 '거의 일어나지 않는다'고 응답했다.(무응답 25명) 반면에 여성 응답자 중 3명이 '자주 일어난다', 17명이 '가끔 일어난다', 2명이 '잘 일어나지 않는다', 그리고 '거의 일어나지 않는다' 가 5명이었다.(무응답 11명) 이러한 응답은 남성 응답자들 가운데

'자주 일어난다', '가끔 일어난다'로 보는 사람은 39%(63/163)이며, 여성 응답자들 가운데 '자주 일어난다', '가끔 일어난다'로 응답한 사람은 53 %(20/38)이었다. 이러한 응답은 남성 목회자들 보다 여성 응답자들이 좀 더 가정폭력의 빈도가 심하다고 느낀다는 것을 보여준다.

'가정폭력은 교인들에게 있어서 심각한 문제라고 생각한다'라는 문항에 대한 응답은 다음과 같다. 남성들은 '전혀 그렇지 않다'가 3명, '거의 그렇지 않다'가 16명, '보통이다'가 20명, '다소 그렇다'가 36명, '절대 그렇다'가 72명이었다.(무응답 16명) 반면에 여성 응답자는 '전혀 그렇지 않다'가 0명, '거의 그렇지 않다'가 3명, '보통이다'가 3명, '다소 그렇다'가 5명, '절대 그렇다'가 21명이었다.(무응답 6명) 이것은 남성 응답자의 66% (108/163)가 '다소 그렇다', '절대 그렇다'로 응답함으로써 교인 가정 가운데 심각한 문제라는 점을 긍정하였고, 여성 응답자 가운데 68% (26/38)가 심각한 문제라고 이해하고 있음을 보여준다. 이러한 결과는 가정폭력의 빈도 (얼마나 자주 일어나는지)에 대한 응답보다 훨씬 더 교회 내에서 가정폭력 문제를 심각하게 인식하고 있음을 나타내는 것이다.

'폭력에 의해 매 맞는 아내를 상담한 적이 있느냐?'는 질문에 대해 남성 목회자 가운데 20%(33/163)가, 여성 목회자 가운데 50% (19/38)가 경험이 있다고 대답을 하였다. 이것은 매 맞는 여성들 가운데 남성 목회자들 보다는 여성 목회자에게 도움을 청하거나 그들과 상의하고 있는 사람들이 더 많다고 추측할 수 있게 한다. 좀 더 정확한 정보를 얻기 위해서 이 문항 (폭력에 의해 매 맞는 아내를 상담한 적이 있느냐)에 경험이 있다고 응답한 사람들에게 '최근 1년동안 매 맞는 아내를 상담한 경험이 있느냐'는 질문을 하였다. 이에 대해 남성은 68%(25/37:무응답자 4명이 더 응답한듯함)가, 여성은 전체가 응답을 했는데 47% (18/38)가 최근 1년 동안 매 맞는 아내를 상담한 적이 있다는 것이다.

이것은 교회 내에서 얼마나 자주, 또한 심각하게 폭력이 일어나고 있는지를 알려준다. 여성 목회자들의 47%가 일 년 동안 한번 이상 매 맞는 아내를 상담했고, 남성 목회자들 전체의 약 15 % (25/163)가 일 년 동안 한번 이상 매 맞는 아내를 상담했다는 것이다. 이러한 결과는 교인의 수나 목회 지역을 고려하지 않더라도 적어도 여성 목회자는 2명 중에 한명이, 남성 목회자는 6-7명 중에 한명이 일 년에 한 번 이상 매 맞는 여성을 상담하게 된다는 것이다. 따라서 목회자들은 가정폭력에 대해서 적절하게 대처할 수 있도록 배워야하며 준비되어야 한다.

구타당한 여성을 상담한 적이 있는 남성 목회자 중에 24명(33명중 9명은 무응답)이 응답을 했는데 그들의 조언 내용을 요약하면 다음과 같다.

남편과 대화로서 모든 문제를 풀라고 조언

인내와 관용/특별한 대책 - 당시 상황 회피

태도를 바꾸라. 잘 해 주라

동의/위로. 남편의 성격변화에 대해 치료가 필요하다

맞대응하지 말라. 화났을 때는 일단 자리를 피하라 진정된 후 대화(시인할 것은 시인)

용서하여 가장의 권위를 살려주고 기도하라

적극적으로 대응하라(무조건 맞는 것만이 능사가 아니다) 그러나 지혜스럽게!

위로, 격려. 자리 피함. 법적인 문제

신앙으로 이기도록(기도와 성실한 생활로 남편의 마음이 돌아오기를 기다리도록)

더욱 더 잘하라고 하면서 기도 부탁

그냥 듣고 기도해 주었다

지혜롭게 대처하라. 비신앙적인 모습을 본인이 제하고 기다려 주도록 하라

맞지 않도록 해야 하며 그 영혼을 위해서 기도

그냥 위로만 해주었다

누구나 단점은 있다 하나님은 고쳐서 쓰시는 분이시니까 점점 나아질 것이다

어떠한 경우에도 구타당하지 않도록 분위기를 조심하여 이끌어가도록

좀더 시간을 가지라

부정한 남자를 위해 기도하고 더욱 더 잘 해 주라

내담자가 남편에 대해 이미 체념상태이며, 남편은 모기도원으로 감금 상태 (왜냐하면 술중독, 성격장애 등으로 인해)

좀 더 기다리자. 기도하면서

먼저 사랑하게 하고 마음의 안정을 신앙의 힘으로 주라

신앙으로, 사랑으로 견디라(인내)

대화, 법적인 문제 논의

복종과 사랑과 기도, 그리고 의식적 노력

남편의 요구에 순종

상담한 적이 있는 여성 목회자의 19명중 13명이 응답을 했는데 그 조언 내용을 요약하면 아래와 같다.

내담자의 상담 내용에 긍정하며 함께 응해 줌. "지혜롭게 피해라"

신앙의 힘으로 극복하라. 지혜로운 방법을 다 동원하라

기도하면서 성령의 능력이 남편의 마음을 변화시켜 주기를 기다려 보자

전문가를 찾도록 연결해줌

영혼은 더욱 불쌍한 마음으로 사랑하면서 기도할 것을 조언

습관성은 안 되고 신앙으로 남편을 인도하고 가족과 함께 의논하라

피하자. 맞서지 말라. 기도하자

같이 싸우라. 누군가의 도움을 받으라

듣기만 함

이혼하라고

일단은 남편에게 접근하지 말라 (다른 여자와 동거하면서 지방에 있는 집에서 있을 때)

기도하자고 함

첫 만남과 계속되는 만남이 다르다. 먼저 위로. 함께 욕도 해주고, 기도

그리고 성별을 밝히지 않은 응답자 2명은 다음과 같이 조언을 했다고 응답했다.

그 사람의 현실의 억울함을 충분히 이해함을 이야기하고 성경 말씀 안에서 문제를 해결 받도록 하여 함께 기도하고 그 문제를 위해 기도하도록 했다

참지 말고 적극적으로 대처하라

이러한 내용을 모두 정리해보면 구타 피해자를 상담한 적이 있는 남성 또는 여성 목회자 모두 막연하고 구체적이지 않은 조언을 했음을 보여준다. 비록 '전문가를 찾으라', '법적 도움을 구하라', '이혼하라', '맞서 싸우라'는 적극적 조언도 해 주었지만 대부분은 듣기만 하거나 '용서하라', '기도하라', '참으라', '불쌍히 여겨라', '남편의 요구에 순종하라', '사랑으로 견디라' 등의 피해자의 변화와 책임을 촉구하는 상담을 제공했다.

그렇다면 이들의 상담 결과가 어떻게 되었는가에 대해 질문을 했더니 조언을 해 주었다는 남성 목회자는 1명이 '더 악화되었음', 4명이 '변

화없음', 17명이 '다소 나아졌음'이라고 응답했다. 또한 조언을 해준 여성 목회자 13명 중 6명은 '변화없음', 7명은 '다소 나아졌음'으로 대답했다. 여기에서 알 수 있는 것은 그들의 상담과 조언으로 '다소 나아졌음'이라고 응답한 목회자가 더 많다는 것이다. 그러나 이 결과가 그들의 상담 결과가 긍정적이었다고 보기에는 다소 무리가 있다. 왜냐하면 응답자들이 그렇게 느낄지라도 실제로는 폭력의 주기(cycle of violence: 폭력의 발생→ 후회/연민→ 평온→ 갈등→ 폭력 재발생)에 따라 다소 나아진 것으로 볼 수 있기 때문이다. 다시 말하면 구타당한 여성이 목회자를 찾아왔을 때는 폭력이 발생하여 가장 힘들 때이고 시간이 지나면서 안정되어져 가는 것 같으나 (후회/연민, 평온의 단계) 부부 사이의 체계적 변화가 일어나지 않는 한 시간이 흐르면서 또 다시 갈등과 불안이 증가될 때 폭력의 재발생이 일어나는 악순환을 계속하게 될 것이다.

그렇다면 목회자들은 매 맞는 아내를 상담할 때 어떻게 느꼈는지를 알아보기 위해서 다음과 같은 질문을 했다. '남편이 아내를 때린 이유를 들었을 때 그럴 수 있겠다는 생각을 한 적이 있느냐?'라는 질문에 남성 응답자 중 43%(16/37), 여성 응답자 중에 55%(11/20) 가 그렇다고 대답을 했다. 이 말은 매 맞는 아내를 상담하면서 여성이 문제를 일으켜서, 여성의 문제 때문에 남편의 화를 돋았거나 폭발하도록 했다는 피해자에게 책임을 묻는 행위이다. 이것은 비록 그들이 매 맞는 여성을 상담하며 그런 말을 하지는 않았을지라도 그들에 대해 제대로 도움을 주지는 못했다는 것을 알 수 있다. 그렇기에 '남편에게 더 복종하고 영적으로 인내하라고 조언해 준 적이 있느냐'는 문항에 대해 그렇다고 대답한 남성은 70%(26/37), 여성은 85%(17/20) 였다. 이러한 목회자들의 상담 조언은 필요할 때가 있긴 하지만 희생자인 매 맞는 아내에게 '이것은 당신 책임이다'라고 또 다시 (언어적인) 폭력을 행사하는 것일 수도 있다. 왜냐하면 아내의 순종하지 못함이나 인내하지 않음보다 더 중요한 것이 어떤 경우에도 폭력을 행사해서는 안 된다는 폭력에 대한 단호한 태도가 선행되는 것이기 때문이다. 따라서 남편이 아내를 때릴 수도 있겠다는 목회자의 가해자에 대한 수용적 태도는 피해자인 아내에게 책임을 전가할 수 있는 위험성을 내포하고 있다. 이것은 앞 장에서 언급한 복종과 남편의 머리됨의 신학을 목회자들이 지지하고 있음을 증명해 준다. 다음의 문항들도 이러한 신학과 연관이 있다.

'때로는 아내의 불순종이 폭력의 원인이 된다고 생각한다'라는 문항에 대해서는 남성의 69%(113/163), 여성의 79%(30/38)가 동의했다. 위에서도 잠깐 언급이 되었지만 폭력의 원인을 아내의 불순종에서 찾는 것은 아내의 행동이 남편의 폭력 사용을 조절할 수 있다고 전제하는 것이다. 그러나 폭력의 정의에서 살펴보았듯이 '가정폭력'은 주로 남편이 아내를 억압함으로 조절하려고 폭력을 사용하는 것이다. 아내의 대처 방식과 크게 상관없이 폭력은 자행되곤 한다. 예를 들면 남편이 묻는데 대답을 하지 않고 가만히 있으면 폭력 남편은 '말하는데 대답도 하지 않는다면서 무시하냐?'고 폭력을 행사하고, 남편이 말할 때 말을 하면 '왜 말대꾸냐?'며 폭력을 쓴다. 즉 상대방의 행동과 상관없이 폭력을 행사하는 것이고 그것은 자신 속의 분노나 화를 조절하지 못하기 때문에 주로 발생하는 것이다. 흥미로운 것은 여성 목회자들이 남성들보다 더 여성의 불순종에서 폭력 발생의 원인을 찾는다는 것이다. 아내의 복종은 아름다운 미덕이고 하나님의 요구하는 말씀이지만 더 복종한다고 해서 남편의 폭력 행사를 방지할 수 있다는 것은 거의 불가능한 일이다.

위와 같은 질문에 긍정적 대답을 한다면 '매 맞는 아내가 남편에게 더 순종하고 인내하는 것을 하나님은 더 귀하게 보신다'라는 질문에 어떻게 응답할까? 이러한 문항에 대해 남성의 27%(44/163), 여성의 32%(12/38)만이 동의를 했다. 이러한 결과는 불순종이 폭력의 원인이 될 수 있다고 보지만 실제적으로 순종하고 인내하라고만 조언하지는 않는다는 것을 보여준다. 즉 고난의 신학을 통해서 인내하라고만 말하지는 않는다는 것이다. 따라서 '나는 매 맞는 아내에게 법적인 또는 의료적인 도움을 받아서 자신을 보호해야 한다고 조언해 주는 것에는 반대한다'는 질문에 대해 대다수의 목회자들, 남성의 79%(128/163), 여성의 76%(29/38)가 동의하지 않았다. 즉 폭력에 대해서 법적으로 호소를 하고, 병원에 찾아가 진료를 받고 의료적인 증거를 남기고 자신을 보호하는 일에 대해서 적극적으로 대처해야할 것을 지지하는 사람들이 훨씬 많음을 보여준다.

폭력이 발생할 때 기독교인으로서 별거나 이혼에 대해서 어떻게 생각하는지를 알아보기 위해 '폭력이 심한 경우에는 즉시 별거하거나 또는 이혼을 해도 좋다'라는 문항에 대해 남성의 34%(55/163), 여성의 63%(24/38)만이 동의를 표했다. 이것은 남성 목회자들에게 있어서 남편의 폭력 시 적극적으로 대처할 것을 기대하면서도 별거나 이혼에 대해서는 상당히 부정적인 반응을 보이고 있음을 보여준다. 반면에 여성 목회자들은 심각한 폭력에 대해서 별거나 이혼에 대해 매우 호의적으로 응답하고 있다. 이것과 연관해서 '아내가 학대한 남편을 경찰에 신고해서는 안 된다'라는 질문에 '그렇지 않다', 즉 신고해도 된다고 응답한 사람이 남성 69%(112/163), 여성 76%(29/38) 였다. 또한 '매맞는 아내는 매우 심각한 학대가 일어나기 전까지는 결코 집을 떠나서는 안 된다'라는 질문에 대해서도 남성의 53%(86/163), 여성의 53%(20/38)가 긍정적으로 응답을 했다. 매우 심각한 폭력이 일어나기 전까지는 학대를 받으면서도 견디는 것이 좋다는 생각을 갖고 있는 목회자가 남녀 각각 53%라는 것이다. 이러한 결과들은 대다수의 응답자들이 폭력 남편에게 강력하게 대처하는 것(경찰 신고)을 허용하면서도 별거나 이혼에 대해서는 상당히 부정적인 생각을 갖고 있음을 보여준다. 이것은 후에 다루겠지만 목회자들은 별거나 이혼의 신학이 상당히 경직되어 있고 이러한 태도는 '가정폭력'과 연관이 있음을 시사해 준다.

이러한 가정폭력에 목회자들이 어떻게 대처할 수 있는가를 알아보고 그들의 신앙적인 경향성을 알아보기 위해서 전체 응답자에게 몇 가지 질문을 첨가하였다. 우선은 가정폭력방지법에 대해서 목회자들이 알고 있는지를 물었는데 74%(120/163)의 남성, 61%(23/38)의 여성이 알고 있다고 응답했다. (그러나 상담 조언의 내용을 참조할 때 가정폭력방지법을 알고 있다고 응답한 대부분의 목회자들이 실제로는 제대로 알고 있지 못한 것으로 나타났다. 왜냐하면 단지 한 사람만이 법에 호소할 것을 제안했고 법적인 설명이나 도움을 전혀 주지 못했기 때문이다.) 오히려 여성 목회자들 가운데 거의 40%가 모르고 있는 반면에 여성 목회자에게 매 맞는 여성들이 더 상담을 요청한다는 것은 시사하는 바가 크다.

'아내 학대는 잘못된 것이라고 설교한 적이 있느냐'는 문항에 남성 목회자의 48%(79/163), 여성 목회자의 45%(17/38)가 그렇다고 대답했다. 이것은 상당히 고무적인 반응이다. 목회자가 하나님의 말씀을 전하며 가정폭력에 대해 직접적으로 잘못된 것임을 지적하는 것은 성도들에게 큰 영향을 미칠 수 있기 때문이다.

이 설문조사의 결과는 목회자들이 가정폭력의 심각성과 문제에 대해서 인식을 하고 있고 때로는 설교에서도 그 문제점을 지적하지만, 그럼에도 불구하고 여전히 대부분의 목회자들(남성 52%, 여성 55%)이 아내의 절대적 복종과 남편의 머리됨의 신학, 고난(인내)의 신학, 이혼의 신학 등에 의해서 매 맞는 여성들에 대해 적절한 도움을 제공하는데 실패하고 있음을 보여준다. 그렇다면 목회자들이 학대받는 여성들을 위해서 어떤 역할을 할 수 있는지를 살펴보자.

IV. 가정폭력에 대한 목회자의 역할

목회자들은 '가정폭력'의 희생자들과 가해자들에게 제대로 대응할 수 있는 좋은 위치에 있다. 그리고 설문 조사에서 보았듯이 목회 현장에서 자주 폭력 가정을 상담하는 기회를 갖게 된다. 그러나 문제는 목회자나 교회의 지도자들이 '가정폭력'에 대해서 어떻게 대처해야 할지 잘 모른다는 것이다. 먼저 목회자들이 조심해야할 반응들을 살펴보자.

A. 목회자의 소극적 반응들

'가정폭력'에 대해서 목회자들은 적극적인 대처를 하지 못하는 것으로 나타났다. 설문조사에서 가정폭력은 "잘 일어나지 않는다"거나 "거의 일어나지 않는다"에 남성 61 %(100/163) (75명에 무응답자 25명 포함), 그리고 여성 47 %(18/38)(7명에 무응답자 11명)가 응답했다. 이것은 여성 보다는 남성 목회자가 가정폭력 문제에 대해 관심이 적다는 것이다. 게다가 "가정폭력은 교인들에게 심각한 문제라고 생각한다"라는 질문에 "전혀 그렇지 않다"거나 "거의 그렇지 않다," "보통이다"라고 응답한 남성은 34% 55/163) (39명에 무응답 16명 포함), 여성은 32%(12/38) (6명에 무응답 6명)이었다. 이것은 상당수의 목회자들이 가정폭력의 문제를 부인(denial)하거나 가정폭력에 대해 침묵으로 반응하고 있음을 보여준다. 그러나 문제는 부정보다 침묵하는 것이 더 좋지 못하다는 것이다. 매 맞는 여성이 교회나 교회지도자들에게 도움을 청하지만 아무런 도움을 주지 못하기 때문이다. 그 이유 중 하나는 '가정폭력'에 대해서 목소리를 내는데 교회가 실패한다는 점이다. 그러므로 매 맞는 여성들은 목회자에게 가는 것을 꺼리게 되고 어떤 반응이 나올지 두려워하게 된다. 사실 얼마 전까지도 공공연하게 "북어와 아내는 삼일에 한 번씩 때려야 한다"는 말이 회자되었다. 문제는 그런 통념들에 대해 교회나 목회자가 적절한 대처와 해결책을 제시하지 않고 침묵으로 일관한다면 매 맞는 여성들은 도움을 청해도 소용이 없다는 자포자기의 심정이 될 것이다. 그러므로 목회자들은 폭력과 아내 구타를 둘러싸고 있는 침묵의 역동성을 끊어야만 한다.

설문조사분석에서도 살펴보았지만 또 다른 잘못된 반응은 목회자가 희생자의 책임을 지적하는 것이다. 이것은 가해자보다 희생자에게 초점을 맞추게 되고, 고난과 이혼의 신학과 연관해서, 목회자들은 어떻게 해서든지 가족이 유지되도록 충고를 한다. 이러한 접근은 가해 남편보다는 희생자인 아내가 바뀌고 변화하는 면에 관심을 갖는다. 책임은 매 맞는 아내에게 있는 것이 아니라 학대하는 남편에게 있으며 남편이 죄를 고백하고 돌이킴으로써 파괴적인 패턴이 변화되어져야 한다는 것을 설명해야 한다. 목회자들이 폭력 희생자들을 향해 상투적으로 제시하는 충고가 있다. 그것은 더 열심히 인내하며 기도하라는 것이다. 버세

트 (Busset)는 "수동적인 기도를 통한 이런 간단한 접근은 잘못된 희망을 약속하기도 하고, 또한 그녀의 삶에서 폭력에 대한 책임이 그녀 자신에게 있다는 믿음을 실제로 재강화시킨다"[234]고 주장한다. 학대받는 여성에게 수동적인 기도를 부과해주는 목회자나 기독교 상담자들은 그녀에게 외부로부터 강력한 신적인 개입이 일어나서 '가정폭력'이 멈춰질 때까지 인내를 가지고 기다리도록 격려하는 것과 마찬가지다. 폭력이 계속되어지면서 그녀는 결코 폭력의 주기로부터 벗어날 수가 없게 된다. 그러므로 우리는 기독교 가정과 교회에서 '가정폭력'의 역동성을 끊을 수 있는 성서적인 대안이 있어야만 한다.

B. 목회자의 적극적 역할

설문조사가 보여주듯이 목회자는 싫든지 좋든지 목회 기간 동안 언젠가는 '가정 폭력' 문제에 직면하게 될 것이다. 그러므로 목회자들이 이에 대해 준비를 해야 한다. 기독교 가정에서 가정폭력이 일어날 때 기억해야할 몇 가지 제안을 한다면 다음과 같다.

1. 가정폭력을 경고하라

목회자는 설교와 강단에서 '가정 폭력'에 대해서 언급을 해야 한다. 설문조사에서 아내 학대는 잘못된 것이라고 설교한 적이 있느냐는 문항에 남성 목회자의 48 %와 여성 목회자의 45%(17/38)가 그렇다고 응답한 것은 고무적인 일이다. 동시에 50 % 이상의 목회자들이 전혀 언급하고 있지 않다는 것은 실망스러운 일이다. 따라서 목회자는 매 맞는 여성의 경험적 측면에서 성경을 읽고 연구를 해야만 한다. 왜냐하면 가정폭력과 연관된 구절들을 가르치고 설교해야 할 책임이 있기 때문이다

2. 건강한 신학을 가르치라

어떤 기독교 신학도 '가정폭력'을 정당화할 수는 없다는 것을 성도들에게 가르쳐야 한다. '가정폭력'은 단순히 한 개인의 비극 뿐 아니라 사회적인 문제인데 그 이유는 잘못된 신학과 사회적 압박에 의해서 발생하고 유지될 수 있기 때문이다. 따라서 가정을 파괴하고 폭력을 정당화하는데 복종의 신학, 고난의 신학. 이혼의 신학 등이 교조화되거나 율법적으로 적용되지 않도록 가르쳐야 한다. 남편에 대한 무조건적 복종과 남편의 머리됨의 신학에서 상호 섬김과 상호 복종의 신학으로, 고난과 인내의 신학에서 능력 함양의 신학으로, 어떤 경우에도 허용되지 않는 엄격한 이혼의 신학에서 생명의 신학으로 균형 있고 조화로운 건전한 신학이 제시되어야 한다.

3. 가정폭력 희생자들에게 선교적으로 접근하라

목회자들은 '가정 폭력'의 역동성에 대해서 알아야 한다. 목회자와 교회가 학대받는 여성들의 필요를 '하나의 선교 불모지'로 다루면서 교회의 예산이나 재정을 쉼터나 보호소를 세우는데 배당해야 한다. 교회는 믿음의 공동체로서 가정이 폭력에 직면할 때 진실한 관심과 측은히 여김을 보여야 한다. 성도들은 폭력으로 인해 고통을 당하는 가족 구성원들을 계속적으로 지원해야 한다. 왜냐하면 교회가 상처받고 학대당

하는 사람들을 위한 피난처이며, 위로와 치유를 위한 확신을 받을 수 있는 유일한 장소이기 때문이다.

4. 가정폭력 가해자인 남편에게 도전하라

'가정 폭력'으로 고통 받는 아내들과 가해한 남편들을 상담할 때 첫 번째 목표는 파괴적인 행동을 근절하는 것이다. 가정폭력을 멈추게 하기 위해서는 목회자가 대결적(confrontative)이어야 한다. 동시에 폭력의 희생자인 아내들도 그들이 직면하고 있는 위험의 현실을 볼 수 있도록 대결할 필요가 있다. 또한 학대하는 남성들은 그들이 자신의 배우자에게 무엇을 하고 있는지의 실상을 볼 수 있도록 도전을 주어야 한다. 왜냐하면 가해자는 자신의 행동을 극소화하고, 또한 폭력적 행동에 대한 자신의 책임을 받아들이거나 도움을 받는 것을 거부하는 경향이 있기 때문이다. 그러나 조심해야 할 것은 대결 방법을 쓸 때 너무 엄격한 판단을 내리지 말아야 한다. 왜냐하면 학대하는 남편들이 더욱 고립되어 폭력이 계속 될 수 있기 때문이다. 따라서 대결은 폭력 남편이 상담치료를 받을 수 있도록 지지하고 격려하는 방식으로 되어져야 한다.

5. 전문가와 협조하며 의뢰하라

매 맞는 여성을 상담할 때 목회자는 이러한 사역이 얼마나 힘든지를 깨닫고 다른 전문가들과 함께 일해야 한다. 때로는 법적인 도움이 필요하고, 때로는 의료적인 도움이 필요할 때가 있다. 또한 매 맞는 여성이 생명의 위협을 느낄 정도의 긴박한 순간이 닥칠 수 있기 때문에 '가정폭력'에 대한 전문가들과 공조하며 대처하는 것이 필요하다. 또한 목회자가 목회 때문에 시간적 여유가 없어서 충분한 도움을 줄 수 없을 때에 적절한 기관이나 상담가에게 의뢰하는 것이 필요하다.

나가는 말

지금까지 기독교내에서 일어나고 있는 '가정폭력'과 이에 대해 목회자와 교회가 어떻게 대처하고 있는지를 살펴보았다. 비록 설문조사를 실시했지만 목회자가 '가정폭력'을 근절하는데 얼마나 효과적으로 대처하고 있는지에 대해서는 정확한 자료는 없다. 그러나 가정폭력의 역동성을 이해하고 성차별적 태도를 갖고 있지 않은 잘 훈련된 목회자가 많을수록 폭력 피해자에 대한 부적절한 반응을 줄일 수 있다. 피해자의 필요에 더 효과적으로 응답하기 위해서 무엇보다도 목회자는 가정폭력의 문제에 영향을 미치는 성역할, 결혼과 이혼, 그리고 여성과 남성에 대한 교회의 견해 등 신학적으로 예민한 주제들을 대면해야만 한다. 왜냐하면 기독교 가정에서도 여전히 일어나고 있는 가정폭력은 남성의 폭력을 허용하는 왜곡된 신학과 연관이 있기 때문이다. 따라서 남편에 대한 무조건적 복종과 남편의 머리됨의 신학에서 상호 섬김과 상호 복종의 신학, 고난과 인내의 신학에서 능력 함양의 신학, 어떤 경우에도 허용되지 않는 엄격한 이혼의 신학에서 희생자 중심으로 사고하는 생명의 신학에 더 관심을 가지면서 가정폭력의 예방과 근절을 위해 균형 있고 건전한 신학이 제시되어야 한다. 문제는 교회와 목회자들은 가정폭력이 심각하게 일어나고 있음에도 무시한 채 회피하려 한다는 것이다.

이제 목회자와 교회는 가정폭력을 근절하는데 시간과 힘을 쏟아야 한다. 시작할 곳은 가정이 먼저가 아니라 교회이다. 목회자가 '가정 폭력'에 대해 부인하거나 침묵하거나 무능력하게 가만히 있거나 아니면 오히려 잘못된 신학으로 가정폭력에 접근한다면 희생자들을 다시 한번 희생되도록 방치하는 것이고, 가해자와 피해자를 함께 돕는 것을 막게 되는 거치는 돌이 될 것이다. 가정폭력을 방지하는 일에 목회자는 관심을 기울여야 한다. 왜냐하면 그리스도의 몸으로서 교회와 목회자는 상처받고 학대받는 이들을 회복하고 치유하도록 부름을 받았기 때문이다. '가정폭력'의 방지와 해결은 목회자와 교회가 성취해야만 하는 '잃어버린 선교 사역'이다.

| 주석 |

1) 프란시스 쉐이퍼 연구소 (캘리포니아, 2011. 10).2) 한국기독교목회자협의회,『한국기독교분석리포트』(서울: URD, 2013).

3) 디트리히 본회퍼, Os Guinness,『소명』, 53-55에서 재인용.

4) Thomas C. Oden, *Pastoral Theology: essentials of ministry*, 오성춘 역,『목회신학: 교역의 본질』(서울: 한국장로교출판사, 1993), 64-65.

5) Os Guinness, *The call*, 홍병룡 역,『소명』(서울: IVP, 2006), 13.

6) Os Guinness,『소명』, 88-89.

7) Elemer L. Towns, *Church Alame* II (Lynchburgm VA: Liberty Baptist Seminary, 1981), 47.

8) 제이스 조지, "목회사역에 대한 소명," 존 맥아더 외 공저, 서원교 역,『목회사역의 재발견』(생명의 말씀사 1997), 184,

9) Os Guinness,『소명』, 78-79.

10) 헨리 블랙커비, 임태호 역,『왜 목사가 되려 하는가, 어떻게 목회를 하려 하는가 : 부르심의 본질과 이해』(파주: 디모데출판사, 2013), 42.

11) 보건복지부 2011년도 정신질환실태 역학조사.

12) Henri J.M Nouwen, *Intimacy : pastoral psychological essays,* 윤종석 역,『친밀함』(서울: 두란노, 2001), 92-95.

13) 에드워드 브래처, 신서균 역,『초능력 목회자 신드롬』(서울: 기독교문서선교회, 1995).

14) 마크 에터베리, 김주성 역,『삼손 신드롬』(서울: 이레서원, 2005).

15) 국민건강보험공단(2016)의 최근 5년간 (2010-2014) 건강보험 진료비 지급 자료.

16) 이시형,『대인공포증치료 상, 하』(서울: 풀입, 2000).

17) 정신장애의 진단 및 통계 편람 (DSM-5) (학지사, 2015).

18) Charles R. Swindoll, *Hope Again*, 이장우 역,『희망, 그 아름다운 이름』(서울: 요단출판사, 1997), 174.

19) Lee, Cameron & Jack Balswick, *Life in a Glass House* (Grand Rapids, MI: Zondervan, 1989).

20) Hart, Archibald D., *Coping with depression in the ministry and other helping professions* (W Pub Group, 1984), 차호원 역,『우울증이 목회사역에 미치는 임상적 연구』(서울: 신망애출판사, 1988), 136.

21) Edward B. Bratcher, *The walk-on-water syndrome*, 신서균 역,『초능력 목회자 신드롬』(서울: 기독교 문서 선교회, 1995), 118-19.

22) Lee, Cameron & Jack Balswick, 210-11.

23) Lee, Cameron & Jack Balswick, 195-99.

24) Mickey, Paul A. & Ginny W, Ashmore, *Clergy families: Is normal life possible?* (Grand Rapids, MI: Zondervan. 1991), 129-36.

25) Blackmon, Richard A, *The hazards of ministry* (Unpublished Doctoral Dissertation. Graduate School of Psychology, Fuller Theological Seminary, Pasadena, California. 1984).

26) 홍인종, "목회자와 사모가 겪는 갈등, 무엇이 문제인가?,"『목회와 신학』(1999. 5), (서울: 두란노), 78.

27) Lee, Cameron & Jack Balswick, 210-11, 195-99.

28) Balswick, Jack O. & Balswick, Judith K., *The Family: A Christian Perspective on the Contemporary Home* (Grand Rapids, MI: Baker Books. 1999). 38-39.

29) Lee, Cameron, *PK: poster's kids*, 이관직, 윤지선 역,『PK: 아버지가 목사지 저는 목사가 아닙니다』(서울: 한국목회상담 연구소, 2000), 60-93.

30) Lee, Cameron,『PK: 아버지가 목사지 저는 목사가 아닙니다』, 29.

31) Edward B. Bratcher,『초능력 목회자 신드롬』, 125.

32) 김효정. "PK, 그들이 궁금하다,"『목회와 신학』, 통권 119. 1999. 5월호

(91-95) (서울: 두란노), 95.

33) Lee, Cameron, 『PK: 아버지가 목사지 저는 목사가 아닙니다』, 28-29.

34) 홍인종, "목회자 자녀의 독특성에 대한 한 연구 I," 『장신논단』 (2001. 12).

35) 노용찬, "목회자자녀들은 언제 상처받는가?," 『목회와 신학』 (1999. 5), 68-73.

36) Dorothy H. Pentecost, *The pastor's wife and the church,* 정정숙 역, 『성공적인 목회자의 아내』 (서울: 엠마오, 1987), 103.

37) Edward B. Bratcher, 『초능력 목회자 신드롬』, 127.

38) Louis McBurney, *Counselling Christian Workers,* 윤종석 역, 『사역자 상담』 (서울: 두란노, 1995), 76.

39) Exley, R., Calli, M, & Ortberg, John. *Dangers toils & snares: Resisting the hidden temptations of ministry,* 장미숙 역, 『유혹을 이기는 목회자』 (서울: 은성, 1995), 102.

40) Edward B. Bratcher, 『초능력 목회자 신드롬』, 139.

41) 존 우드브릿지, "목회자의 자녀, 그들은 왜 신앙을 버리는가?," 『목회와 신학』 (1999. 10), 179.

42) 백인범, "한국교회 목회자 자녀의 신앙 및 의식구조 연구: 구약에서 본 성직계승과 오늘의 실태 조사," (미간행 석사학위논문, 장로회신학대학교, 1990).

43) 백인범, "한국교회 목회자 자녀의 신앙 및 의식구조 연구: 구약에서 본 성직계승과 오늘의 실태 조사," (미간행 석사학위논문, 장로회신학대학교, 1990), 59.

44) 홍인종, "목회자 자녀의 독특성에 대한 한 연구 I," 『장신논단』 (2001. 12).

45) Louis McBurney, 『사역자 상담』, 50.

46) Louis McBurney, 『사역자 상담』, 74.

47) McFerrin Stowe, *If I were a pastor,* 차동재 역, 『내가 다시 목사가 된다면』

(서울: 생명의 말씀사, 1997), 37.

48) Balswick, Jack O. & Balswick, Judith K., 45.

49) 백인범, "한국교회 목회자 자녀의 신앙 및 의식구조 연구: 구약에서 본 성직계승과 오늘의 실태 조사," (미간행 석사학위논문, 장로회신학대학교, 1990), 30, 36, 51.

50) Edward B. Bratcher, 『초능력 목회자 신드롬』, 127.

51) Balswick, Jack O. & Balswick, Judith K., 75.

52) London, Jr. H.B. & Wiseman, Neil B., *Pastors at risk* (Weaton, IL: Victor Books, 1993), 104.

53) 홍인종, "멘토링과 가정사역," 『교육교회』 (2000. 5), 14-18.

54) Howard G. Hendricks, *Standing together*, 박경범 역, 『사람을 세우는 사람: 엘리야와 엘리사를 통해 배우는 멘토링의 원리』 (서울: 디모데, 1997), 121.

55) Bruce Litchfield & Nelly Litchfield, *Christian Counselling and Family Therapy*, 정동섭, 정성준 역, 『기독교 상담과 가족치료 (Vol. III.)』 (서울: 예수전도단, 2002) 183-84.

56) Goldenberg, Irene & Herbert, *Family Therapy: an overview*, 김득성 외 공역, 『가족치료: 5판』 (서울: 시그마프레스, 2003), 96.

57) Goldenberg, Irene & Herbert, 『가족치료: 5판』, 250.

58) Bruce Litchfield & Nelly Litchfield, 『기독교 상담과 가족치료 (Vol. III.)』, 194.

59) Michael P. Nichols & Richard C. Schwartz, *Family therapy: concepts and methods*, 김영애 외 공역, 『가족치료: 개념과 방법』 (서울: 시그마프레스, 2002). 173.

60) Lee, Cameron, 『PK: 아버지가 목사지 저는 목사가 아닙니다』, 7장 참조.

61) E. H. Friedman, *Generation to Generation: Family Process in Church and Synagogue*, 신민규, 『세대와 세대: 가족체계이론과 목회상담』 (서울: 대한기독교서회, 1997), 430.

62) Roy M. Oswald, *Clergy self-care: Finding a balance for effective ministry*, 김종환 역, 『목회자의 자기관리』 (서울: 세복, 2000), 216-17.

63) London, H.B. & Wiseman, Neil, *They call me pastor*, 배응준 역, 『목사』 (서울: 규장, 2002), 192-93.

64) 홍인종, "목회자 자녀의 독특성에 대한 한 연구 I," 『장신논단』 (2001. 12). 홍인종, "목회자 자녀의 독특성에 대한 한 연구 II". 『장신논단』 (2002. 12).

65) 게리 스맬리, 존 트렌트, 이장우 역, 『황금검을 가진 남자』 (서울: 요단출판사, 1994), 33-34.

66) George Barna, *Today's pastors*, 탁영철 역, 『위기에 처한 목회자, 비전은 있다』 (서울: 베다니, 1997), 48.

67) E. H. Friedman, *Generation to Generation: Family Process in Church and Synagogue*, 신민규, 『세대와 세대: 가족체계이론과 목회상담』 (서울: 대한기독교서회, 1997), 406.

68) Mickey, Paul A. & Ginny W, Ashmore, *Clergy families: Is normal life possible?*, (Grand Rapids, MI: Zondervan. 1991), 129-36.

69) Eppinger, Paul & Eppinger, Sybil. *Every minister needs a lover* (Baker books, 1990), 8-9.

70) Lee, Cameron & Jack Balswick, *Life in a Glass House* (Grand Rapids, MI: Zondervan, 1989) 196.

71) Benner, David G 편집, *Baker's encyclopedia of psychology & counselling* (Baker Books, 1999), 1212.

72) Benner, David G 편집, 1212.

73) Exley, R., Calli, M, & Ortberg, John. *Dangers toils & snares: Resisting the hidden temptations of ministry*. 장미숙 역, 『유혹을 이기는 목회자』 (서울: 은성, 1995), 9.

74) Erwin W. Lutzer, *Pastor to pastor*, 유재성 역, 『목사가 목사에게』 (서울: 나침반, 1989), 169.

75) Archibald D Hart, Jim Smith & Gary L. Gulbranson, *Mastering Pastoral counseling*, 김진우 역, 『목회상담, 어떻게 할 것인가?』 (서울: 횃불, 1994), 192.

76) 김광일 편저, 『가정폭력: 그 실상과 대책』(서울: 탐구당, 1985), 147.

77) Edward B. Bratcher, *The walk-on-water syndrome*, 신서균 역, 『초능력 목회자 신드롬』(서울: 기독교 문서 선교회, 1995), 10.

78) Tim LaHaye, *If ministers fall, can they be restored?*, 황승균 역, 『목회자가 타락하면』(서울: 생명의 샘, 1992), 229.

79) Tim LaHaye, 『목회자가 타락하면』, 16.

80) Erwin W. Lutzer, 『목사가 목사에게』, 169-70.

81) Edward B. Bratcher, 『초능력 목회자 신드롬』, 121.

82) London, Jr. H.B. & Wiseman, Neil B, *The heart of a great pastor*, 이길상 역, 『목회자가 목회자에게』(서울: 생명의 말씀사, 1997), 288.

83) 국민일보 1996년 4월 23일 (13면).

84) Lynn Dugan 외 공저, *Heart to heart with pastors` wives : twelve women share the wisdom they`ve gained as partners in ministry*, 권은정 역, 『사모들의 고뇌』(서울: 은성, 1996), 193-207.

85) http://pw.swim.org/book/counsel.html (크리스챤 치유목회연구원 사모상담).

86) 홍인종, "목회자와 사모가 겪는 갈등, 무엇인 문제인가?," 『목회와 신학』 119 (1999. 5), 76-78.

87) 김남준 저, 『목회자의 아내가 살아야 교회가 산다』(서울: 두란노, 1998), 73-74.

88) 양은순 저, 『억울함일까 황송함일까?:사모가 사모에게』(서울: HOME 출판사, 1999), 73.

89) 임경섭, "목사와 목사부인이 겪는 스트레스와 대처방안에 관한 비교연구," (미간행석사학위논문, 인하대학교 교육대학원, 1997), 2-3.

90) 반신환, "사모의 대처 양식의 분석: 측정 척도를 중심으로," 『기독교상담학회지』 3 (2001), 27-50에서 재인용. 35.

91) 반신환, "사모의 대처 양식의 분석: 측정 척도를 중심으로," 『기독교상담학회지』 3 (2001), 27-50에서 재인용. 39.

92) 반신환, “사모의 대처 양식의 분석: 측정 척도를 중심으로,” 『기독교상담학회지』 3 (2001), 27-50에서 재인용. 40.

93) 윤기봉, “목회자 아내의 정신 건강에 관한 연구: 스트레스를 중심으로,” (미간행 석사학위논문, 서울신학대학교 신학대학원, 1998).

94) 장신대 토론게시판, 게시물번호 71, 2000년 6월 9일.

95) Malony, Newton H. & Hunt, Richard A, 1993. The psychology of clergy. unpublished material. Chapter 8.

96) 기독공보 (3035호), 2016.03.17.

97) Robinson, Herbert Lunt, *Hazards of the ministry for Dual-Clergy Couples* (CA: Pasadena, Fuller Theological Seminary, Unpublished Doctoral Dissertation. 1988).

98) Robinson, Herbert Lunt, *Hazards of the ministry for Dual-Clergy Couples* (CA: Pasadena, Fuller Theological Seminary, Unpublished Doctoral Dissertation. 1988), 32-40.

99) Robinson, Herbert Lunt, *Hazards of the ministry for Dual-Clergy Couples* (CA: Pasadena, Fuller Theological Seminary, Unpublished Doctoral Dissertation. 1988), Chapter 8.

100) Sussman, Marvin B. & Steinmetz, Suzanne K. Eds. *Handbook of Marriage and Family* (New York: Plenum Press. 1987), 331.

101) Collins, Gary & Clinton, *Timothy E, Baby Boomers Blues*, 윤종석 역, 『베이비부머 상담』 (서울: 두란노, 1997), 37.

102) Carter, Betty & McGoldrick, Monica. (Eds.), *The changing family life cycle: a framework for family therapy*, 정문자 역, 『가족생활주기와 치료적 개입』 (서울: 중앙적성출판사, 2000), 16쪽에서 재인용.

103) Duvall, Evelyn Millis, & Miller, Brent C, *Marriage and Family Development* (6th), (New York: Harper & Row, Publishers, 1985), 26.

104) Carter, Betty & McGoldrick, Monica. (Eds.), 『가족생활주기와 치료적 개입』, 16.

105) Carter, Betty & McGoldrick, Monica. (Eds.),『가족생활주기와 치료적 개입』, 15.

106) Balswick, Jack & Judith, *The Family: A Christian perspective on the contemporary home* (Revised), (Grand Rapids: Baker. 1999), 43.

107) Carter, Betty & McGoldrick, Monica,『가족생활주기와 치료적 개입』, 33.

108) 정문자, 김연희, "가족생활주기별 내담자의 문제와 가족치료기법 분석,"『한국가족치료학회지』 8-1 (2000), 3-29.

109) 정문자, 김연희, "가족생활주기별 내담자의 문제와 가족치료기법 분석,"『한국가족치료학회지』 8-1 (2000), 24.

110) 인터넷 자료 2: http://www.t.../?mode=view&selected=02맞벌이생활실태조사스트레스.tx. 2000-07-25.

111) Carter, Betty & McGoldrick, Monica. (Eds.).『가족생활주기와 치료적 개입』, 86.

112) Coltrane & Ishii-Kuntz, 1992, 재인용, 가족생활교육의 기초, 220-21

113) 2015년 12월 통계청이 발표한 '2015 일·가정 양립지표' 동아일보. 2015.12.07.

114) Balswick, Jack & Judith, *The Dual-Earner Marriage: The Elaborate Balancing Act* (Grand Rapids: Revell, 1997) 95에서 재인용.

115) Carter, Betty & McGoldrick, Monica. (Eds.).『가족생활주기와 치료적 개입』, 88-89.

116) Carter, Betty & McGoldrick, Monica. (Eds.).『가족생활주기와 치료적 개입』, 37.

117) 목회와 신학, 1999년 6월호. 통권 120

118) Margaret E. Howe, *Women and church leadership*, 김희자 역,『여성과 성직』(서울: 도서출판 엠마오, 1990), 201-202.

119) Carter, Betty & McGoldrick, Monica. (Eds.).『가족생활주기와 치료적 개입』, 26-27.

120) Rudd & McKenry, 1982:221, 가족생활교육의 기초 재인용

121) Regan & Roland, 1985:331

122) Van Leeuwen, Mary Stewart. (Ed.), *After Eden: Facing the Challenge of Gender Reconciliation* (Grand Rapids, MI: Eerdmans, 1997), 530.

123) Carter, Betty & McGoldrick, Monica. (Eds.). 『가족생활주기와 치료적 개입』, 16.

124) 웨슬리 버어 외 공저. 최연실 외 공역, 『새로 보는 가족관계학』 (서울: 도서출판 하우, 1995), 408.

125) Carter, Betty & McGoldrick, Monica. (Eds.). 『가족생활주기와 치료적 개입』, 82.

126) Carter, Betty & McGoldrick, Monica. (Eds.). 『가족생활주기와 치료적 개입』, 82.

127) 인터넷 자료 2: http://www.t.../?mode=view&selected=02맞벌이생활실태조사스트레스.tx. 2000-07-25.

128) Lee, Cameron & Jack Balswick, *Life in a Glass House* (Grand Rapids, MI: Zondervan, 1989), 196.

129) Scott M. Peck, *Gifts for the Journey*, 채천석 역, 『주와 함께 가는 여행』 (서울: 그루터기하우스, 2003), 8-9.

130) 필자가 재학하던 1989-1993에 Fuller 신학교 심리학대학원 교수였던 Newton Malony 교수와 Richard Hunt 교수가 함께 집필한 "the psychology of cleagy"라는 미간행 논문에서 아이디어를 얻었다. 목회자에 대한 연구를 하면서 멜로니 교수를 찾아갔을 때 출간할 예정이라며 원고 복사를 선 듯 내어주셔서 큰 감동을 받았던 기억이 아직도 생생하다.

131) Carter, Betty & McGoldrick, Monica. (Eds.), *The changing family life cycle:a framework for family therapy*, 정문자 역, 『가족생활주기와 치료적 개입』 (서울: 중앙적성출판사, 2000).

132) Carter, Betty & McGoldrick, Monica. (Eds.), 『가족생활주기와 치료적 개입』, 33.

133) London, Jr. H.B. & Wiseman, Neil B, *The heart of a great pastor*, 이길상 역, 『목회자가 목회자에게』 (서울: 생명의 말씀사, 1997), 288.

134) Gordon MacDonald. *Rebuilding your broken world*, 박가영 역, 『무너진 세계를 재건하라』 (서울: 하늘사다리, 1995), 16.

135) Norman H. Wright, *Holding on to romance,* 김창영, 조은화 공역, 『부부 로맨스』 (서울: 생명의 말씀사, 1997), 63.

136) Balswick, J. O. & Balswick, J. K., *The Family: A Christian Perspective on the Contemporary Home* (2nd Ed.) (Grand Rapids, MI: Baker Books, 1999) 73에서 재인용.

137) D. S. Becvar & R. J. Becvar, *Families therapy : A systemic integration,* 정혜정, 이형실 편역, 『가족치료: 체계론적 통합』 (서울: 하우, 1997), 34에서 재인용.

138) D. S. Becvar & R. J. Becvar, *Families therapy : A systemic integration,* 정혜정, 이형실 편역, 『가족치료: 체계론적 통합』 (서울: 하우, 1997), 34.

139) Balswick, J. O. & Balswick, J. K., *The Family: A Christian Perspective on the Contemporary Home* (2nd Ed.) (Grand Rapids, MI: Baker Books. 1999), 31.

140) Nicholas A. Christakis & James H. Fowler, *Connected: the surprising power of our social networks and how they shape our lives*, 이충호 역, 『행복은 전염된다』 (서울: 김영사, 2010)

141) 해리 셤버그, 윤종석 역, 『거짓된 친밀감』, 두란노. 2012

142) Lee, Cameron & Jack Balswick, *Life in a Glass House* (Grand Rapids, MI: Zondervan, 1989), 196.

143) Tim LaHaye, *If ministers fall, can they be restored?*, 황승균 역, 『목회자가 타락하면』 (서울: 생명의 샘, 1992), 68.

144) London, Jr. H.B. & Wiseman, Neil B, *The heart of a great pastor*, 이길상 역, 『목회자가 목회자에게』 (서울: 생명의 말씀사, 1997), 300.

145) 리차드 엑슬리, 마크 갈리, & 존 오트버그, 장미숙 역, 『유혹을 이기는 목회자』 (서울: 도서출판 은성, 1995), 41-53.

146) 리차드 엑슬리, 마크 갈리, & 존 오트버그, 장미숙 역, 『유혹을 이기는

목회자』(서울: 도서출판 은성, 1995), 55~67.

147) London, Jr. H.B. & Wiseman, Neil B,『목회자가 목회자에게』, 296.

148) Joyce J. Penner & Clifford L Penner, *Counselling for Sexual Disorders,* 김의식 역,『성상담』(서울: 두란노, 1997), 34.

149) John Gray, *Mars and venus in the bedroom,* 김경숙 역,『화성 남자, 금성 여자의 침실 가꾸기』(서울: 친구미디어, 1996), 28-29.

150) 해리 셤버그. 윤종석 역,『거짓된 친밀감』(서울: 두란노, 2012). 26.

151) D. S. Becvar & R. J. Becvar, *Families therapy : A systemic integration,* 정혜정, 이형실 편역,『가족치료: 체계론적 통합』(서울: 하우, 1997), 34.

152) 해리 셤버그. 윤종석 역,『거짓된 친밀감』(서울: 두란노, 2012). 30.

153) Gerald G. May, *Addiction and grace : love and spirituality in the healing of addictions,* 이지영 역,『중독과 은혜: 중독에 대한 심리학적, 영적 이해와 그 치유』(서울: IVP, 2002), 15.

154) 홍인종, "목회자와 사모가 겪는 갈등, 무엇인 문제인가?,"『목회와 신학』(1999. 5), 74-81.

155) Tim LaHaye, *If ministers fall, can they be restored?,* 황승균 역,『목회자가 타락하면』(서울: 생명의 샘, 1992), 81에서 재인용.

156) 이원희 외 7인 공저,『성희롱 예방에서 대처까지』(서울: 한국 생산성 본부, 1999), 15-17.

157) Archibald D Hart, Jim Smith & Gary L. Gulbranson, *Mastering Pastoral counseling,* 김진우 역,『목회상담, 어떻게 할 것인가?』(서울: 횃불, 1994), 183-85.

158) Tim LaHaye,『목회자가 타락하면』(서울: 생명의 샘, 1992), 43-50.

159) 팀 라헤이 저, 황승균 역,『목회자가 타락하면』(서울: 생명의 샘, 1992), 51-72.

160) Erwin W. Lutzer, *Pastor to pastor,* 유재성 역,『목사가 목사에게』(서울: 나침반, 1989), 185.

161) 고든 맥도날드의 "무너진 세계를 재건하라"를 참조할 것. 이 책은 짧은

성적 외도 후에 그가 철저한 회복의 기간을 갖고 어떻게 사역을 회복했는지를 고백한 책이다.

162) 팀 라헤이의 "목회자가 타락하면"의 후반부에서 자세히 다루고 있다.

163) 리차드 엑슬러, 마크 갈리, 존 오트버그, 장미숙 역, 『유혹을 이기는 목회자』 (서울: 은성, 1995), 148.

164) London, Jr. H.B. & Wiseman, Neil B, *The heart of a great pastor*, 이길상 역, 『목회자가 목회자에게』 (서울: 생명의 말씀사, 1997), 298-99.

165) Erwin W. Lutzer, 『목사가 목사에게』, 185.

166) Gordon MacDonald, *Rebuilding your broken world*, 박가영 역, 『무너진 세계를 재건하라』 (서울: 하늘사다리, 1995), 68.

167) 국민일보, 1998년 12월 12일, 임한창.

168) Bruce H. Wilkinson, *Personal holiness in time of temptation*, 정인홍 역, 『유혹의 시대를 거룩하게 사는 그리스도인의 비결: 거룩 vs 유혹』 (서울:도서출판 디모데, 1999).

169) Gerald Egan the skilled helper, 제석봉 외 공역, 『상담의 문제 대처적 접근: 유능한 상담자』 (서울: 학지사, 1999), 31.

170) Daniel Goleman, Richard Boyatzis, Annie McKee, *Primal Leadership*, 장석훈 역, 『감성의 리더십』 (서울: 청림출판, 2003).

171) 존 맥아더 외. 서원교 역, 『목회사역의 재발견』 (서울: 생명의 말씀사. 1997), 57.

172) John MacArthur, *Rediscovering expository preaching*, 김동완 역, 『강해 설교의 재발견』 (서울: 생명의 말씀사. 1993), 138.

173) Haddon Robinson, *The art and craft of biblical preaching*, 주승중 외 공역, 『성경적인 설교준비와 전달』 (서울: 두란노, 2006), 44.

174) Grant Martin, *When good things become addictions*, 임금선 역, 『좋은 것도 중독될 수 있다』 (서울: 생명의 말씀사, 1992)

175) 홍인종, 『상담의 기초: 사역자 및 교사를 위한 희망상담과 상담훈련』 (서울: 장로회신학대학교 출판부, 2006), 74-94.

176) Virginia Satir, *People making,* 송준, 성민선 공역, 『사람 만들기: 가족 의사소통의 새로운 기법』 (서울: 홍익재, 1991). 나경범 역, 『아름다운 가족: 새사람 만들기』 (서울: 창조문화, 1999).

177) 데이브 시몬즈 저, 김혜경 옮김, 『가정의 코치 아버지』 (서울: 순출판사, 1994), 20-24.

178) Virginia Satir, 『사람 만들기: 가족 의사소통의 새로운 기법』, 나경범 역, 『아름다운 가족: 새사람 만들기』.

179) John MacArthur, *Rediscovering expository preaching,* 김동완 역, 『강해 설교의 재발견』 (서울: 생명의 말씀사. 1993). 145.

180) 최현주, 『위장된 분노의 치유』 (서울: 규장, 1994).

181) Haddon Robinson, *The art and craft of biblical preaching,* 주승중 외 공역, 『성경적인 설교준비와 전달』 (서울: 두란노, 2006). 495.

182) 게리 콜린스, 안보헌 역, 『기독교 상담의 성경적 기초』 (서울: 생명의 말씀사, 1998). 19.

183) 필자의 정의.

184) Gerald Egan, *the skilled helper,* 제석봉 외 공역, 『상담의 문제 대처적 접근: 유능한 상담자』 (서울: 학지사, 1999), 31.

185) Gerald Egan, 『상담의 문제 대처적 접근: 유능한 상담자』, 30-31.

186) Gerald Corey, *Theory and practice of counseling and psychotheraphy,* 조현춘, 조현재 공역, 『심리상담과 치료의 이론과 실제』 (서울: 시그마 프레스, 1998), 35.

187) Gerald Corey, 『심리상담과 치료의 이론과 실제』, 35-39.

188) Thomas M. Skovholt, *The Resilient Practitioner,* 유성경 외 공역, 『건강한 상담자만이 남을 도울 수 있다』 (서울: 학지사, 2003), 78-101.

189) 홍인종, 『상담의 기초』 (서울: 장로회신학대학교 출판부, 2006), 74-94.

190) Gary R. Collins, *The biblical of Christian Counseling for People Helpers*, 안보헌 역, 『기독교 상담의 성경적 기초』 (서울: 생명의 말씀사, 1998), 33.

191) 박윤수, 『상담과 심리치료』 (서울: 도서출판 경성기획, 1994), 23-24.

192) Richard Dayrringer, *The heart of pastoral counseling : healing through relationship,*

문희경 역, 『관계중심 목회상담』 (서울: 솔로몬, 2004), 51.

193) Richard Dayrringer, *The heart of pastoral counseling : healing through relationship,* 문희경 역, 『관계중심 목회상담』 (서울: 솔로몬, 2004), 13.

194) Richard Dayrringer, 『관계중심 목회상담』, 9, 39.

195) Gerald Egan the skilled helper, 제석봉 외 공역, 『상담의 문제 대처적 접근: 유능한 상담자』 (서울: 학지사, 1999), 31.

196) Richard Dayrringer, 『관계중심 목회상담』, 46.

197) Balswick, Jack O. & Balswick, Judith K., *Authentic Human Sexuality: An integrated Christian Approach,* 홍병룡 역, 『진정한 성』 (서울: IVP, 2002), 21.

198) 에반스 외, *Essential interviewing : a programmed approach to effective communication,* 5th ed., 성숙진 역, 『상담의 필수기술』 (서울: 나남출판, 1998), 32-34.

199) Archibald D Hart, Jim Smith & Gary L. Gulbranson, *Mastering Pastoral counseling,* 김진우 역, 『목회상담, 어떻게 할 것인가?』 (서울: 횃불, 1994), 128.

200) Archibald D Hart, Jim Smith & Gary L. Gulbranson, 『목회상담, 어떻게 할 것인가?』 128-44.

201) Norman H. Wright, *Questions women ask in private : trusted counsel on the most compelling issues women face today,* 황을호 역, 『여성을 위한 카운슬링』 (서울: 생명의 말씀사, 1995), 401-426.

202) Gay M. Hubbard, *Women: The Misunderstood Majority,* 김연 역, 『여성이해와 상담』 (서울: 두란노, 1997), 18-19.

203) 이기춘, 『한국적 목회신학의 탐구: 양성적 목회모형의 상황적 조명』 (서울: 감신대출판사, 1989), 191. Howard J. Clinbell, *Basic types of pastoral care & counseling,* 박근원 역, 『목회상담 신론』 (서울: 한국장로교출판사, 1987), 64-65.

204) 김태련 외 공저, 『여성 심리』 (서울: 이화여자대학교 출판부, 1996), 73-74.

205) 이기춘 저, 『한국적 목회신학의 탐구: 양성적 목회모형의 상황적 조명』 (서울: 감신대출판사, 1989), 191.

206) Gary R. Collins, *The biblical of Christian Counseling for People Helpers,* 안보헌 역,

『기독교 상담의 성경적 기초』(서울: 생명의 말씀사, 1998), 21; 게리 콜린스 저, 정동섭 역,『교회 지도자를 위한 효과적인 상담』, 21쪽에서 재인용

207) Gary R. Collins, 정동섭 역, 『교회 지도자를 위한 효과적인 상담』(서울: 두란노, 1984), 24.

208) 기독교사상 편집부 엮음,『한국 교회를 위한 목회 상담학』(서울: 대한기독교서회, 1997), 94.

209) Charlotte H. Clinbell, *Counseling for liberation,* 이종헌 역,『해방을 위한 상담』(서울: 성장상담연구소, 1993), 43-44.

210) 노먼 라이트의 "여성을 위한 카운셀링"은 여성들의 갖고 있는 질문들과 그것들을 어떻게 다루어야할지 이해하는데 아주 훌륭한 안내서이다.

211) Gary Smalley & John Trent, *The hidden value of a man,* 이장우 역,『황금검을 가진 남자』(서울: 요단출판사, 1994), 33.

212) Gary Smalley & John Trent,『황금검을 가진 남자』, 34.

213) Mary Stewart van Leeuwen, *Gender and grace,* 윤귀남 역,『신앙의 눈으로 본 남성과 여성』(서울: IVP, 1999), 50-51.

214) Gary R. Collins,『교회 지도자를 위한 효과적인 상담』, 22.

215) 위의 책, 52.

216) Gay M. Hubbard,『여성이해와 상담』, 26-27.

217) Daniel H. Levinson, *The seasons of a man`s life,* 김애순 역 (서울: 이화여자대학교 출판부, 1996).

218) 가정폭력을 예방하고 가정폭력의 피해자를 보호·지원함을 목적으로 가정폭력방지 및 피해자보호 등에 관한 법률은 1998년 7월 1일부터 시행되었으며 계속적으로 내용을 보완하고 부칙이 개정되고 있다.

219) County of Los Angeles Domestic Violence Council. (1988). Batterer's treatment program guidelines. Department of Community and Senior Citizens Services, Los Angeles, California.

220) County of Los Angeles Domestic Violence Council. (1988). Batterer's treatment program guidelines. Department of Community and Senior

Citizens Services, Los Angeles, California p.4.

221) 한국 갤럽 조사 연구소. (1983, 1989). 국민 여론 조사.

222) 김광일 (MBC 방송, PD수첩, 1993년 7월2일자 방영).

223) 한국여성정책연구소, 2013년 가정폭력실태조사 보고서.

224) 크리스찬 신문, 1998년 8월 31일.

225) Walker, Lenore. *Battered women* (New York: Harper & Row, 1979), 20.

226) Walker, Lenore. *The battered women syndrome* (New York: Springer, 1984), 156.

227) Shupe, Anson, William Stacy & Lonnie Hazelwood, *Violence men, violent couples* (Lexington, MA: Lexington Books, 1987), 92.

228) In Jong Hong, *Male batterers: An ecosystemic analysis of conjugal violence in the Korean immigrant family* (Pasadena, California: Unpublished Doctoral Dissertation, Fuller Theological Seminary, Graduate School of Psychology, 1993).

229) Wesley R. Monfalcone, *Coping with abuse in the family* (Philadelphia: The Westminster press, 1980), 12.

230) James Leehan, *Pastoral care for survivors of family abuse* (Louisville, Kentucky: Westminstr/ John Know press, 1989), 12.

231) Saltzman, K. (1978). *Woman and victimization: The aftermath,* In J. R. Chapman & M. Gates (eds.). The vicimization of women (269-78). (Beverly Hills: Sage Publications), 270.

232) John MacArthur, *The family* (Chicago: Moody Press, 1982), 20-21.

233) James Alsdurf & Phyllis Alsdurf. *Battered into submission: The tradgedy of wife abuse in the Christian home* (Downer Grove IL: InterVarsity Press, 1989). 84.

234) Bussert, Joy. M. K., *Battered women: From a theology of suffering to an ethic of empowerment. Madison* (New York: Division for Mission in North America/Lutheran Church in America, 1986), 65.

235) 위의 책, 63.